北京大学

# 北大区域国别研究

## 第5辑

北大区域国别研究编委会 编

江苏人民出版社

**图书在版编目(CIP)数据**

北大区域国别研究. 第 5 辑 / 北大区域国别研究编委
会编. — 南京：江苏人民出版社，2022.5
ISBN 978 - 7 - 214 - 27137 - 2

Ⅰ. ①北… Ⅱ. ①北… Ⅲ. ①国际关系—研究 Ⅳ.
①D81

中国版本图书馆 CIP 数据核字(2022)第 060758 号

| | | |
|---|---|---|
| 书　　　名 | 北大区域国别研究　第 5 辑 | |
| 编　　　者 | 北大区域国别研究编委会 | |
| 责 任 编 辑 | 于　辉 | |
| 特 约 编 辑 | 于馥华 | |
| 装 帧 设 计 | 刘葶葶 | |
| 责 任 监 制 | 王　娟 | |
| 出 版 发 行 | 江苏人民出版社 | |
| 地　　　址 | 南京市湖南路 1 号 A 楼,邮编:210009 | |
| 照　　　排 | 江苏凤凰制版有限公司 | |
| 印　　　刷 | 江苏凤凰通达印刷有限公司 | |
| 开　　　本 | 718 毫米×1000 毫米　1/16 | |
| 印　　　张 | 15.75　插页 2 | |
| 字　　　数 | 250 千字 | |
| 版　　　次 | 2022 年 5 月第 1 版 | |
| 印　　　次 | 2022 年 5 月第 1 次印刷 | |
| 标 准 书 号 | ISBN 978 - 7 - 214 - 27137 - 2 | |
| 定　　　价 | 68.00 元 | |

(江苏人民出版社图书凡印装错误可向承印厂调换)

# 北大区域国别研究
## 编委会

# 目　录

**【编者按】**

2020 年 10 月 24—25 日,北京大学区域与国别研究院成功举办"研以致用:高校区域与国别研究智库工作研讨会"。会议邀请到来自教育部、中宣部及国内 17 所高校的近 50 名相关领导和专家学者参与交流讨论。

北京大学高度重视区域与国别研究智库的建设,在北大"双一流"建设方案中,区域与国别研究是学校层面部署的交叉学科与重点战略领域。本次智库工作研讨会的召开,旨在进一步提高高校智库工作质量与水平,厘清区域国别研究与建设新型智库之间的关系。在为期一天的大会发言期间,与会专家学者们就"高校区域国别智库工作的目标与方法""高校区域国别智库工作的问题与解决方案""高校区域国别智库工作的评价体系"三大议题发表各自见解,深入探讨区域与国别研究在高校智库建设中发挥的基础性、独特性作用,强化学术研究机构的学术成果转化作用,有效衔接政府部门的政策需求,找出中国特色新型高校智库建设的创新方式与科学路径。

有鉴于此,本辑学刊将集中刊登本次高校智库工作研讨会的部分重点学术成果,以期推动中国特色区域与国别研究学科体系及国家决策支撑体系向更高水平迈进。

敬请各位同人和广大读者批评指正。

# 谈高校区域国别智库和学科建设

杨　恕

2013 年 11 月,教育部确定了 42 个区域和国别研究培育基地,涉及 28 所高校,到 2017 年 12 月,又确定了 395 个备案中心,包括了 267 所高校。教育部的这一措施,直接适应了国家的需要。由于教育部要求培育基地和备案中心发挥智库的作用,因而相关高校都在争取成为国家智库,在用房、经费、人员等各方面做了不少投入,乃至出台高额奖励办法,以鼓励获得各种级别的"批示",显示智库的水平。这项工作开展以来,可以看出,虽然基地和中心所开展的大量工作明显推动了国际问题研究领域中的现实问题研究,但涉及区域和国别基础研究的工作并不多。这在相当程度上使区域和国别研究成为国际问题研究的外延或补充。这一情况,需要我们予以高度重视。

下面,就区域和国别研究及高校智库的有关问题谈几点看法。说明一点,以下所谈内容,仅涉及国际领域。

第一,实际上,这几年区域和国别智库膨胀式的发展不是学科需要和高校自身发展推动的,而是由政府决定推动的,这一点需要清楚。而且,是境外的区域和国别研究,是国外研究。这一点强调一下。其实,以前国际问题的智库工作一些高校就在做,如我们兰州大学中亚研究所就在做,是从事国际问题研究和教学的人在做。高校专门从事智库工作的人很少。整体来说,高校对这次推动没有做好准备。从几次相关会议的发言也可以看出,对不少基本问题还不清楚,各种意见都有,分歧很大。原因有很多,其中之一是学术界和政府部门之间有相当程度的脱节,学术界对国家目标并不清楚,政府部门对学术界的很多研究内容也不了解,这是我要讲的第一个问题。

第二,目前中国的智库从管理体制上可以分为公办和民办两类。民办智库在这里就不说了。公办智库主要在政府机构、社科院系统和高校,也恰可以划成这样三类。这三类从学科和人才培养来说,有很大不同。政府的研究机构就是做智库的,社科院原来是基础研究和智库工作兼做,但是这些年我认为很不好的一点,是他们基本不做基础研究了。我给社科院国际片几位所长当面讲过:再这样下去你们所干脆关门算了。以前,社科院系统的基础研究做得很好,抛开这个优点搞发展会造成很多问题。如此一来出现了一个结果,即基础研究只有在高校智库还在做。所以我特别强调,这是高校的长处和特点,绝对不能丢,如果你模仿政府智库去做,高校存在的价值是什么?高校智库存在价值是什么?对此,高校应该形成共识。急功近利的做法、短视的行为要不得。

　　第三,高校智库的目标定位。对此,政府的要求和我们自身的定位似乎很不一致,至少和我们中亚研究所定位不一致。我认为,教育部的要求并不是很清楚,强调了为政府决策服务,但是决策服务是分层次的,这里是指内容的层次,不是政府级别的层次,大致可分为基础知识、理论、时政这几个层次。举个例子,我最早写的一份为决策服务的报告国家领导人做了长篇批示,报告的内容是关于里海的法律地位。20世纪90年代,里海的划分和归属问题争论得很激烈。由于它关系到我国在里海-中亚地区的能源政策,所以相关部门很重视。这份报告的主要内容是里海的划分及其法律基础,属于国际法的范畴,而不是国际关系。报告从里海是"湖"还是"海"、里海底地质情况、里海地区石油储量、领水划分的国际法、关于里海的争议起源以及里海沿岸国家的利益等方面做了分析,之后才进入国际关系领域做出判断、提出对策。里海问题是国家利益这个内因引发的国家间的争议。所以,如果不首先了解内因,是无法进行分析的。我在这里举这个例子,是说一些重要决策不能仅从国际关系方面去分析,往往一些基础研究的成果更重要。

　　我想强调,区域和国别研究的重点应该是它的内部问题,而非国际关系。我们国家有很多人研究美国,但我认为,上次在清华的一次会上也说过,中国现在中美关系专家不少,但美国问题专家大概一个都没有。国内哪一位是美国问题专家? 国内有达到费正清那样水平的美国问题专家吗? 至少从这一点来说,智库中的美国问题研究是需要大大补课的,这样,在研究中美关系时才能做到预测,不是去猜,而是判断。对一个国家的认识,最重要的是对组成这个国家的"人"的认识,这就需要了解其历史和文化。否则,无法回答"它是一个什么样的国家"的问题。相对于政治、经济、军事等领域,了解历史文化要困难得多。

　　说几句现在热门的事。近几个月来,美国大选成了国内的头等新闻。特朗普和拜登谁当选竟然有那么多人关心,令人不解。我认为,这两个人谁当美国总统真值得老百姓如此操心吗? 中国虽然有14亿人,但一票都投不了,你操那么多心有用吗? 至于他上台以后政策怎么变是另外一回事,这是应该关心的。我们现在关心大选,不过是把一些真的、假的新闻传来传去,有水平的研究很少。再说一点与美国大选有关的地理学。一些美国高校开设了一门叫"选区地理学"的课程,把选举纳入教学和科研领域,这恐怕是世界上唯一的例子,但它至少说明,选举在美国并非某些人说的那样是政治游戏。

举这几个例子,是想提出一个问题:区域与国别研究、国际问题研究、国际关系研究、国际政治研究等,它们之间到底是什么关系? 我认为区域与国别研究,从区域和国别来讲,它是以"内"为主的研究,而我们国际政治、国际关系则是以"外"为主的研究。如果这样处理它们之间的关系,国际关系研究和地区国别研究分工就比较清楚了。当然,这中间也有一少部分是交叉的,没有关系。如果不把这个界限划清,那么,两者什么关系? 怎么处理? 是重叠、竞争、合作,还是"井水不犯河水"? 这个问题需要解决,这是一个大前提,要不然区域与国别研究都涌到国际关系圈里面,区域与国别研究存在的价值是什么? 建立这样的学科还有无必要?

我认为在目前的情况下,至少从各高校的做法来看,与区域国别研究联系最多的似乎是政治学。具体讲,是政治学下面的国际政治和国际关系这两个二级学科。造成这种联系的原因很简单,就是区域和国别研究是研究国外问题的,国际政治和国际关系也是研究国外问题的,它们在空间上是重叠的。当前,我们对区域国别研究还没有一个相对一致的定义,而是接受国外学界的一些定义,但国外学界的定义也不统一,比如美国学界和俄罗斯学界对区域国别研究的定义就有差异。所以,区域国别研究的学科定位不清,学科归属不明。目前的状况是把区域国别研究当作一个交叉二级学科,放在外国语言文学这个一级学科下面,那么区域国别研究的学科门类算什么? 事实上并不清楚,也还没有结论。此外,区域国别研究到底研究哪些问题,与已有学科的关系是什么也需要明确。

在设立和发展区域和国别研究的同时,也需要注意到国际关系学界的情况。随着中国国际地位的提高和国际形势的变化,国际问题研究的空间和学科范围在不断扩大,对于从事国际问题研究的人来说,世界上没有什么是不应该知道的事。实际上就是说国际问题研究因为其范围和深度的扩展,使我们很多学术领域都要介入其中。比如我们中亚研究所在前几年研究"伊斯兰国"

的时候，就对宗教和宗教极端主义的相关问题做了一些基础性的了解，否则你没有办法研究"伊斯兰国"。

国际问题研究的范围在不断扩大，如宗教、能源、资源、民族、经济、金融等，在这些方面，我们实际上是在做一些补课式的研究，原来在国际政治、国际关系的课程里面没有。而在研究国际关系问题时根据需要，自觉或不自觉地在拓展国际问题研究的空间和内容。这种情况造成了和区域国别研究多方面的交集，那么在学科建设上究竟应该怎么办，在学科关系上怎么处理，特别是在人才培养方面应该如何安排课程，等等，都需要认真研究。当前的疫情，特别是对中美关系造成的巨大影响，也在扩大国际关系的研究领域。公共卫生问题史无前例地进入了国际关系领域。如何处理国际关系、国际政治与区域和国别研究的关系，目前还是一个没有被明确回答的问题。

这里顺便说一下，大家也提到，政府对一些冷门和一些小语种的支持能不能持续？这个确实不是学校单方面可以解决的，因为我们现在有水平、有实力的高校都是公办的，高水平学校中没有私立高校。这造成了区域和国别研究与政府支持有很大的关系，甚至政府的决策决定了它的存在和发展。举个例子，20年前一位印第安纳大学教授告诉我说，印第安纳大学的外语课可以开出132种语言。我说有那么多吗？他说不是同时开出的，是可以开出的。我问开课的条件是什么？他说，只要有5个本科生注册就开。它一个学校的语种超过我们全国高校加起来的语种了，一个学校能够有这样的能力，支持这么多小语种存在，发展不发展是另外一个问题，我们能不能做到？这需要考虑。对一些小国的研究人才是否需要做专门培养，而不是单纯的语言培养，这也不是高校可以决定的。

刚才有老师讲到在非洲学里，对非洲人文和自然的研究亟待加强，这确实是我们基础研究里面很重要的内容。去年在北大开会时我也说到这个问题，我原来是搞地质-地理的，多年从事这方面的教学和科研，想就此多说两句。现在区域与国别研究学科组合里面都没有地理，我觉得首先应该选进来就是地理学。地理学的二级学科有多个，大的划分如人文地理、自然地理；人文地理又有交通地理、人口地理、工业地理、农业地理等，自然地理里面有地貌学、植物地理、动物地理等,很多内容实际上和区域与国别研究是重合的,但是学科关系怎么处理,怎么组合,我就不好说了。我们现在做区域国别研究的最基本的区域单位是依据地理划分,如七大洲四大洋是地理学的划分,而不是区域国别研究的划分。另外包括能源、资源这些问题,和地质、地理这类自然学科的关系非常密切。北京大学组建了区域与国别研究院,上海外国语大学组建了区域国别研究特色研究生项目,都已经招了研究生。随之而来的问题是,这些交叉学科究竟应该有个什么样的组合? 应该怎么变动,变动的依据是什么?这都需要系统的论证。

前不久我在一个会议上曾提出一个"砖头"模式。意思是说,在进行学科组合时,现有一级学科中的二级学科和某些研究方向,可以看作是"砖头",是大小不一、规格不同的砖头。对不同的区域和国别研究来说,要拿这些不同的"砖头"去搭建不同的房子。根据不同区域或国家,取的"砖头"不一样,取的"砖头"多少也不一样,最后搭的"房子"也不一样。一般来说,大的区域或国家,"砖头"需要得多,反之就少。

例如,对于俄罗斯研究来说,地理学是必须有的。俄罗斯是世界上陆地积最大的国家,有1700多万平方公里的领土,也是自然资源最丰富的国家,又是周边环境最复杂的国家之一,不了解它的地理特征,就缺乏对这个国家最起码的认识,不可能对其内外政策做出相对准确的判断。而对于像梵蒂冈这样的国家,面积只有0.44平方公里,把地理学放进去就完全没有必要。对于像朝鲜、日本这样的单一民族国家,把民族学放进去可做的事很少,因此不需要。而研究一些中东国家,石油地质学就是必需的。这个方法目前我认为是可行的,但是不是理想的还不好说。拿北大来说,它的地理学很强。现在在国际关系研究中,经常说到地缘政治(Geopolitics)这个词,其实从溯源的角度看,这个概念起源于政治地理学(Political geography),是英国地理学家麦金德提出来的。北大地理系的王恩涌先生,是中国第一本政治地理学教材的作者。顺便提一下这个例子,是说北大的区域与国别的教学和研究,会有很好的地理学支撑。不仅是地理学,作为综合大学,北大显然在课程组合与学科交叉方面具有更多优势,理应多做研究,多做贡献。区域和国别教学的学科组合究竟应该怎么做？对此并没有固定的模式，对于不同的国家、不同的地区应该有不同的选择，不同的学校也应在区域和国别研究方面有自己的选择。

实际上，在国际关系研究方面，高校现有的研究机构已经形成了一些区域的分工。那么，相关高校的区域和国别研究是否要和这种分工建立一定的联系，以达到相辅相成的效果？

我给上海外国语大学的全球治理与区域国别研究院的硕士研究生上过课。我觉得他们的课程组合至少从我接触到的来说，是综合面最宽的一个。现在区域和国别研究招生的主要标准是由一个地域的通行语种来决定。北大去年那一期招的都是俄语生，今年都是英语生，上外也是这样做的。这是值得肯定的经验。比如说使用阿拉伯语的有几十个国家，俄语现在还有大约 6—7 个国家把它列为官方语言，在一个地域之内语言是最基础的。但是在具体课程上怎么安排还需要认真研究。如果把北大和上外做一个比较，我个人的感觉是北大的课程更接近于区域学，而上外更接近国际关系。这里还涉及毕业生的就业问题。据我了解，上外去年的第一届硕士毕业生就业时用人单位都不知道"区域和国别研究"这个专业，招聘时没有一个单位招这个专业的人。这些毕业生找到工作不是因为其专业，而是由于其他的优点。尽管涉及的毕业生只有不到 10 个人，但这个问题亟待关注，否则会影响招生及队伍和学科建设。

另外，在区域与国别研究中，要特别关注它的学科边界和学科方法问题，如果我们边界不清，又没有独立的方法，这里用这个学科的方法，那里用那个学科的方法，那自己的学科特征是什么？我觉得这也是一个很大的问题。

我最后想强调一下区域国别研究中的基础和多学科综合是高校智库的特长，应该发挥特长做出自己的特色，要创新而不是模仿；要求真务实而不是哗众取宠。目前在高校智库建设中，绩效的评价是一个大问题。原来是看论文、著作，把期刊分成核心和非核心，核心又分了几个等级；出版社也被分成权威、一般几个等级。现在智库建设是用批示做导向，拿官员的级别，如政治局常委、政治局委员、省部级等作为报告质量的判定标准，我觉得这是有问题的，特别是在基础学科领域不能这样做。中国作为一个大国，全球影响力在逐渐扩大，我认为区域和国别研究的重点是基础研究，基础研究里面我们仍然可以做咨询工作,不是都挤到现状问题上才能做咨询。

我前面举了里海问题的例子,在那以后我们中亚所提交的咨询报告不少,但很多不是国际关系专业的问题,不是时政问题。比如说对吉尔吉斯共和国的政局分析,我们在2005年吉尔吉斯第一次发生所谓"颜色革命"之前就做了南方和北方的部族差异问题,这不是国际关系问题,跟国际关系一点关系都没有。但是它对吉尔吉斯共和国的权力分配和国内局势有很大影响,一旦局势有变,它肯定是一个重要原因。对这一类问题,不能出了事再研究。这也说明,咨询工作具有不同的层次。国外问题,并不等于国际关系问题。在基础研究方面,不能急功近利。今天看新闻报道,明天出一篇报告,这里面有多少好东西我很怀疑。现在学术界有一个不好的现象,就是学者跟着媒体跑,不是媒体跟着学者跑,这是本末倒置,不好。中国作为一个大国,今后在国际舞台上会承担更多的责任,遇到更多的问题。作为大国的研究,在区域和国别研究这个领域,我们有大量的东西需要研究,许多要补课。但如果一开始就走偏了路,就提弯道超车的口号,是很不妥的。弯道超车比较容易,但翻车也容易。一开始就想走捷径,盲目讲超过某某,这样不好,希望不要犯这样的错误。

现在很多老师、学校特别是高校领导层面,对建立一级学科的热情非常高。从学理的角度来讲有它的合理性。现在我们很多的评估和资源分配是按一级学科来做的,这就造成学校,包括老师们,都不得不在一级学科的建设上投入很大的精力。很多人提出要把区域和国别研究建成一级学科,我们国际关系学界也有许多人想把国际政治、国际关系和外交学几个二级学科从政治学一级学科中拿出来,建立独立的一级学科,这些都有其合理性。但是我觉得目前能不能做到,还很难说,因为很多问题都是由行政部门最终拍板的。我始终认为,除了个别大学,一般高校要搞创新、要突出特色、要提高水平,重点应该放在二级学科和某些研究方向上,而不是整体发展一级学科,因为能力和条件不足。即使是北大这样的学校,也不是每个一级学科中的二级学科都做得很好,水平都很高,其他高校一级学科之内二级学科的差别就更大了,甚至有的二级学科根本就没有,更谈不上水平了。

现在区域国别研究建立一级学科,我觉得条件不足,经验不足,人才更不足,最重要的是缺乏基本的师资队伍。目前区域国别研究的毕业生还很少,那么按照既有的方法和课程安排,我们培养的学生水平怎么样还不好说,社会认可度更难判断。前面说的上海外国语大学毕业生就业遇到的问题就是一例。在目前情况下,要多做探索,多做讨论,重点放在人才培养上,人才培养需要用什么方式、用什么内容,这是首先要解决的问题。不要把学科建设的目标置于人才培养这个目标之上。我觉得人才培养至少从一些培养方式和课程内容方面,跟学科建设——一级学科也好,二级学科也好——联系并不很大。毕业后的学生怎么样、是否适应社会和国家的需要是评价学科建设的核心指标之一。但是现在区域和国别研究的毕业生还很少,即使几年以后有所增加,在数量太少的情况下,也不好做评价。

对于交叉学科,我认为相关学科要大度一些,要包容一些,不要特别强调自己的学科边界。有人在学科交叉问题上有顾虑,担心会造成学术资源分散影响自身的发展,既不想参与其他学科,也不愿意让其他学科与自己交叉,我觉得这两种倾向对区域国别研究的发展都不好。关于我们现在双一流的评审制度,如何鼓励学科交叉,也需要认真考虑。因为双一流学科在分了几个等级以后,实际上把它的边界确定得越来越清楚,学科边界越清楚,就越不利于学科交叉,特别是对人文社会学科来说更不利。这是一个基本情况。前面谈了"砖头"模式,说的是课程的组合,并不等于学科交叉。是否能先尝试编一本《区域和国别通论》,作为区域和国别的学科引论?其中,对学科交叉和课程组合的问题给出一个比较清楚的解释,或许是有益的探索。在这种情况下应该怎么做,还需要我们认真考虑。

综合以上,我认为,大学的学科建设,不能以建设智库为目的,更不能用建设智库的方法去建设学科。大学最根本的目的是培养人。学科建设、智库建设、人才培养这三者的关系在大学如何处理,是一个非常复杂的问题,不是行政决策可以解决的,大学应该根据自身特点,去研究和探索合理、有效、可行的途径。

以上是一些不成熟的看法,坦率地和大家交流,谢谢。


作者简介:杨恕,兰州大学中亚研究所所长、教授。

# 区域国别研究视野下中非知识共享与人文交流

刘鸿武　林　晨

**摘要**：进入 21 世纪以来，以推进经济社会发展和国家治理建构为核心内容的中非知识共享与人文交流，日益成为推进中非全方位发展合作关系迈向新高度的重要新动力，其对保障中非关系的长期可持续发展的意义也日显突出。应该说，相对于政治交往与经贸合作，普遍性的知识共享与人文交流，因惠及民间、扎根人心，对未来全方位的中非关系的稳定发展，更具有基础性、长远性作用。在推进对非合作与高质量"一带一路"建设进程中，高校的区域国别研究学术机构与专家学者，可以发挥特殊的功能与作用，成为推进中非共享知识体系建构与人文交流互动的重要力量，这要求高校区域国别研究机构的管理参与者、教师和科研工作者，从战略的高度深入研究中非知识共享与人文交流的理论基础、战略意义、推进路径，并努力付诸具体可见的实践过程。

**关键词**：人文交流　中非关系　战略价值　实践案例

2020 年是中非合作论坛成立 20 周年。20 年来，伴随着中非政治往来与经贸合作的深化，中非双方在教育、科技、文化、医疗、体育、旅游、民间组织等各个领域的交往合作也不断推进。在 2018 年 9 月举行的中非合作论坛北京峰会上，中国国家主席习近平宣布将重点实施"八大行动"，其中明确将实施人文交流行动计划列为八大行动计划之一，提出中方将与非方深化文明互鉴，打造中非联合研究交流计划增强版，实施 50 个文体旅游项目，支持非洲国家加入丝绸之路国际剧院、博物馆、艺术节等联盟,打造中非媒体合作网络,继续推动中非互设文化中心,支持非洲符合条件的教育机构申办孔子学院,支持更多非洲国家成为中国公民组团出境旅游目的地等。这些创新性举措,具有面向新时代推进中非战略合作走深走实的特殊意义。而事实上,自2000年中非合作论坛成立以来,中非双方在知识共享与人文交流领域的合作,都获得了意义重大而有力的推进,它为中非合作关系的可持续发展提供了基础性的动力与平台,也开拓和引领了中非合作的新方向。

## 中非知识共享与人文交流的
## 理论意义与战略价值

推进中非知识共享与人文交流,是一项系统长期而复杂的战略工程,需要宏观性的战略引领、务实性的政策支持、超越性的理论支撑、针对性的实践操作等各方面的通力配合。从目前复杂动荡的国际环境上来看,中非双方要实质性地推进这一知识与思想的交流进程,我们必须从一个开阔的世界史视野来深入把握中非双方各自文明或文化的民族特质与演进模式,而提升中非双方学术界与智库界的交流与理论合作和研究水平,则是其中十分重要的前提与基础性工作。

知识与思想的意义,文明与文化的价值,对世界上任何一个国家或民族都是不言而喻的。文明与文化,本身也是一种知识体系与情感世界,是一个国家或一个民族在其漫长历史进程中积淀下来的价值理念、精神遗产与思想体系,承载着各民族的心灵生命及其延续发展的精神根基。国家之为国家,民族之为民族,不仅是因其有疆域国土需予守护开发,更因其有自身的文明、文化与历史传统需传承光大。那些经久流传的本土知识与悠久思想、文化传统与文明精神,因保留了国家与民族的古老情感与遥远记忆,而得以让每个国家和民族虽历无数风雨而能命脉不断,经重重磨难而可复兴再生。①

--------

① 刘鸿武:《非洲文化与当代发展》,北京:人民出版社,2014年,第2页。

　　人类的知识与思想，文明或文化，因其有地域之属性、民族之精神而会有明显的差异与个性。唯因存在差异性与个性，也就有了各国各民族进行知识共享、文化交流与文明互鉴的必要与可能。透过与他族他国的接触与交流，人类方得在"我与他"之关系对比中发现自我、认知他者，并由此汲取他者文化文明之精华，丰富自身文化文明。因而，历史纵向上的传承光大，地域横向上的吸收扩散，构成了古往今来人类文化或文明演进的基本形态。可以说，文化文明既是人类相异相别的原因，也是人类相通相联的基础。①

　　在人类文明与文化漫长演进过程中，中国与非洲因在地理上天各一方，历史上形成的文明或文化既有相同之处，亦有巨大差异。中华文明与非洲文明都曾长期走在世界文明前列，皆以自己的方式创造过特定时空内的区域文明，产生过各有特色的知识体系与思想智慧，并在许多时候与许多领域影响过人类文明的发展进程与演进走向。由于地理上相距遥远，中华文明与非洲文明在历史上的直接交往与相互认知并不容易，较之于世界其他文明的交往历程，中非双方间的文化文明交往的发生发展相对晚近，然而，从世界文明交往史的角度上看，整体形态与精神气质具有巨大差异的中非两大区域性文明，一旦相遇并开启跨越大洋的对话交流，必然会带来特殊成果，引发深远影响。

　　回顾世界文明与文化的交往史，古代中非间的往来也曾一度繁荣。公元10—16世纪，阿拉伯伊斯兰世界兴盛并与东亚中华文明相遇后，形成了一个"环西北印度洋商贸文化圈"，处于这一商贸文化圈东中西广阔地带的传承了古代中华文明、印度文明、波斯文明、阿拉伯文明、东非阿克苏姆文明与斯瓦希里文明的众多国家与民族等，都程度不等地参与其中。

　　事实上，中非人文交流早在唐宋时期已出现，元明时达相当规模，14世纪元代航海家汪大渊抵达东非桑给巴尔岛②，北非摩洛哥旅行家伊本·白图泰到中国游历考察③。15世纪初中国明代航海家郑和率庞大船队七下西洋，四次

---

① 刘鸿武：《人文学散论》，北京：人民出版社，2019年，第134页。
② 汪大渊：《岛夷志略校释》，苏继庼校释，北京：中华书局，1981年，第358页。
③ 〔摩洛哥〕伊本·白图泰：《伊本·白图泰游记》，马金鹏译，银川：宁夏人民出版社，2000年，第539—559页。

抵达东非沿海,至今桑给巴尔王宫博物馆仍藏有郑和远航图。[①] 历史上,东非的斯瓦希里海岸,因保留众多中国瓷器而被称为"瓷器海岸",明代彩绘世界地图《大明混一图》已对非洲地理做出绘制。[②] 可见,中非的交往在早期就将彼此纳入各自的域外知识体系,尝试建构关于人类世界的真实图景,这在世界文明交往史上具有重要意义。

近代以来,随着西方列强兴起并在全球殖民扩张,中非间直接的人文往来逐渐沉寂,在被迫卷入西方主导下的世界体系后,双方在外部支配下有过殖民地半殖民地间的间接交往。进入 20 世纪的百年历史进程后,中国与非洲面对西方的殖民压迫,互相发现对方具有相似的身份与时代角色,怀有共同的奋斗目标与发展主题:反抗殖民压迫、实现民族独立、建构新兴国家、复兴传统文明、推进国家建设等。这些历史使命赋予中国与非洲相通的现代政治属性,从而跨越原有文明形态差异而建立起一种现代意义的文明交往关系,使人类现代文明发展的总体格局发生意义深远的改变。

一百多年来,中非双方的人民在承受现代变革压力的同时,也在努力通过复兴传统文化,加强交流互鉴,探索自身现代发展,而逐渐参与全球现代文明的塑造过程,开拓出人类现代性的新内涵与外延。[③] 与此同时,中非探寻各自文明现代复兴与合作的持续努力,也在改变世界文明交往的基本格局与国家关系基本形态,从"单向度的""中心支配边缘的"不平等世界文明体系,逐渐转向"多向度的""网状平等的"多元文明平等交往、合作发展的新世界体系。今天,世界历史的变革动力日益来自人口更为众多、地域更为广阔、文化更为多样的非西方世界,这是今天我们推进中非知识共享与人文交流的开阔世界背景与时代基础。

---

① 刘鸿武:《蔚蓝色的非洲——东非斯瓦希里文化研究》,昆明:云南大学出版社,2008 年,第10 页。

② 刘若芳、汪前进:《〈大明混一图〉绘制时间再探讨》,载中国明史学会编:《明史研究》(第 10辑),合肥:黄山书社,2007 年,第 329 页。

③ 刘鸿武:《西方政治经济理论反思与"亚非知识"话语权重建》,《西亚非洲》2011 年第 1 期,第12 页。

习近平指出:"历史发展、文明繁盛、人类进步,从来离不开思想引领。"①从开阔的世界历史发展与人类文明进步的角度观察,我们可以看到,中非人文交流的意义是寓于世界文明发展史之中的。它将不仅促进中非文明复兴,加强中非合作发展,还将从思想源头上推进中非人民更积极主动而自信地参与人类现代性的二次建构,诠释人类现代性发展的文明史意义,丰富人类现代文明的结构与基础。

进入21世纪,中非合作论坛成立,标志着中非文明交往进入新时期,中非发展合作的内容快速扩展、影响日益扩大、前景更趋广阔,双方致力于建立政治上平等互信、经济上合作共赢、文化上交流互鉴的新型战略伙伴关系。② 中非人文交流由此提升至新的战略高度,其广度与深度均以前所未有的规模向前发展,为中非合作与世界文明发展注入新的动力。

中非合作关系包含政治互信、经贸往来与人文交流三个方面。这三者的关系,多年前笔者就以"鱼塘"喻之。③ 形象而言,政治互信如池塘,经贸往来如塘中之鱼,人文交流就如池中之水;若无稳固池塘,若无源头活水,鱼就长不好、长不大。池中之水虽不能卖钱,却是滋养鱼长大成活之关键。可见,政治、经济、人文形成三足鼎立之势、相互支撑,中非合作关系才能在稳固基础之上实现可持续发展,而人文交流因惠及民间、扎根人心,对未来中非关系的稳定发展,更具有基础性、长远性作用,具有无可替代的战略价值。

---

① 习近平:《为建设更加美好的地球家园贡献智慧和力量——在中法全球治理论坛闭幕式上的讲话》,载中华人民共和国中央人民政府网站:http://www.gov.cn/xinwen/2019 - 03/26/content_5377046.htm,2020 - 02 - 03。

② 《中国对非洲政策文件》,载中华人民共和国中央人民政府网站,http://www.gov.cn/gongbao/content/2006/content_212161.htm,2020 - 02 - 03。

③ 刘鸿武:《非洲文化与当代发展》,第326页。

# 中非知识共享与人文交流的
# 时代要求与空间拓展

习近平指出:"中华文明是在同其他文明不断交流互鉴中形成的开放体系。"①在中华民族近百年的复兴发展进程中,中华文明更充分发挥了善于吸收外部世界先进文化的传统优势,在许多领域主动汲取外部世界的先进知识与思想,获得了经济社会的快速发展。中国经济已经高速发展40年多,未来一二十年,中国还将继续保持较高的经济增长速度。中国经济规模的巨大变化,毫无疑问将对全球既存的政治经济格局产生重大影响。同时,当今中国的经济社会生活已高度融合于外部世界,这使得今日中国比历史上任何时候都更深刻地与外部世界形成复杂的互动关系结构,在此背景下,观念与文化、思想与知识的内外互动交流也将日益频繁、紧密而重要。

当前,中国处于近代以来最好的发展时期,世界处于百年未有之大变局,两者同步交织、相互激荡。② 时代的变革更要求当代中国知识精英创新性地重新思考中国与外部世界的相互关系,思考中华文明如何在往昔基础上开创新的发展前景并进而影响外部世界的未来发展。在这一时代背景下,中非双方努力以文明和文化的力量,突破现有国际环境的时空限制,在全球范围内打开知识共享与文明交往的新局面,将为中非双方开辟更广阔的外部发展空间,不仅推进中非双方现实发展合作,也将带动发展中国家的发展进程,为整个世界带来新的发展机遇、发展资源、发展平台与发展空间。

由此可见,推进中非人文交流具有特殊的时代意义与努力方向。

第一,中非知识共享与人文交流应该努力创造中非发展合作所需的人文环境与社会基础,为当代中国构建更具政治合法性、道德感召力与文化魅力的

---

① 习近平:《深化文明交流互鉴 共建亚洲命运共同体——在亚洲文明对话大会开幕式上的主旨演讲》,《人民日报》2019年5月16日。

② 《习近平在中央外事工作会议上强调:坚持以新时代中国特色社会主义外交思想为指导努力开创中国特色大国外交新局面》,《人民日报》2018年6月24日。

"国家身份"与"国家形象"提供特殊的国际舞台。当今各国应对共同挑战的过程中,既需要经济科技力量,也需要文化文明力量。① 通过由中非文明内核驱动的中非人文交流,中国可以在一个足够宽广的、能持久产生全球效应的国际活动平台上,更主动地树立一个文明负责任的全球大国积极形象,以此缓和由全球复杂利益与发展变化引起的外部压力与冲突。

第二,中非知识共享与人文交流应该努力推进当代中华文明的世界化进程,使中华民族在新时期形成更开阔的全球视野、更包容的文明胸襟、更多元的文化欣赏力。今日的中国已是"世界之中国","未来之中国,必将以更加开放的姿态拥抱世界、以更有活力的文明成就贡献世界"②。历史上,南亚印度文明、中东阿拉伯文明和欧洲西方文明,先后进入中国并对中华文明之进程与结构产生影响,今天热带非洲文明与中华文明的交流也必将产生重彩华章。中非人文交流可使当代中国人能更好观察和欣赏非洲文化艺术的天然品质与本真美感,形成更全面的世界文明眼光、更均衡的全球文化视野,培养出对人类多元文化的普适性关爱情怀。

第三,中非知识共享与人文交流应该努力激发当代非洲知识精英群体的民族理想与文化情感,使其重新审视非洲与中国、非洲与西方、非洲与世界的关系,对当代非洲发展问题与非洲发展道路选择做出更独立的思考与自主判断。当代非洲知识精英群体大多接受过比较多的西方教育,对当代非洲问题的看法也曾深受西方主流观念影响。③ 加强与中国在发展减贫、治国理政等人文领域的交流,能促进其更多地反思西方主流理论,探索非洲本土文化与知识传统在全球化背景下的变迁、转化和提升,获得非洲发展与现代化的内源性动力与积极力量。

---

① 习近平:《深化文明交流互鉴 共建亚洲命运共同体——在亚洲文明对话大会开幕式上的主旨演讲》,载中华人民共和国中央人民政府网站,http://www.gov.cn/xinwen/2019-05/15/content_5391787.htm,2020-02-05。

② 习近平:《深化文明交流互鉴 共建亚洲命运共同体——在亚洲文明对话大会开幕式上的主旨演讲》,载中华人民共和国中央人民政府网站:http://www.gov.cn/xinwen/2019-05/15/content_5391787.htm,2020-02-05。

③ 刘鸿武:《凤凰浴火 涅槃新生——丹比萨·莫约的〈援助的死亡〉述评》,《西亚非洲》2011年第7期,第141页。

第四，中非知识共享与人文交流应该努力增强中非人民的文化自信与知识自立。习近平指出："文化自信是更基础、更广泛、更深厚的自信，是更基本、更深沉、更持久的力量。"①人文交流的影响不仅仅局限于精神文化领域，它将带动政治、经济等其他领域的系列发展变化。了解和认知对方文化的过程，将会带动学术、智库、媒体各界在内的文化交流与合作发展，推动中非经贸合作向更利于民生改善的新领域发展，有助于双方从文明演进背景上来理解对方的发展道路选择，并据此更好地制定符合双方真实发展需要的中非合作战略。

今天，中非合作已经成为中国推进全球新型合作体系与人类命运共同体构建的特殊观察窗口与最佳实验平台。②习近平在中非合作论坛北京峰会上，从责任共担、合作共赢、幸福共享、文化共兴、安全共筑、和谐共生六个方面，提出了共筑更加紧密的中非命运共同体重大理念③，为中非命运共同体增添了时代内涵，也为构建人类命运共同体指明了方向。

在我们看来，建构人类命运共同体，需要通过平等对话、多元交流，汇通人类的知识、思想、文化，创造出超越个别区域、个别国家范畴的真正具有普适性的人类共建、共通、共享的知识体系与文化体系。正是在这一宏大背景下，我们认为中非双方的知识界与学术界应跟上时代节奏，创新学科建设，返本开新，立足中非，融通全球，双向建构"中国的非洲学"与"非洲的中国学"。④这两大学科的创新建构过程，必将孕育出人类知识与理论创新的巨大空间，包括当代国际关系理论和相关的人文社会科学理论。

长期以来，中国高校人文社科领域的学科建设存在一些短板⑤，目前仍有巨大的拓展空间。当代中非学术界应当以建设"中国的非洲学"与"非洲的中国学"为契机，携手共进，有所作为，突破西方哲学社会科学的传统话语垄断，

---

① 《习近平在全国宣传思想工作会议上强调：举旗帜聚民心育新人兴文化展形象 更好完成新形势下宣传思想工作使命任务》，《人民日报》2018 年 8 月 23 日。

② 刘鸿武、林晨：《中非关系 70 年与中国外交的成长》，《西亚非洲》2019 年第 4 期，第 51 页。

③ 习近平：《携手共命运 同心促发展——在 2018 年中非合作论坛北京峰会开幕式上的主旨讲话》，《人民日报》2018 年 09 月 04 日，第 2 版。

④ 刘鸿武：《命运共同体视域下中非共享知识体系的建构》，《西亚非洲》2018 年第 5 期，第 42 页。

⑤ 刘鸿武：《命运共同体视域下中非共享知识体系的建构》，《西亚非洲》2018 年第 5 期，第 47—50 页。

产生原创性理论与全球性思想,构建中非乃至全球共通共享的知识、话语、文化体系。①

<h1 style="text-align:center">中非知识共享与人文交流的<br>实践探索与案例启示</h1>

习近平指出,研究人类文明,激发创新灵感,"最直接的方法莫过于走入不同文明,发现别人的优长,启发自己的思维"②。研究非洲文明尤其应当如此,研究者只有走入非洲,置身于非洲文化场景与生活环境,才能真切感受和理解非洲文化的个性特征。虽然深入非洲大陆,领略其文明、学习其文化殊为不易,但舍此别无捷径。因此,非洲研究是一门行走的学问,当代中国学人只有长期行走非洲、扎根非洲、观察非洲,才能做好非洲研究。

区域国别的学术研究是一种思想性探索活动,我们以这样的学术为志业,总该有一番意义与价值的思考和追求,寻得一安身立命的信念并努力践行,方能向深走远。③ 习近平在敦煌研究院座谈时提道:"敦煌文物保护和敦煌学研究博大精深,需要毕生精力才能见成效、出成果。择一事、终一生。希望大家把研究保护工作当作终身事业和无悔追求。"④从事非洲研究,推动中非人文交流,也是如此:需怀揣温情,心怀敬意,点滴积累,持久努力。

我们知道,所谓人文交流,浅近言之,则所谓人者,仁也,爱人;文者,纹也,风采⑤;交者,交汇,融通;流者,流动,往来。知识与思想的共享,人文与艺术的交流,就是要实现通过丰富多彩的交往过程,推进国家间与民族间的民心相通、平等往来、互学互鉴、美美与共。学术界推进中非人文交流,开展区域国别

---

① 刘鸿武:《非洲学发凡:实践与思考六十问》,北京:人民出版社,2019 年,第 20 页。
② 习近平:《深化文明交流互鉴 共建亚洲命运共同体——在亚洲文明对话大会开幕式上的主旨演讲》,《人民日报》2019 年 5 月 16 日。
③ 钱穆:《中国历史研究法》,北京:生活·读书·新知三联书店,2005 年,第 1 页。
④ 习近平:《在敦煌研究院座谈时的讲话》,参见中华人民共和国中央人民政府网站,http://www.gov.cn/xinwen/2020 - 01/31/content_5473371.htm,2020 - 02 - 05。
⑤ 刘鸿武:《人文学散论》,第 76 页。

研究,自然需知其层次丰富、领域广阔、形式多样,不能仅停留在理论研究层面,更重要的是知行合一,将理念付诸实践。习近平同志反复强调:"大道至简,实干为要";"要做起而行之的行动者、不做坐而论道的清谈客"。① 可以说,推进中非人文交流的要义是行动与实践。

进入 21 世纪以来,中非关系进入快速发展期。在中国政府相关部门的推动下,尤其是"中非联合研究交流计划"(2010 年 3 月 30 日正式启动)、"中非智库 10+10 合作伙伴计划"(2013 年 10 月 20 日正式启动)等合作项目的出台,中非人文交流内容愈加丰富,形式愈加多元,遂呈现新特点。

下面我们以浙江师范大学创建的首个实体性非洲研究院过去十多年建设探索为例,加以具体的阐释与说明。

浙江师范大学非洲研究院自 2007 年成立以来,以"学科建设为本体、智库服务为功用、媒体传播为手段、扎根非洲为前提、中非合作为路径"的"五位一体"建设发展思路,服务中非发展合作,在推进中非知识共享与人文交流方面主要做了十件大事②,包括构建了本硕博连贯的"非洲学"学位体系,迄今已培养了 100 多名中非的博士、硕士留学生,培训了 4 000 多人次的非洲大学校长、学术带头人等,为中非知识共享与人文交流提供了有力的人才队伍;创建了"中非智库论坛",连续在中国和非洲举办十次大型高端论坛,提升了中国对非事务学术话语权;③形成了一支能讲好中非合作故事的舆论引导和知识普及的中非学者队伍,他们广泛活跃在中国和非洲学术界、媒体界、智库界;建立了"教育部中南人文交流研究中心"、中非影视研究中心、中非人类学研究中心、中非教育合作研究中心等学术机构,出版《中国南非人文交流年度报告》,并先后策划拍摄纪录片《携手》(三集纪录片)、《我从非洲来》(六集纪录片)、《重走

---

① 人民日报记者杜尚泽、新华社记者张晓松:《始终牢记党的初心和使命——记习近平总书记在内蒙古考察并指导开展"不忘初心、牢记使命"主题教育》,《人民日报》2019 年 7 月 18 日。

② 《十年做成十大事——浙师大非洲研究院炼成"全国高校黄大年式教师团队"》,参见中华人民共和国教育部网站,http://www.moe.gov.cn/jyb_xwfb/xw_zt/moe_357/jyzt_2018n/2018_zt02/zt1802_tdzs/201802/t20180209_327210.html,2020 - 02 - 06。

③ 王珩:《高校智库助力"一带一路"民心相通——浙江师范大学非洲研究院的十年实践》,参见中国社会科学网,http://www.cssn.cn/gd/gd_rwhd/xslt/201705/t20170523_3528012.shtml,2020 - 02 - 06。

坦赞铁路》(多语种纪录片),举办"中非影视媒体论坛"等;成立了国内首个非洲翻译馆,开展中非文献互译工程,在非洲推出英法文"中国改革开放与发展实践"丛书,在中国推出"百部非洲人文经典译丛""非洲儿童绘本"等经典图书;指导金华市秋滨小学建成国内首个中非基础教育艺术教育项目"活力非洲园",编纂非洲文化艺术校本教材五种,这一成果获得浙江省基础教育教学成果一等奖;创办了国内首个综合性的"非洲博物馆",成为面向大众传播非洲文化的立体教科书和科普基地;在金华琐园村建成"非洲国际研学村",建立了国内首个乡村非洲文化沙龙,提升了中非民间对彼此文化的认知能力。①

通过上述努力,作为研究型智库②,浙师大非洲研究院积累了丰富的中非知识共享与人文交流的实践案例与理论成果,形成了从学前教育、基础教育、职业教育、高等教育、在职培训、智库交往的系统化中非教育与学术合作体制,等等。这些创新活动皆是实践探索之举,虽然总体上还是初步的,仍需在行动中不断完善,持续聚力前行,但它代表了中非新时代知识共享与人文交流的新方向。

2020年8月27日,教育部公布了《学位授予单位(不含军队单位)自主设置二级学科和交叉学科名单》,此次完成交叉学科备案的包括全国160所学校的549个学科。其中,浙江师范大学报送的"非洲学""非洲教育与社会发展"两个交叉学科正式获批设立。"非洲学"和"非洲教育与社会发展"以浙师大非洲研究院为建设主体,分别具有硕士学位、博士学位授予资格,前者涉及政治学、社会学、教育学、世界史四个一级学科,后者涉及教育学、中国语言文学、数学三个一级学科。

---

① 何百林、章果果等:《中非合作金华样本:他们唱响一曲曲中非友谊之歌》,《金华日报》2020年9月18日A9版。

② 浙师大非洲研究院连续4年入选美国宾夕法尼亚大学发布的《全球智库报告》"全球最佳区域研究中心(大学附属)",是中国唯一入选的非洲研究机构,参见 https://repository.upenn.edu/cgi/viewcontent.cgi? article=1018&context=think_tanks,2020-02-06;连续五年入选中国智库索引"CTTI区域研究与国际关系领域智库TOP15"并位居综合排名第六名,参见 http://ias.zjnu.cn/2019/1225/c6141a314189/page.htm,2020-02-06。

至此,浙江师范大学成为中国第一所经教育部认可和批准设立"非洲学"交叉学科、"非洲教育与社会发展"交叉学科的高等教育教学培养单位,这也是中国教育史上第一次直接冠以"非洲"名称的学科获得建立,由此开创了中国非洲研究学科建设与人才培养的新历史。

"非洲学"是浙江师范大学最具特色的区域国别研究中得到国家认可的交叉学科,也是学校学科建设创新的成功典范。浙江师范大学自 2012 年设立"非洲学"交叉学科硕士点,2015 年设立"非洲教育与社会发展"交叉学科博士点,在国内高校率先建立了"多元化课程体系,多类型教学体系、多平台实践体系"的"非洲学"硕博人才培养体系。至 2020 年,浙江师范大学已经培养毕业"非洲学"硕士与博士 110 人,目前还有在读硕士博士 81 人,此外,还先后培训了 3000 多名来自非洲的政府官员、大学校长、智库领袖、媒体负责人等,包括现中非共和国总统福斯坦等非洲政要。

在此基础上,以"非洲学"和"非洲教育与社会发展"为核心支撑的"服务国家战略的'非洲学'人才培养体系理论与实践创新",于 2016 年获浙江省高等教育教学成果一等奖,2019 年获浙江省研究生教育学会教育成果一等奖。2018 年"非洲学"教师团队入选教育部首批"黄大年式教学团队"。2020 年,浙师大非洲研究院完成的"五位一体构建中国特色非洲学成果",获评为全国哲学社会科学工作办公室"国别与区域研究"独创性理论成果。

知识共享与人文交流,重在人民性,重在人民的普遍参与,而人民间可共享知识的支撑与先进思想的引领,则是人文交流的基础保障。当今时代是一个知识与思想高速流转与激烈竞逐的时代,观念与思想对国际关系与国际合作的影响复杂而多样。适宜的思想交流与知识共享可以为国际合作创造良好的条件,而经贸合作与投资贸易关系的背后也多少隐含着观念的互动与思想的融合,影响着人们对国家间关系的性质与意义的认知。

同样的,非洲大陆要实现发展,要从世界发展的边缘地带摆脱出来,也有赖于非洲文化自尊自立自信精神的重建。只有去除近代以来由西方殖民主义、种族主义、霸权主义施加在非洲人民头上的文化歧视与精神压迫,树立非洲文化和历史的尊严,非洲的现代复兴与发展才会有坚实的基础。①

从中非交往的民间层面上看,今天中非关系对于中非双方普通百姓的影响也越来越广泛和深入,国际社会对中非合作关系的关注也在持续上升。在这样的时代背景下,中非合作关系要能长期保持可持续发展,要更好地造福于中非双方的人民,就必须努力将双方的关系更多地聚焦于最广大人民群众的现实需要,聚焦于普通百姓对于精神和物质生活的向往与期待,让这一双方的合作关系更接地气,更深入中非双方民间大众的日常生活,让双方的人民群众有更多的参与途径和分享机会,从而对于中非合作的成就与意义,有更多的获得感、参与感和认同感。

因此,在努力推进面向普通百姓的中非知识共享与人文交流、教育合作与科技交流、思想沟通和知识对话等方面,中非双方需要更多的努力,需要更多的平台建设与资源投入,推进高校的区域国别研究进程,建设更多更好的真正扎根非洲、理解非洲、热爱非洲的学术研究机构,培养更多的优秀人才与专家学者,并就此来推进中非学术界、知识界的紧密合作与联合研究,正是这一历史进程中的重要举措,我们对此充满期待,也需要更加努力。②

作者简介:刘鸿武,浙江师范大学非洲研究院院长、教授,博士生导师;林晨,浙江师范大学非洲研究院 2018 级非洲教育与社会发展专业博士生。

---

① 刘鸿武、王严:《非洲实现复兴必须重建自己的历史》,《史学理论研究》2015 年第 4 期,第 77—86 页。

② 刘鸿武:《人文交流知识共享》,《人民日报》2015 年 11 月 27 日,第 21 版。

# 高校区域国别智库评价
# 应秉持"三个导向"

靳　戈

**摘要：**中国成为世界知识生产中心，是中国实现全球性崛起的基础也是结果，是中华民族伟大复兴的题中之义，其中高校区域国别智库大有可为。建好高校区域国别智库，恰当的评估体系是重要一环。高校区域国别智库的首要身份是智库，必须要以服务决策为导向。区域国别问题是其主要研究对象，其研究工作要符合区域国别研究的特点，应与外国语言、世界历史、国际关系、比较政治学等领域有适当区分，突出"精深"。高校是其存在和发展的语境，其运转应与高校的主要任务相衔接，把人才培养与智库工作统筹起来。

**关键词：**区域国别研究　智库　高校　评估

16世纪以来，西方无论是在殖民主义阶段还是资本主义社会，一直采用各种方式方法研究世界，获得关于世界的知识。"当时来往欧洲与中国之间的商船，运载的不仅仅是货物，还有知识和情报。"①他们也正是用这种知识和信息的落差，奠定了此后五百年"西强东弱"的世界格局。"二战"后，美国一改"孤立主义"的做派，开始尝试主导世界格局，区域国别研究也同步开展。当今许多耳熟能详的美国学者的知名著作，如本尼迪克特·安德森的《想象的共同体》，傅高义的《邓小平时代》《日本第一》，查尔斯·曼恩的《1491：前哥伦布时代美洲启示

---

① 许伟通：《大学新使命：区域国别研究》，《高教与经济》2012年第3期，第1—6页。

录》等,许多都可以归为区域国别研究。在拉美研究、东亚研究等许多领域,美国至今依然保持着优势。从以上历史来看,区域国别研究的产生和发展与大国崛起密切相关,越是国际格局深刻变化,它越是活跃——这是一门"大国学术"。

日渐走向世界舞台中央的中国,自然也需要这样的"大国学术"。"中国自晚清以来的变革,是以'求知识于世界'为一项前提的,关于外部世界的知识获取是中国现代化进程的重要组成部分。"①近十年来,区域国别研究,多次在党中央重要的文献中出现。特别是党的十八大之后,党中央提出"一带一路"倡议,习近平在多个国际场合中多次阐释"人类命运共同体"重要理念。这既是对中国"走向世界"的一种宣言,也为区域国别研究提供了丰富的议题与意涵。

从西方发达国家特别是美国的经验来看,大学是区域国别研究的主力。据不完全统计,哥伦比亚大学1946年9月成立俄国研究所,耶鲁大学1947年组建东南亚研究中心,哈佛大学1948年2月成立俄国研究中心,宾夕法尼亚大学1948年创办南亚研究系,加州大学伯克利分校1948年成立斯拉夫研究所,康奈尔大学1950年组建东南亚研究中心。②自2011年以来,教育部多次从高等教育顶层设计方面支持高校开展区域国别研究,十年来成效显著。③从高等教育发展经验来看,科学的评估,对于教育工作不断完善自身和持续创新,都是大有裨益的。从学科评估、"双一流"评估等工作的成效来看,"评价"不仅为"建设"提供了标准,客观上也是"建设"的推动力。

"评价"的必要性毋庸置疑,关键在于如何评价。从以"评价"推进"建设"的目的出发,评价指标如何构建很重要但不是根本,发挥决定性作用的是评价能否围绕最初的设计目的,即评价是否能帮助特定某项工作守"初心"。当前各类评价工作的常见问题是,指标设计高度"内卷",精力分配方面对"初心所向"关照不足。非但未能守"初心",反而使工作"分心"。智库工作的评价,国

---

①　安刚:《对中国区域国别研究的几点思考——访北京大学副教授牛可、云南大学教授卢光盛》,《世界知识》2018年第12期,第64—67页。

②　梁志:《美国"地区研究"兴起的历史考察》,《世界历史》2010年第1期,第28—39页。

③　教育部:《国别与区域研究基地培育和建设暂行办法》,http://www.moe.gov.cn/srcsite/A20/s7068/201501/t20150126_189316.html。

内还处在探索阶段。一些高校智库的评价工作借鉴了学科评估、教学评估的思路和模式,但是智库工作与教学和学科建设工作差别比较大,评价模式必然不能套用——如此评价非但不会推动"建设",很可能会适得其反。因此,高校的智库评价体系,需要"从头开始、有所借鉴"。所谓"从头开始",就是评价体系的设计要有问题意识,应回到智库设立"初始之问"。智库与智库并非"千人一面",而是各有特色,特色智库的评估体系不仅要回答作为智库的"初始之问",也要回答作为专门智库的"特色之问"。所谓"有所借鉴",是指可以吸收学科评估、教学评估等工作的经验,有选择地"搭建"在智库评价体系之中。具体到高校区域国别智库,其评价体系不妨从以下三方面思考。

## 一、智库的身份,决定了评价要有"决策导向"

智库是知识界服务国家决策的重要平台和主要形式。党中央很早就提出,在国际国内形势复杂多变的情况下,仅靠经验、靠少数人的智慧是很难做出正确决策的,必须广泛听取各方意见,加强决策的科学化、民主化。[①] 智库就是为中央决策汇集意见、提出建议的机构。党的十八大以来,习近平总书记多次批示智库建设。中共中央办公厅、国务院办公厅出台了专门的意见。"智库已经融入国家决策的开放性平台之中,成为中国政策决策体制的一部分。"[②]

当前世界正面临百年未有之大变局,许多新问题新挑战已经超出了传统经验甚至传统理论的解释能力。同时,中国正日渐走向世界舞台的中央,中国在世界格局中角色的变化也深刻影响着世界格局本身。"以中国为核心的发展中国家与西方发达国家的关系进入了一个深入调整期,这是世界历史近五百年来从未出现过的新趋势。"[③]在变动的时代,经验的效能大为衰减,新知的

---

[①] 梅松:《中国智库期待国际话语权》,《人民论坛》2009 年第 10 期,第 34—35 页。

[②] 朱书缘:《习近平为何特别强调"新型智库建设"》,http://theory. people. cn/n/2014/1029/c148980 - 25928251. html。

[③] 罗林,邵玉琢:《"一带一路"视域下国别和区域研究的大国学科体系建构》,《新疆师范大学学报(哲学社会科学版)》2018 年第 6 期,第 79—88 页。

需求明显提升——国家比以往任何时候都更需要智库来提供决策建议,在百年未有之大变局中抓住百年未有之大机遇。在美国当代历史中,许多重大决策的背后都有知名智库的影子。从内在的发展需要和外部的发展经验两方面来看,智库的评价,必须坚持"决策导向"。智库办得好不好,关键要看其研究解决的是不是经济社会外交等领域最急需解决的问题,是不是人民群众普遍关心关注的问题,是不是各级党政机关急需问诊的问题,当然更要看研究成果最终转化为决策的效果如何。

坚持"决策导向"不意味着"唯报告论"。咨政报告的实践属性鲜明,但是文章深处还是要有比较强大的基础研究提供思想保障。智库评价当然应把决策支持摆在第一位,但是并不能忽视学术成果和基础研究的分量,也应给予适当的权重。智库不是一朝一夕建成的,这是久久为功、绵绵用力的工作,需要问题导向,也需要学术支撑。正所谓,智库汇聚着问题,学术蕴藏了解决问题的理论与方法。

坚持"决策导向"也不意味着"唯批示论"。从决策的过程来看,获得批示的报告当然发挥了关键的推动作用,但是同主题的其他报告也有丰富情报、延伸思考、完善决策等方面的价值,不能忽视。而且,批示的形成,也有酝酿和思考的过程,这可能就来自其他报告。从内参的工作机制来看,能够直接原文呈送中央领导的报告少之又少,大多数成为部委综述型报告和内参的一部分。能直接呈送中央领导的报告当然非常有价值,为部委综述型报告、内参提供素材也很光荣、有意义,都是服务中央决策的工作,不应有明显的高下之分。中央某内参部门的负责同志在业务交流时曾说,欢迎报送高校学者有助于决策的观察和思考,虽然不一定能直接报中央,但是对于提升决策支持报告的整体质量还是非常有帮助的。

智库是问题导向的学术研究。从美国战略研究的经验来看,注重论证的学术风气与偏向咨询的技术性建议,一直共存。[①] 从智库工作的实践来看,学

① 〔法〕让-卢普·萨曼著:《兰德公司(1989—2009):美国战略学知识的重构》,李刚等译,南京:南京大学出版社,2018年,第176页。

术与咨政,二者统一在智库工作之中。从中央的要求和工作的实际来看,智库要写好咨政文章、学术文章、媒体文章,分别对应决策支持、学术研究、交流传播三项职能,咨政是其中为首的一篇大文章。

## 二、区域国别研究的定位,
## 决定了评价要有"精深导向"

中国深度参与全球治理,需要深刻理解扑面而来的外部未知世界。区域国别研究致力于掌握不同国家和地区与我有关的重要情况和发展趋势,特别是涉及战略和交往的关键问题,是区域治理和全球治理的基础。如何使中国获得关于世界的充分知识,并成为世界的知识生产中心,是区域国别研究的重要任务。

区域国别研究的学科近亲是外国语言、国际政治和世界历史。不可否认,语言提供了区域国别研究的基础工具,历史是区域国别研究的重要方面,但是从研究议题的覆盖面上来看,区域国别研究与国际政治及其相关学科的关系最为紧密。关于它们的区别与联系,已有不少文献做了分析,普遍认为二者存在交集但是又有显著不同。有的观点指出,国际关系研究旨在对国际事务进行规律性总结,强调"共性";而区域国别研究则旨在对某一国别或区域进行细致深入的全面考察,强调"个性"。① 有的观点认为,区域研究要适应时代的需要,获得学术、政策和社会的认可,首先要融入包括政治学在内的主流社会科学。② 有观点提出,区域研究更关注特定空间内的各种地方性知识,而比较政治学更倾向于超越特定的区域而得出一般的归纳,这种共通和差异之处决定了两者互鉴和融合的必要性。③ 笔者基本赞同以上观点关于区域国别研究与

---

① 任晓、孙志强:《区域国别研究的发展历程、趋势和方向——任晓教授访谈》,《国际政治研究》2020年第1期,第134—160页。

② 张云:《区域研究与国际政治学的对话与融合——兼论"一带一路"倡议的智力支持建构》,《外交评论(外交学院学报)》2017年第5期,第141—156页。

③ 程多闻:《比较政治学和区域研究在中国的发展:互鉴与融合》,《国际关系研究》2017年第2期,第35—50、154—155页。

国际政治相关学科关系的论述,认为它们之间应该多对话、多融合、多借鉴。但是笔者从国家决策需求的角度认为,区域国别研究对一国一地区的全描式研究,更能适应当前我国日益精准化对外交往需要,这是国际关系、政治学和比较政治学等学科不能比肩的。经过几十年的积累,我国对于国际关系面上的知识和世界主要大国的知识已经比较充足且形成了比较完整的生成机制。但是世界上还有一些国家,虽然国际影响力不高,但是与中国关系密切,甚至能够影响中国的战略。对于这些国家的深度知识,我们还比较欠缺。换言之,说中国关于区域国别的知识"绝对匮乏"是言过其实,但是不够精细、不够精深是不能回避的问题。

首先,高质量的区域国别研究必然要求对一国一地区的了解要全面,不局限于文化、政治、经济。国际关系学和比较政治学主要关注政治和经济,拓展外延时也会关照文化。但是这些知识不能支撑"一带一路"倡议等深入的国际合作,例如我国对外重大基础设施建设投资,还需要关照当地的风土人情、历史纠葛、地理风貌等更细致的问题。这是区域国别研究能够发挥优势的领域。

其次,高质量的区域国别研究必然要求对一国一地区的分析要横纵结合,既关照当前,也了解历史。历史研究的意义毋庸多言,它不只是提供关于过去的知识,更提示了当下的由来和未来的线索。事实上,关于一国一地区当下的研究,国际关系领域对此有颇多建树;关于其历史的研究,世界历史则比较关注。只不过,关于当下的研究和关于历史的研究,分散在两个学科,没有在学术和咨政方面形成协同效应。区域国别研究则是将二者统一起来的交叉地带,自然相较于国际关系和世界历史对一国一地区的研究更加精深。

最后,高质量的区域国别研究必然要求对一国一地区的调研要兼顾巨细,善于见微知著,做出预测性判断。笔者在社交媒体的跨国使用研究中发现,2010 年前后北非地区的"茉莉花革命",如果从社交媒体动员机制的中观层面来看,"革命行动"带有偶然性。许多关于"茉莉花革命"的叙事中,也在强调这种近似于"蝴蝶效应"的偶然性。但是如果扎根于当地文化国情和社情民意,也许就能看到动乱必然性的"青萍之末"。突尼斯长期的政治腐败问题、被限制的宗教自由、经济垄断导致的就业问题以及外部阿拉伯世界的影响,虽然都不是"茉莉花革命"的直接原因,但是综合起来预言了"茉莉花革命"的发生。①

国际关系学早已走出了靠《参考消息》上课的早期阶段,已经拥有了较为独立的问题意识、学术范式、思维方式和学科体系。区域与国别研究作为更为精深的研究,当然不能仅依靠阅读英文书或英文报纸,必须有实地体验作为支撑。"要推进中国的区域与国别研究,使其真正攀升到国际水平,就要从培养研究者开始,培养出一批既在对象国有长期生活经历(至少是经常往返的经历)、又有坚实学科基础和学术功底的人。"②

区域与国别研究,要做好扎根研究、交叉研究、历史研究三个方面,即扎根当地风土、交叉多学科思考、关注历史传统,以中国的立场、当地的视角,为国家制定相关政策提供知识储备和学术基础。所谓扎根研究,既是说在方法上借鉴社会学的扎根理论,从实践经验中发展理论,也是说要有扎根当地、抽丝剥茧的精神。"这是一项艰巨的工作,但我们必须做。"③所谓田野研究,强调通过研究他国问题来反观"本国问题",即研究外国也要有中国立场。所谓历史研究,是指打通区域与国别的横截面与纵切面,从历史文化与当前社会结构两方面寻找煽动风暴的"蝴蝶翅膀"。

对于区域与国别智库质量的评价,必须要看关于区域与国别的研究是否精深,而不是浮于表面、单纯以量取胜。换言之,各类数据指标的重要性,应适当让位于影响力、咨政价值等不易量化的评估维度。

## 三、高校的语境,决定了评价要有"育人导向"

政府部门、科研机构和高校都在做智库,必然是各有侧重、各有特色。高校从事智库工作,资料方面不如政府部门新、全,研究力量的总体实力不如专门的科研机构,但是在人才接续性方面的优势也是政府和科研机构难以比拟

---

① 〔突〕伊美娜:《2010—2011 年突尼斯变革:起因与现状》,《阿拉伯世界研究》2012 年第 2 期,第 51—63 页。

② 钱乘旦:《构建中国特色的区域与国别研究》,《光明日报》2020 年 1 月 6 日,第 14 版。

③ 钱乘旦:《构建中国特色的区域与国别研究》,《光明日报》2020 年 1 月 6 日,第 14 版。

的。发挥好高校智库这一优势的关键,在于坚持"育人导向"。

习近平总书记指出:"我们的教育要培养德智体美全面发展的社会主义建设者和接班人。"①总书记围绕这一使命任务在北大向全国大学提出了三个要求,一是坚持办学正确政治方向,二是建设高素质教师队伍,三是形成高水平人才培养体系。在智库成为国家发展重要需求的今天,高校智库工作也是人才培养体系的重要组成部分,不仅培养学生的学术能力,更要涵育学生的国家立场和爱国情怀。

一方面,应把高校区域国别智库与育人工作融合情况纳入评估。智库连接着理论与实践,以坚持问题导向为特色,是学以致用的得天独厚平台。同时,智库工作必然要求关注前沿问题与热点现象,区域国别智库关注的问题涉及国家发展和民族凝聚,若立场正确、方法得当,则是思想政治教育的重要资源。可以通过探索和试点,建立"学-研-智"一体的教学改革方案,在教学中引入智库所关注的问题,鼓励学生围绕问题开展研究,通过智库渠道报送高质量的成果,以成果反馈作为教学激励,实现课程育人、科研育人、智库育人三者相统一。也可以推进高校区域国别智库开设通识性课程,介绍区域国别研究的一般性知识,在其中厚植人类命运共同体的理念,激发学生投身区域国别研究与对外文化交往的兴趣。以上工作成果,或者哪怕仅仅是探索,也应视为高校区域国别智库的成绩。

另一方面,应把高校区域国别智库人才培养质量纳入评估。区域与国别研究的价值,不仅在于研究成果,也在于培养能够参与各种形式国际交往的人才。有观点将区域国别研究的成果归纳为"三个一":一手资料、一线人才、一手人脉。② 美国的区域国别智库主要分布在高校,可能也有这方面的考虑。当前,中国教育部正在大力推进高校开展区域国别研究,高校区域国别智库正好可以借此机缘发挥综合优势,拿出一流成果的同时培养一流的国际交往人才。有鉴于此,高校区域国别智库的评估体系,应对高校这一语境予以充分的重

---

① 习近平:《在北京大学师生座谈会上的讲话》,《人民日报》2018年5月3日,第2版。

② 罗林,邵玉琢:《"一带一路"视域下国别和区域研究的大国学科体系建构》,《新疆师范大学学报(哲学社会科学版)》2018年第6期,第79—88页。

视,在教言教。在这方面,教育部学科评估、教学评估等已有比较成熟的做法,为高校区域国别智库工作成效评估提供了更高的起点。

当前中国急迫需要区域国别研究,恰当的评估体系的意义,不亚于区域国别研究本身。评估是推动建设的重要力量,评估本身也需要不断根据实践的需要调整和发展。这是评估之所以为一门科学的原因。不能苛求高校区域国别智库评估甫一登台就是不可挑剔的,这必然是个不断完善的过程。但是无论是指标的调整还是重点的变化,高校区域国别智库评估还是要紧扣高校、智库、区域国别研究这三个关键词,以这三方面的特质为导向,方能不离以评估促建设的初衷。

作者简介:靳戈,北京大学党委宣传部理论办公室主任,教育部高校思想政治工作创新发展中心北京大学基地研究员。

# 学会在高校区域与国别研究
# 智库工作中的角色

汪诗明

**摘要**：学会是经国家民政部门核准的学术性组织，其功能不仅在于推动相关领域的学术进步，也在于为国家发展和社会进步提供智力支持。区域与国别研究机构大都隶属于高校或科研机构，其属性和种类不尽一致，智库工作是其主要职能之一。学会的社会功能以及自身所拥有的智力资源使其参与高校区域与国别研究机构的智库工作成为一种必要，而高校区域与国别研究机构在智力资源上的相对不足为学会参与其智库工作提供了机遇与可能。由于分属于不同的管理机制，它们之间的合作必须建立在一定的条件之下，即学会必须是开放式的，而区域与国别研究机构需要把现实问题研究当作抓手。学会参与高校区域与国别研究机构的智库工作应从实际出发，采取灵活多样的合作路径或方式，如建立有效联系机制、联合举办学术工作坊、开展合作研究等，使学会的智力资源与研究机构的平台资源有机地结合起来。

**关键词**：学会　区域与国别研究　智库　学术工作坊

2012 年，根据《国家中长期教育改革和发展规划纲要（2010—2020 年）》和党的十七届六中全会提出的"服务国家外交战略，促进教育对外开放"的要求，教育部在部分高校和研究机构成立了 42 家国别和区域研究以及国际教育培育基地。2015 年，教育部印发了《国别和区域研究基地培育和建设暂行办法》，从国家层面对高校国别和区域研究工作进行顶层设计。2017 年，教育部又对

395 家高校国别和区域研究中心进行了备案并给予政策、资金、人员等方面的必要支持。①

现在全国高校新建有 400 余家国别和区域研究备案中心。经过几年的探索与实践,区域与国别研究机构的功能变得日渐清晰起来,其中智库的角色变得越来越显著。毫无疑问,北京大学区域与国别研究院在这方面树立了一个典范。从定期举行的专题学术工作坊,到举办区域与全球问题的大型国际学术会议,可以说,每一次会议的主题都紧跟时代步伐,关注当下国别、区域和全球热点或焦点问题,专家们的真知灼见不仅推动了学术的进步,也为有关部门制定相关政策提供了有价值的决策依据或背景材料。但问题是,在人文社科领域,尤其是在区域与国别研究领域,国内没有哪所高校能像北大那样拥有得天独厚的条件。虽然不具备北大的研究实力,但近年来,其他高校的区域与国别研究机构也日益重视智库工作,甚至规划为一个重点方向。在人力、物力和财力均不富裕的情况下,这些高校的区域与国别研究机构若想在智库工作方面有所作为,其出路在哪里? 作为一个学术性组织,学会的研究资源较为丰富,但其参与智库建设的功能一直待字闺中。在当下区域与国别研究渐成热点且智库工作倍受重视的背景下,学会可否在高校区域与国别研究智库工作中发挥应有的作用,这就是本文拟要探讨的话题。

# 一、参与的必要性和可能性

作为一个学术性组织,学会参与高校区域与国别研究机构智库工作的必要性是由其社会功能及其拥有的智力资源所决定的,而高校区域与国别研究机构本身的一些欠缺之处则为学会参与智库工作提供了机遇或可能。

## (一)学会参与的必要性

简单来说,学会就是研究某个问题、某个领域甚至某个学科的专业性民间

---

①　徐永吉:《在"面向 21 世纪的区域与国别研究:世界经验与中国范式"国际研讨会上的致辞》,载《区域国别研究学刊(第 2 辑)》,北京:商务印书馆,2020 年,第 1 页。

学术组织。学会有章程,对其构成、运作方式及其功能等进行了明确规定。学会设有会长、副会长、常务理事、理事等,有的学会还设有名誉会长和学术顾问等。为便于开展日常工作,学会设有秘书处。秘书处是一个常设机构,设秘书长和副秘书长若干人,其职能就是负责学会的日常工作,及时传达国家有关部门关于学会的管理规定,发布学术交流信息,保持与会员单位工作上的联系,以及筹备学会年会等活动。由此可见,学会的功能就是推进相关问题、领域和专业的学术研究水准,建立学术共同体,为服务国家和社会做出贡献。

学会不仅仅是一个学术性组织,也是一个社会性组织。学会参与服务国家和社会的方式有很多,其中参与智库工作就是其中之一。我们注意到,一些学会在其章程中也有为国家和社会发展建言献策的某些规定,但大都停留在文字层面,未有切实举措。这与高校区域与国别研究机构兴起前,智库工作没有受到应有的重视有一定的关联。

国家和社会的发展需要智库提供一些宏观性政策背景和具体政策建议。"智库是由有明确研究方向的、复合学科背景的各类专家组成,基于对知识的获取、开发、利用和创新,为决策者处理复杂问题提供最佳理论、策略、方法、思想等的政策研究咨询机构。"[①]由此可见,智库不同于通常的科研机构,其功能与现实需求对接,具有非常明确的输送对象。可以说,智库是一个国家软实力的重要体现,且"在很大程度上反映了国家治理体系和治理能力现代化的水平。一国智库建设的水平和质量往往关系到所在国的国际话语权和影响力,折射出所在国的人才发展环境和综合实力。"[②]前有所述,学会是个智力资源相对集中的组织,很难想象某个专家或学者没有参加相关领域的学术性组织。不过,入会是有一定的条件和资格限制的。很多人以成为某个学会的一员为荣,当然成为学会的一分子,意味着你要对学会的发展承担一份责任,而学会的发展自然离不开国家和社会的发展,所以,学会要融入国家和社会发展的大

---

① 申静、蔡文君、毕煜:《智库研究的现状、热点与前沿》,《情报理论与实践》,2020 年第 12 期,第 33 页。

② 中国宏观经济研究院课题组:《欧洲高端智库建设的经验借鉴》,《全球化》2020 年第 4 期,第 97 页。

潮之中,并为此做出应有的贡献。

## (二)参与的可能性

智库工作是一项系统性工作,是需要知识的集聚、整合和创新的。"在创新驱动的知识经济时代,知识是智库的核心资源,知识服务功能是智库的核心竞争力,智库的知识服务活动具有高度的创新性。"[①]这就是说,一个好的研究机构,如果希望在智库工作方面有所发展,一个首要前提或基础就是拥有一支足以信赖的专业研究队伍。就研究所涉及的领域与知识面来说,区域与国别研究对人才的要求相对较高。"只有多学科高水平的专家们协同合作,才有可能做一个真正的'区域与国别研究。'"[②]这就为一些学会参与相关区域与国别研究的智库工作提供了机遇。

现在国内一些高校或科研机构的区域与国别研究机构都程度不等地存在一些问题。比如,一些研究机构成立时大张旗鼓,很高调,目标宏大,但很快就变得稀稀松松,甚至悄无声息了。出现这一现象的原因是多方面的,其主要原因之一在于缺乏支撑其持续发展的专业研究队伍。一些高校也像北大一样,把分散在本校各院系或研究机构和区域与国别研究相关的人员加以拢合,但由于目标不明确、向心力弱、指导性差,加上院系或研究机构在管理上的条块分割,看似很庞大的一支研究队伍,实则一盘散沙。对于这些先天不足且又希望在区域国别研究方面拥有一席之地的研究机构来说,借力发展不失为一条可行的路径,而相关学会就是一个较为理想的合作伙伴。

区域与国别研究机构成立的初衷之一就是打造所在学校区域与国别研究的一个学术共同体,因为区域与国别研究的一个显著特征就是大家就某一类问题或某一个共同感兴趣的领域进行分类或综合研究,"将知识从高度抽象的符号系统和概念框架的组织方式中,转变整合到以实体研究对象为核心的整

---

①　申静、蔡文君、毕煜:《智库研究的现状、热点与前沿》,《情报理论与实践》,2020 年第 12 期,第 39 页。

②　钱乘旦:"北京大学区域国别研究丛书"总序,载高丙中、马强主编:《世界社会的文化多样性——中国人类学的视角》,北京:商务印书馆,2020 年。

体性知识组织方式中,在中国由地区性大国向全球性大国崛起的过程中提供有力的智力支持。"①实现这一"转变整合",就需要让不同学科、不同专业、不同研究领域或不同研究课题的人走到一起,或者说抱团研究,在某一问题的知识、学理和智库建构中发挥参与者的作用。在这一过程中,共同体意识是至关重要的;没有共同体意识,区域国别问题研究就无从言起。以前的单打独斗不能算是从事区域国别问题研究,因为大家要么只是研究国别史,而且多数只对某一时段或某一领域甚至某一个问题的历史感兴趣;要么是研究国际关系或国际政治中的热点或焦点问题。更关键的一个问题是,研究历史的往往瞧不起研究国际关系或国际政治的;研究国际关系或国际政治的也没有把研究历史的人放在眼里。学术研究的这种两元或多元格局恰恰是区域与国别研究所极力摒弃的。当下,一些区域与国别研究机构把本单位的相关研究人员拉拢进来并不是件难事,但把这些人整合到一个大的研究机制或系统内,使其成为一个命运共同体,这是不容易做到的。比如前面提到的管理上的条块分割,还有利益分配、团队建设等问题,都有可能成为智库共同体建设中的制约因素。

相比较而言,学会在凝聚相关研究领域的共识方面还是有其自身独特优势的。

学会就其本身而言就是一个学术共同体。就目前的国内情况来说,最像学术共同体的就是学会。学会有章程,有维持其正常运转的秘书处,有定期召开的学术年会,有不定期召开的专题研讨会或学术工作坊。有的学会还主办会刊、学术简报,甚至出版会议论文集等。这些恰恰是一个学术共同体所具有的基本要素。

由于学会是一个学术性机构,公信度较高;学会看似松散,实则有较强的凝聚力。从其运作方式来看,就某一重要问题举行学术论坛或者研讨会,这是学会的分内之事,也是其优势所在。有些人数较多的学会往往下设若干个分

① 罗林、邵玉琢:《国别和区域研究须打破学科壁垒的束缚——论人文向度下的整体观》,载《国别和区域研究(第 2 辑)》,北京:社会科学文献出版社,2019 年,第 147 页。

会,有些分会就是以研究某一问题见长;还有些是以区域国别研究为单位而设立的。由于集聚了多方面的专业人才,研究资源相对丰富,且彼此之间又无明显的利益冲突,所以,学会参与高校区域与国别研究智库工作是有诸多有利条件的。

# 二、参与的前提或基础

学会组织与高校区域与国别研究机构是两个归口不同的机构。学会是经国家民政部门批准的民间学术团体,较为纯粹、松散和学术化。高校区域与国别机构则性质与类别多样,有些是独立建制的科研机构,有人员编制和经费预算,是实体,有些则是经学校批准成立的一个纯粹的研究机构,既没有人事编制,也无经费支持,是虚体。所以,这两个机构的合作必须建立在一定的条件之下。

## (一)学会的变革与创新

首先,学会必须是开放式的。学会的开放性,是指学会尽可能将与某一领域、某一学科、某一区域或国别研究的所有相关人员纳入其中,不排斥性是其主要特征之一。而传统学会则不然。传统学会比较讲究学科或领域界限,有天然的"领地"意识。比如某某历史学会就是研究某某历史的人才有资格成为其会员,其他人原则上是不能加入的。很难想象,一个研究当代国际政治或国际关系的人会加入某某历史学会。同理,研究某某历史的人也对加入某某国际关系学会兴趣不大甚至不感兴趣。传统学会的优势在于其学术交流的高度专业性。所谓专业性是针对非专业性而言,是指同行之间就专业性问题进行的学理探讨和深度交流,这里不仅涉及专业性概念、原理,还有专业性学术规范等。传统学会的相对封闭性和保守性由此可见一斑。

学会的开放性是新时代学术发展的一个必然趋向。现代学术研究注重学科交叉、专业交叉、领域交叉、问题交叉、研究范式交叉等。在这种新的学术语境下,近年来的很多国内外学术会议都变得不再纯粹了:参加者身份多种多样,专业背景五花八门,研究领域千差万别,研究视角各有千秋。

与传统的历史研究或国际关系、国际政治研究相比,区域与国别研究是整体性研究、包容性研究和多学科研究。"区域研究内部的多样性较强,涵盖了遵循不同传统、多层次、多路径、不同取向的研究。"①举例来说,在传统的历史研究或国际关系研究中,研究文学的人是无缘其中的。的确,文学与史学或与国际关系学无论在议题选定、方法论或研究范式的采用、研究文献的选择与释读方式、立意等方面,都有霄壤之别。但在区域与国别研究的背景或框架下,文学研究就不再是门外看客。理论与实践均证明,文学研究是区域与国别研究不可分割的一部分,抛开文学研究的区域与国别研究是不完整的。甚至在观察与分析某些问题方面,离开了文学研究或缺乏文学研究为帮衬,要想进入那个特定问题的历史语境,就很可能有隔靴搔痒之嫌。比如"丛林精神"被视为澳大利亚的一种民族精神。按理说,"丛林精神"应是澳大利亚历史研究中的一个重要话题。但是,在国内有关澳大利亚历史研究的成果中,至今没有一篇论文或专著是以研究澳大利亚"丛林精神"为主旨的。倒是在澳大利亚文学研究领域,一些成果要么以"丛林"为对象来展开描写,以此展现丛林之民的坚韧和强悍一面;要么以"丛林"为场域,再现人与自然之间复杂多维的关系。在澳大利亚学界,把历史研究与文学描写结合起来的学者不在少数。唐·沃森就是代表性的一位。他在《丛林——澳大利亚内陆文明之旅》一书中对丛林的描写、抒情与赋义令人遐想:

　　澳大利亚的丛林既是真实的,又是虚幻的。真实,在于它以各种各样的、明白无误的方式生长、死亡、腐烂、燃烧并重新长成丛林;真实,还在于它是生命的港湾。虚幻,在于它所佑护的生命是澳大利亚精神的魂灵。从很多方面来说,它是这个民族自身认识的源泉。从一棵桉树到生活在其中的任何生物或者遮掩其下的阴凉,丛林就是一切,它是国民性格的发源地和灵感来源。它是桉树叶的气味、长长的待燃烧的碎树皮、凤头鹦鹉

---

① 程多闻:《国际学界对区域研究的反思与再定位》,《国际论坛》2019 年第 2 期,第 125 页。

的喧闹、乌鸦呱呱的叫声和无敌的寂静。它是蓝色的地平线、车后一团尘土的小卡车、筒仓、(出售牲畜的)寄养场、赶牲畜人的妻子。它是一个未受过良好教育的小奶牛场的主人,一个拥有法律学位的私校毕业的地主。它是每一只笑翠鸟的狂笑和喜鹊的啁啾为之欢呼的黎明,是文学、哲学和艺术的灵感,也是——如有些人声称——所有这一切的羁绊。丛林既是一个社会概念,也是一个生态概念:我们通过在那里生长和生活的动植物以及居住在那里的人们来定义它。①

唐·沃森笔下的丛林既是"真实"的,又是"虚幻"的;丛林既是自然界中的物,又是人类的伴侣。而文学研究的特质、风格和真谛就在于此。"真实"是文学研究的底色,而"虚幻"是文学研究的手段;没有"虚幻"的文学研究是枯燥乏味的,甚至是失去魂灵的,而失去"真实"的文学研究是没有感染力的。可是,具备这两种特质的研究是史学研究或其他范式研究难以企及的,而这恰恰是区域与国别研究的内在需求,也是其特质所在。由此,将与区域与国别研究有关的各式专业人员纳入相关学会之中,这是必要之举。因此一方面,一些与区域与国别研究相关的传统学会必须解放思想,做出适应这种形势变化的变革,另一方面,有关方面要把创建与区域国别研究相适应的新型学会纳入议事日程。

其次,学会应将智库工作纳入其主要职能范围之内。传统学会把推进学术进步作为其主要功能,甚至是唯一功能,即便有些学会在其章程中也会提及学术成果的镜鉴功能,但通常不是主要的,而是一种辅助性存在。在区域与国别研究兴起前,传统学会这种功能定位是没有问题的;但在区域与国别研究越来越受到重视的背景下,传统学会如果一味地固守所谓的传统,那么其学术影响力和社会影响力就会大打折扣。有鉴于此,近年来,在有些传统学会的学术年会上,讨论的议题不再局限于以前那些传统的议题了,一些与现实相关的议

---

① 〔澳〕唐·沃森:《丛林——澳大利亚内陆文明之旅》,李景艳译,北京:生活·读书·新知三联书店,2020年,第66页。

题特别是与国家对外开放战略相关的议题纷纷进入会议主题之列,比如"一带一路"倡议和"人类命运共同体"理念,而且讨论踊跃。这是一个非常好的现象。

与此同时,新型学会更要凸现其智库功能。新型学会之"新",不仅体现在其开放性上,还体现在对其主要功能的定位方面。新型学会,如近年来成立的一些区域与国别研究会(隶属于一级学会的二级学会),在强调注重学术探讨的同时,均把智库工作置于突出甚至是核心位置。对一些新型学会来说,围绕智库工作而展开的研究要比纯粹的学术研究更加重要。这是因为,新型学会成立的背景与目的和传统学会有很大的不同。新型学会是在时代发展对学术研究提出新的要求的情况下问世的,而传统学会的建立则不具类似情状。再者,与传统学会相比,学术研究也的确不是新型学会的优长。得出这样的结论并不是轻视或贬低新型学会在学术方面的贡献,而是理性地承认了这样一个现实:社会需求要求新型学会在智库工作方面承担主要角色,而这又是传统学会的不足与短板。

### (二)区域与国别研究机构须以现实问题研究为抓手

"高校开展国别和区域研究的根本目的是为了促进社会进步、国家发展、世界和谐。因此,我们要更主动地与现实需求对接,更精准地与发展期待对接,持续开展带有前瞻性、针对性、储备性的政策研究,服务公共政策制定,推动理论创新,不断提高资政水平。"[1]

区域与国别研究在国内开展的时间并不长,而国外的区域与国别研究已有一段历史了。在这方面,我们需要借鉴国外同类研究机构的一些做法。[2] 比如美澳等国的中国或中国问题研究中心,其实就是典型的区域与国别研究机构。这些机构的开放性给外界留下了较为深刻的印象。在这些研究机构里,

---

[1] 徐永吉:《在"面向 21 世纪的区域与国别研究:世界经验与中国范式"国际研讨会上的致辞》,载《区域国别研究学刊(第 2 辑)》,第 3 页。

[2] 袁曦临、吴琼:《从北美"中国研究"发展历程看智库研究范式之转变》,《情报资料工作》2019 年第 3 期,第 14 页。

有退休的官员、有专业的学者；有从事历史研究的，也有从事时政研究的；有从事政治制度研究的，也有从事经济或社会治理研究的，当然还有从事民间组织等方面研究的。总之，方方面面的研究都有。但无论你从事哪个领域或哪个主题的研究，其目的都是万宗归一：为研究现当代中国问题服务。

　　国内的区域与国别问题机构成立的时间较晚，且大多是在下列学院或系为主导的基础上建立的。一是以历史系或历史学院为主导，如北京大学区域与国别研究院、华东师范大学周边国家研究院等。二是以国关学院为主导，如复旦大学国际问题研究中心、上海外国语大学全球治理与区域国别研究院等。三是以外语学院为主导，如南开大学外国语学院区域国别研究中心、北京外国语大学区域与全球治理高等研究院等。不论是以哪个学院（或系）或哪个专业为主导，区域与国别研究机构的成立都存在一个人员整合、研究方向调整、研究议题拓展、研究范式变化的问题。区域与国别问题研究的一个显著特征就是综合性或整体性研究，这是对传统学科分类、专业划分、研究领域分工的一次颠覆。故而，无论是历史研究，还是从事语言文化研究，都可以在区域与国别研究中一展身手。然而，一个明白无误的事实是："区域与国别研究的出现从一开始就服从于时代的需求。它是了解世界的一个窗口，通过学术钻研，强烈体现现实的需要。"[1]因此，相关研究要么为现实问题研究提供知识基础，要么为现实问题研究提供独特视角，要么提供某些新见。[2] 这就需要我们正确认识和处理不同学科、不同专业、不同研究范式之间的内在关联。以历史研究为例。历史研究的是过去，注重对史料的搜罗与解读，意在提示历史事件之间的因果和逻辑联系；而区域与国别研究侧重于整体性研究，尤其关注当下，旨在提供对策、建设性方案或决策依据。在区域与国别研究中，历史研究无疑是基础。[3] 如果对一个区域或国别的历史都不甚清楚的话，何以去谈现在？很多现实问题都必须且只有回到历史中寻找其源头，才有可能认识其真相或本质，否则我们看到的或认识到的很可能是一种表面、浅层现象甚至是假象。试举一

---

① 钱乘旦：《建设中国风格的区域与国别研究》，载《区域国别研究学刊（第 1 辑）》，发刊词。
② 汪诗明：《稳步推进的大洋洲区域研究》，《光明日报》2020 年 1 月 6 日，第 14 版。
③ 谢茂松：《国别与区域研究需文明史支撑》，《环球时报》2019 年 12 月 17 日，第 15 版。

例说明。近年来中澳关系一直在走下坡路,这的确令很多人始料未及。导致这种局面的原因是什么? 不同学科、不同研究领域的人都在探讨这一问题,但给出的结论又几乎惊人地一致,那就是澳大利亚奉行追随美国的对外战略,失去基于国家利益的自主判断,在中美之间"选边站队"。乍一看,这一结论似乎很合理,无懈可击。但细究一下,有些问题仍悬而未决。比如,澳大利亚为何要追随美国的外交战略? 是实实在在的经贸利益重要还是所谓的象征性安全利益重要? 澳方为何一再声称它没有在中美之间"选边站队"? 解答这些问题还是要回到历史中去,仅凭对中澳关系和澳美关系现状的观察是远远不够的;要重视对澳美同盟的起源、性质和特点的分析,要把澳中关系变化放在一个历史进程中去考察,否则就会得出澳大利亚在中美之间"选边站队"是澳中关系停滞不前甚至倒退的主要原因这一无关痛痒的结论。[1] 同理,如果一味地停留在历史故纸堆上,而不作当下价值的想象,那历史研究就失去其应有的价值。因此,在区域与国别研究背景下,历史研究也要嵌入当下意识,注入现实关怀。正如李晨阳所言:"国别与区域研究的功能除了决策咨询之外,还有一个重要任务是构建关于某个国家或地区的'知识体系'。而且我们不能只研究某个国家或地区政治、外交、军事、安全等问题的现状,一定要首先懂得这个地区或国家的语言、历史、文化、宗教,然后才能发现这个地区或国家当下政治、外交行为背后的规律性和深层次原因。因此,国别与区域研究中的基础研究和对策研究相辅相成,彼此促进,不可偏废。"[2]

# 三、参与的路径或方式

学会参与高校区域与国别研究机构的智库工作应立足实际,采取灵活多

①　汪诗明:《当前澳中关系新变化及其深层原因探析》,《人民论坛·学术前沿》2018 年第 20 期,第 70—78 页;汪诗明:《中澳关系行稳致远,需要澳方相向而行——"当前的中澳关系"学术讨论会述评》,《苏州科技大学学报(社会科学版)》2020 年第 4 期,第 102—106 页。

②　李晨阳:《关于新时代中国特色国别与区域研究范式的思考》,《世界经济与政治》2019 年第 10 期,第 146 页。

样的合作路径或方式,发挥各自优势,使学会资源与研究机构的平台资源有机地结合起来。

### （一）建立有效联系机制

根据学会和高校区域与国别研究机构的建置情况,可以尝试建立如下工作联系机制。一是日常工作联系机制。前面提到,学会设有秘书处,负责学会联络工作以及安排学会一切学术交流活动,区域与国别研究机构一般也设有秘书处或办公室,其职能与学会秘书处大同小异。这种功能上的相似性为二者之间建立工作联系提供了诸多便利。二是建立联合工作组。建立由学会负责人和区域与国别研究机构负责人共同参加的联合工作组,定期或不定期就智库建设、智库课题研究、智库咨询报告或内参撰写、智库人才培养等问题举行磋商会。这无论对于学会工作还是研究机构工作的开展都是有益的。

### （二）联合举办学术工作坊

学术工作坊是近年来涌现的一种学术交流方式,具有反应迅速、程序简单、工作高效等特点。就智库工作而言,学术工作坊是目前比较行之有效的集体磋商方式之一。区域与国别研究要紧跟时代主题,探讨热点和焦点问题,需要学界在尽可能短的时间里凝智聚力。而学术工作坊就具有这种优势。以北京大学区域与国别研究院为例。自该院成立以来,已经举办了60多场学术工作坊。涉及的区域有五大洲四大洋,讨论的议题既有热点或焦点问题,又有一般性基础或理论问题。与会专家来自全国各地以及世界上很多国家,其中大多数都是在相关研究领域有相当影响的资深专家或学者。值得一提的是,一些区域与国别研究学会也积极参与其中。比如中国亚太学会大洋洲研究分会就曾经参与了一次主题为"澳大利亚与亚洲:历史与悖论"的学术工作坊。那次学术工作坊开得很成功。包括北京大学、华东师范大学、中国国际问题研究院、浙江大学、广东外语外贸大学、江苏师范大学等高校近二十位专家就澳大利亚亚洲观的变迁及其特点,以及对澳亚关系尤其是对澳中关系的影响展开了多领域多视角的研讨。专家们独到的问题意识、不同的分析路径及其鲜明的观点对有关机构或人士撰写相关问题的咨询报告以及对相关问题的深入和拓展研究,都具有启发和借鉴意义。

## (三)委托研究

尽管一些区域与国别研究机构已经网罗了一批专家学者,但区域与国别问题无所不包,非常复杂,希望通过校内专家和学者来承担区域与国别研究任务被证明是不现实的,也是不科学的。为解决这方面的难题,有些研究机构已经开始尝试课题公开招标的方式。希望通过这种方式一方面扩大区域与国别研究院或研究中心在学界乃至社会的影响力,另一方面吸引研有所长的专家或学者承担相关课题研究工作,以期扎实推进智库工作,比如聊城大学太平洋岛国研究中心和广东外语外贸大学太平洋岛国战略研究中心就曾通过学会微信群发布这类招标信息。这些课题都是围绕研究机构的研究重点或方向来拟定的,目的性或针对性都很强。由于招标课题都附带有比较优惠的条件,因此参与招标者较为踊跃。像聊城大学和广东外语外贸大学等这样的非双一流高校,在区域与国别研究方面要想储备足够多的研究人员,几乎是不可能做到的。因此,利用该中心所依托的学会组织,利用学会的研究资源就可以解决这方面的短板。

## (四)充分利用学会微信群平台

微信已成为当下中国最为便捷的学术联系方式,没有之一。利用微信群发布学术会议以及其他学术信息已成为首选,利用微信群直播会议实况,已成为学术会议的一道独特风景线。学者之间利用微信渠道交流对某一学术问题的看法以及分享重要文献资料,已是家常便饭。学术界的微信群多种多样,比如学会微信群、专题研讨(或学术工作坊)微信群等。这些微信群建立的初衷各异,有些微信群有着特定的或单一的目的,一旦目的达到,微信群就无存在的必要性。相比较而言,学会微信群通常是所有学术群中存在时间最持久、影响力最大的微信群,也是最为规范的微信群。由于微信群具有联系及时、瞬间回复、扩散迅速等特点,因而关注的人群较多。在微信群讨论一些热点或焦点问题已经成为当下学术研究的一大趋势或特点。特别是自 2020 年以来,由于受到新冠疫情的影响,线下学术交流受到了一定的影响,微信交流或线上交流正成为一种替代的方式,而且效果很好。对于智库工作而言,微信群的开放性使得参与交流的专家或学者能够异地同时呈现其观点或立场,为从事智库工作的人开展相关课题的研究提供了思想火花甚至灵感,而时间上的即时性又能满足智库工作及时高效的需求。所以,将区域与国别研究院或研究中心的相关研究人员或工作人员拉入相关学会微信群,形成以学会微信群为纽带的学术共同体,这对于区域与国别研究机构开展智库工作是一个有益的步骤。

# 结　束　语

随着国家新一轮更加深入的改革和开放战略的实施,区域与国别研究不仅迎来了前所未有的好时机,也面临着更多更大的挑战。如何适应国家进一步改革和开放的战略需要,为我国的"一带一路"倡议与沿线国家的发展战略对接提供客观的、有价值的、可操作的政策建议,为广大海外华人以及留学生群体利益的保护提供行之有效的政策建议,这就需要区域与国别研究机构有大局意识、责任意识和危机意识。所谓大局意识就是胸怀全局,以大格局去审视区域与国别问题研究;所谓责任意识就是把智库工作当作一项重要工作来做,把国家安全与发展利益以及社会进步利益放在首位;所谓危机意识就是不坐井观天,不夜郎自大,不得过且过,要充分认识到自身存在的不足。为此,区域与国别研究机构一方面要自我加压,不断激励自己,不懈探索,另一方面要有合作共赢意识,不仅要有意识地在区域与国别研究机构之间开展互动,还要加强与相关学会之间的密切磋商与合作,用学会之长补自身之短。当然,学会自身建设也刻不容缓。一些和区域与国别研究相关的传统学会,在区域与国别研究方面已经做了一些基础性工作,但这些学会受其功能以及学会成员固有的研究范式和研究领域的拘囿,已很难适应区域与国别研究节奏快以及知识更新快的新的需求。这些相关学会需要做一些与时俱进的改革,增加其包容性,突出其开放性,明确其研究议题的前沿性。为了助区域与国别研究机构在智库工作方面以一臂之力,建立适应区域与国别研究的新型学会也势在必行。当区域与国别研究机构和相关学会都把时代赋予的责任当成一种历史使命,那么双方就可以扬其所长,限其所短,各取所需,把贡献知识与智慧视为奋斗目标,把合作视为各自生存和发展的重要手段或路径之一。

必须承认的是,尽管文中对学会在高校区域与国别研究智库工作中所扮演的重要角色抱以很高的期许,也提出了合作的几种路径或方式,但是,二者要建立工作上的经常性联系以及业务上的合作关系,还是面临一些问题与挑战。比如现行的科研成果评价标准、科研考评机制以及职称评定标准等,对一些研究机构开展智库工作有着不利的影响。[①] 智库工作毕竟不同于学术研究,智库报告与学术论文有着不同的规范和要求。如果不能将智库报告或内参纳入一个客观、公平和可行的评价体系,势必会损害智库从业者的积极性,其消极影响还会波及其他方面。这是我们所不愿意看到的。这就给高校管理者提出了一个很现实的问题。

作者简介:汪诗明,华东师范大学政治与国际关系学院教授。

---

[①]　范和生:《地方高校国别区域研究的困境及路径选持——以 A 大学为例》,《北华大学学报(社会科学版)》2019 年第 4 期,第 136—141 页。

# 高校智库推进中外人文交流的
# 实践与思考

吴　浩

　　一般而言,大学被公认有三大功能:人才培养、学术研究和社会服务。当下越来越多的学者认为,除了这三个功能之外,人文交流也应成为大学的一项重要功能。

　　大学的第一项功能是人才培养。目前公认的世界第一所现代意义的大学是意大利博洛尼亚大学,它很好地践行了人才培养的职责。

　　大学的第二项功能是学术研究。19 世纪德国的洪堡大学是其典型,它是一个把学术研究和教育教学相融合的新式大学,对德国的大学教育产生了深远的影响。20 世纪初,蔡元培先生在主政北京大学之前曾经两次留德,对德国的大学做了一系列的考察和研究。北京大学教育学院的陈洪捷教授曾经专门研究过德国古典大学观对蔡元培的影响。我们可以看到,蔡元培先生在主政北京大学时,他所推行的思想自由、兼容并包的办学方针和一系列改革,确实带有非常浓重的德国古典大学观的色彩。2021 年年初热播的电视剧《觉醒时代》再现了蔡元培校长和陈独秀、李大钊、胡适等北大同人在新文化运动乃至后来爆发的五四运动中发挥的重要历史作用。

　　大学的第三项功能是社会服务。19 世纪末期,美国弗吉尼亚大学被公认为践行此项功能的代表。弗吉尼亚大学打破了传统大学的封闭模式,拉开了现代大学为公众和社会服务的序幕。以上就是大学的三个公认的传统功能,即人才培养、学术研究和社会服务。

进入 21 世纪以来,越来越多的学者把人文交流特别是国际人文交流视为现代大学的第四大功能。中国与许多国家建立了双边高级别人文交流机制,人文交流与政治互信、经贸合作一起成为双边关系的三大支柱。党的十八大以来,人文交流在中国政府公报文件和高层领导人外事讲话文章当中高频出现。

有鉴于此,高校区域与国别研究智库在实现大学功能方面,不但要承载人才培养、学术研究、社会服务三大功能,也要践行人文交流这一重要的新职责。在此,笔者以曾亲身策划和参与的高校智库从事中外人文交流方面的实践做一阐释。

# 一、"民心相通"主题社会调研:"新四大发明"

2017 年 5 月,在首届"一带一路"国际合作高峰论坛召开前夕,北京外国语大学丝绸之路研究院就"民心相通"主题发起了一次社会调研,来自"一带一路"沿线 20 个国家的留学生投票选出了他们最想带回自己所在国家的四种生活方式——高铁、支付宝、网购、共享单车,并形象地把这四种生活方式比喻成中国"新四大发明"。

这一概念的提出迄今已近两年,围绕这一概念是否成立存在一定范围的讨论——"新四大发明"是否是想象的概念? 此间的焦点是围绕"新四大发明"的"发明权"展开的,即"新四大发明"中的每一项是否由中国最早发明或创造——其所强调的是时间上的先后问题。纵览全球范围的科技革命和创新经济,中国"新四大发明"的形式或雏形,在其他经济技术发达国家也或多或少、或先或后地出现,但就整体性而言,中国充分发育的市场、激励创新的土壤、创业者的聪明才智、劳动者的工匠精神和超一流的整合能力等元素聚合激荡,起到了"历史合力"的作用,完成了将"新四大发明"更新迭代、转型升级的工作。① "新四大发明"所代表的技术创新与产业升级及其所产生的社会影响力才是其

---

① 吴浩:《"新四大发明"的思想史意义》,《人民论坛》2019 年第 7 期,第 73 页。

思想史意义的价值所在。

"新四大发明"的概念应"把中国哪种生活方式带回'一带一路'国家"的问题而生。按照王汎森的理论"思想是生活的一种方式"——"希望了解思想在广大社会中如微血管中血液周流之情形","除了注意山峰与山峰之间的风景,还应注意从河谷一直到山峰间的立体图景"①:"新四大发明"在生活方式上既基于现实,又憧憬未来,是当下"一带一路"倡议中具有品牌意义的公共产品。与中国古代"四大发明"相比,"新四大发明"同样为人类文明的进步做出了巨大贡献,在新一轮全球化的浪潮当中,把中国创新、协调、绿色、开放、共享的五大发展理念及其所涵盖的生活方式向全世界传播,真正体现了"一带一路"倡议中民心相通的意义。在某种意义上,"新四大发明"的提出也是我们通过一个外方的视角,对当下中国发生的这些变化的一种真实记录,以及认识这个进程的一种反映。

## 二、"千里共婵娟":中法中秋云雅集

受肆虐全球的新冠疫情影响,诸多中外人文交流活动陷入停滞。但各方人士都对以各种形式重启中外人文交流活动充满热切期待。2020 年中秋节期间的中法中秋云雅集堪称疫情期间中外人文交流的精彩案例。

2020 年 9 月 29 日,在中国传统佳节中秋节前夕,国际儒学联合会同法国展望与创新基金会共同主办"千里共婵娟"中法中秋云雅集,中方在北京西郊大觉寺同步视频连线巴黎巴比松庄园。国际儒学联合会会长刘延东与法国前总理、中华人民共和国"友谊勋章"获得者让-皮埃尔·拉法兰以视频形式互致问候。中法两国教育、文学与艺术界的知名人士,以中外优秀传统文化为纽带,开展了线上、线下的精彩互动交流,以诗会友、以乐道和。笔者与北大法语系主任、法兰西道德与政治科学院外籍通讯院士董强教授深度参与了本次云

---

① 王汎森:《思想是生活的一种方式:中国近代思想史的再思考》,台北:联经出版事业股份有限公司,2017 年,第 20 页。

雅集的策划和筹备工作。董强教授使用中法双语,同时担任中法两国雅集的主持,活动精彩纷呈。

在全球疫情肆虐的特殊历史时刻,国际儒学联合会同法国展望与创新基金会共同举办中秋云雅集,通过人文交流增进相互理解、相互尊重与相互信任,体现了中法人民民心相通、守望相助的情谊,彰显了中国与世界各国同舟共济、相互支持、共同抗疫的决心与推动构建人类命运共同体的精神。

值得一提的是,拉法兰先生在致辞中创造性地用法语的一个单词"天空"(Ciel)中的字母来诠释中法的共同价值:

第一个字母 C,是创造(Création)。尤其是中华文明对大自然的尊重,从大自然当中获得了诸多创意,并不断地创新、不断地自我超越,这种建立在对大自然尊重上的创新,是一种非常可贵的文化价值。

第二个字母 I,是想象力(Imaginaire)。中华文明是极富想象力的文明,它充满了幻想、神话和诗。比如,欧盟驻华大使郁白先生之所以会对中国的诗如此着迷,就是因为在这种诗的想象当中,人达到了一种超越,它是一种源泉,使人能够在比人更博大的东西当中找到自己的根,这种价值也是法国人非常尊重的价值。

第三个字母 E,意味着情感(Émotion)。中法两国人民都是充满感情的人民。拉法兰先生提道,他到中国每一个地方都可以很快地跟中国人建立交流,因为两国人民情感丰富,可以相互理解。他认为正如著名浪漫主义诗人拉马丁所说:"有一样东西已经能够把我们联合起来了,那就是共同的情感。"

第四个字母 L,代表重视人与人的关系(Lien)。中法两国都懂得如何保持人与人之间的团结、友善、和谐,人们可以在饭桌上通过茶、咖啡和酒建立友情,更高级一些的是通过音乐和艺术。通过人与人之间的种种联系,建立起一个和谐的状态,追求和谐亦是为了追求人类的幸福。

从法语的角度来说,这四项价值每个词的首字母是 C、I、E、L,在法语中构成一个词就是天空(Ciel)。拉法兰先生说:"我们头上的天空是我们的共同价值,我们生活在这片蓝天之下,天空和大地构成了我们生活的世界,我们有责任让这个世界变得和谐。"

## 三、"追寻失落的圆明园——圆明园罹劫 160 周年纪念"：中法学者云访谈

圆明园被誉为"万园之园"，是东方园林艺术的集大成者。1860 年 10 月 18 日，入侵北京的英法联军在疯狂劫掠圆明园之后，纵火焚毁了这一人类历史瑰宝。

汪荣祖教授是中国著名历史学家、美国弗吉尼亚州立大学荣休教授，曾用英文写作《追寻失落的圆明园》一书（*A Paradise Lost：The Imperial Garden Yuanming Yuan*）。该著是第一部中国学者用英语撰写的全面研究圆明园的历史著作，2001 年在美国夏威夷大学出版社出版后，被全美研究图书馆权威期刊《选择》（*Choice*）评选为 2001 年度"各学科最佳学术著作"之一，后来又陆续出版了繁体中文版、简体中文版和英汉对照版，并被译为韩文在韩国出版。

伯纳·布立赛先生是法国历史学家，2000 年来北京参观圆明园遗址公园后，为英法联军对圆明园所犯的历史罪行感到羞愧和内疚，萌发为圆明园创作一本著作的愿望。2004 年，布立赛著作《1860：圆明园大劫难》在法国出版，是第一本法国学者全面正视、反思圆明园罹劫的著作，体现了布立赛热爱和平、珍视人类文明的学术良知。该著被译成中文在华出版，法国前总统德斯坦为中文版作序，强调法国人的"记忆责任"，必须承认和不忘记所犯的错误和罪行。

2010 年的 10 月 18 日，是圆明园罹劫 150 周年，笔者曾邀请汪荣祖先生和布立赛先生，在圆明园西洋楼谐奇趣的秋雨中做了一场圆明园罹劫 150 周年的对谈活动。2020 年 10 月 18 日，是圆明园罹劫 160 周年，因为席卷全球的新冠疫情，汪荣祖、布立赛两位先生无法来到圆明园现场，笔者在圆明园万方安和遗址视频连线台北和巴黎两地，与汪荣祖、布立赛通过云访谈再续"十年之约"，就圆明园的辉煌与苦难、明珠蒙尘与凤凰涅槃做了深度对话。①

---

① 《中法学者云访谈"圆明园罹劫 160 周年"》，光明网，https://epaper.gmw.cn/zhdsb/html/2020 – 10/21/nw.D110000zhdsb_20201021_2 – 01.htm? div=– 1,2021 – 02 – 24。

此次中法学者云访谈由中国高校新型智库——北京外国语大学丝绸之路研究院和法国民间组织——法中教育交流协会共同主办,中法文化教育界民间人士广泛参与,新华社、中央广播电视总台等媒体对本次云访谈做了深入报道,《中华读书报》对云访谈实录做全文发表,影响广泛。

中法人文交流源远流长,中法友好深入人心。本次云访谈邀请中法学者从各自的视角出发,回顾与反思"共同历史",体现中法人民展望未来、珍视人类文明的"共同夙愿",彰显中法"共同价值"。活动主会场圆明园万方安和建于雍正初年,因仿照佛教符号"万字符"建造地基而得名,属于圆明园四十景之一。回首十年之前的访谈,地点从谐奇趣移步到万方安和,亦有祝祈人类早日战胜疫情、实现世界和平安定的美好愿望。

在圆明园罹劫 160 周年之际,中法两国圆明园研究学界具有代表性的两位学者,围绕圆明园文物回归、遗址保护、人类命运共同体等学术议题深入对话和研讨,在人文交流形式基础上深挖学术价值,开展学术交流,产出学术成果,致力于打造圆明园研究主题学术共同体。

在全球抗击疫情和后疫情时代,本次云访谈通过 5G 视频连线的方式,使中法三地学者围绕圆明园文物回归、遗址保护及构建人类命运共同体等议题展开交流对话和深入研讨,也是在数字化背景下对中外人文交流议程设置的一次前沿性探索与创新性实践。

# 四、相关思考

通过以上案例分析,笔者就中外人文交流和区域国别研究的关系以及高校推进中外人文交流等,提出几点思考。

(一)中外人文交流和区域国别研究是有交叉的,二者存在一些公约数,是犬牙交错、相辅相成的关系。王阳明讲"知行合一",陶行知讲"行是知之始,知是行之成",与此是相通的。区域国别研究能够赋能中外人文交流,为中外人文交流提供学术支持,中外人文交流反过来也丰富了区域国别研究的发展。

人文交流与政治互信、经贸合作一道,成为双边关系发展的三大支柱。促进双边关系良好发展,要坚定不移地增进政治互信,深化人文交流,推动两国互利共赢与繁荣发展。

在全球携手抗疫和后疫情时代,对人文交流重要性的认识,凝聚着哲学思维和战略考量。在这一特殊历史时期,当今世界正面临百年未有之变局,新冠疫情全球蔓延使这个大变局加速演进,人文交流在全球抗疫时期和后疫情时代越发重要。高校智库应当在把握角色优势的基础上,充分发挥人文交流在特殊历史时期的独特作用,以我为主、兼收并蓄,为疫情期间和后疫情时代加强中国与其他国家政治互信、经贸往来夯实民意基础,筑牢社会根基。

(二)推动中外人文交流,我们应把握四个维度——时、空、主、客,应当进一步提高议程设置能力,以"共同历史＋""中外文化＋"为主题,对"时""空""主""客"进行全面考量,精准实施人文交流,注重当下、着眼长远、增信释疑、精准施策,使人文交流更有温度和韧性,提升国际话语权。

以"追寻失落的圆明园——圆明园罹劫160周年纪念"中法学者云访谈为例,此次访谈在议程设置方面充分体现"时""空""主""客"四要素要求,精准实施中法人文交流。

其一,此次云访谈时间选取 2020 年 10 月 18 日,正值圆明园罹劫 160 周年,就圆明园的辉煌与苦难、明珠蒙尘与凤凰涅槃进行深度访谈。同时,此次访谈也是 2010 年 10 月 18 日"追寻失落的圆明园——圆明园罹劫 150 周年"中法学者访谈活动的延续,中法学者共赴十年之约。

其二,此次活动主会场地点从谐奇趣移步至万方安和,笔者在圆明园万方安和遗址视频连线巴黎和台北,中法两国三地学者通过云访谈,祝祈人类早日战胜疫情、实现世界和平安定。圆明园万方安和建于雍正初年,因仿照佛教符号"万字符"建造地基而得名,属于圆明园四十景之一。

其三,此次访谈以圆明园遗址公园的历史文化为依托,通过对圆明园历史的反思和对未来的展望,从历史长时段的视角思考圆明园的昨天、今天和明天,以圆明园凤凰涅槃的事实,充分体现增强文化自觉、坚定文化自信的时代要求,以我为主、兼收并蓄,推动中华优秀传统文化的创造性转化、创新性发展。

其四,此次访谈在议程设置方面也充分体现受众意识,不仅从法国学者的视角出发设计访谈问题,也与中央广播电视总台法语频道、法国相关媒体取得联系,广泛报道,引发法国民众对相关议题的关注和讨论。

(三)推动中外人文交流,我们应秉持四个属性——民间性、学术性、国际性、前沿性。

其一,应当坚持民间性定位,发挥民间力量的独特作用,推动中外民心相通。把政府交流和民间交流结合起来,充分调动民间智慧,取得民间人士的广泛参与和大力支持,充分发挥民间交流"润物细无声"的传播效果,增强国际影响力,使人文交流实现由"单向输出"向"互动对话"的转变,由"文化交流"向"民心相通"的转变。

其二,坚持学术文化本位,深挖学术价值,扩大中外学界的交流与合作。学术性应当贯穿人文交流议程设置的始终,将民间交流、对话与学术研究相结合,深挖社会共同话题或现象背后的学术价值。后疫情时代的学术研究也应当重视人文交流的重要意义,鼓励中外学者合作开展项目研究,联合攻关,打造学术共同体,理论联系实际,知行合一。

其三,坚持国际性导向,推动双边、多边关系发展,促进文明交流互鉴。中外人文交流的发展方向与实践路径,应当以国家间关系为依托,以文明交流互鉴宗旨为指导,"走出去"和"引进来"双向发力,打通主客场,在借助双边、多边伙伴关系网络的基础上,发挥集聚效应,打造人文交流国际知名品牌,深入推进不同国家、不同地区、不同文明之间的交流互鉴,促进相互了解、相互理解、相互信任、相互尊重,推动双边、多边关系在特殊时期的稳定发展。

其四,坚持前沿性探索,以"创造性转化、创新性发展"为引领,推动"互联网＋人文交流"。大力推动中外人文交流在主题设置、互动方式以及人文载体等方面的创新与发展,凸显民间性、学术性与国际性特点,侧重打造与时代主题遥相呼应、同中外民众心灵相通的精神文化产品,通过数字化技术,发挥"互联网＋人文交流"优势,实现实体与虚拟交流平台的相互补充、良性互动和协同聚合。

作者简介:吴浩,北京外国语大学丝绸之路研究院执行院长、副教授。

# 高校国别区域研究智库建设的一些想法<sup>①</sup>

陈德正

在这次参会代表中,聊城大学太平洋岛国中心可能是唯一真正的地方院校。无论从学校层次还是从所处位置来说,聊城大学看起来都不太适合从事国别区域智库研究。不过,八年多前,我们结合自己的研究基础、学界研究的不足以及中国走向海洋的战略大局,确定了太平洋岛国研究方向,最终走出了一条属于自己的路。

近十年下来,我们为国家领导人出访提供过智力支持,为中央相关部门决策提供过资料参考,为企业对太平洋岛国贸易提供过专业咨询,为太平洋岛国提供过教育援助,现在仍然有七八个人在萨摩亚、汤加从事支教。聊城大学还依托太平洋岛国研究中心成立了萨摩亚孔子学院,使中国与太平洋岛国民间文化交流常态化。

凭借以上成绩,太平洋岛国研究中心先后获批教育部国别和区域研究备案中心、山东省首批重点新型智库、山东省首批外事研究与发展智库、教育部高校国别和区域研究高水平建设单位,中心团队先后入选山东省高校优势学科人才培育计划、山东省高校青创人才引育计划。2020年1月和12月,两次受到中共山东省委、省人民政府表彰,荣膺山东省"勇于创新奖"先进集体和全省"干事创业好团队"称号。

说实话,这点成绩与兄弟院校,特别是与在座各位同人们的贡献比起来微

---

① 本文成稿前,承蒙胡其柱博士提出重要意见和建议,谨此致谢!

不足道,不值一提。不过,作为太平洋岛国研究中心建设自始至终的参与者、组织者,经过近十年探索与积累,我有几点建设高校国别区域研究智库的心得和体会,愿意贡献出来供大家批评和借鉴。

第一个体会是,高校智库不同于学术研究机构,它是一个系统工程。学术研究机构,只要有梯队有资料,就可以静下心来潜心研究,只需要考虑学界接受不接受即可。但是高校智库不同,梯队和资料仅仅是基本配备,它所面向的对象,除了学术界,更重要的是政府、企业和社会团体。这种特性决定了智库不能闭门造车,必须与政府、企业和社会团体对接。不仅与国内政府、企业和社会团体对接,还要与研究对象国的政府、企业和社会团体对接,时刻把握研究对象国的时代脉搏。从这个角度来说,智库负责人必须更像是一个组织者或协调者,而不是一个传统的学者。

但是,高校智库毕竟是高校主办的智库,智库成员首先是高校教师,其次才是一个智库研究者。这又要求高校智库必须理顺与所在学科、专业和学院的关系。否则,上面一层,下面一层,相互隔离,智库成员两边应付,研究很难做好。

为了解决以上问题,我们太平洋岛国研究中心对内推动学院增设了外国语言与外国历史本科专业,在硕士招生中设置了太平洋岛国研究方向,建议学校引进了北冰洋研究团队,形成了智库、教学、科研三位一体的结构体系;对外则通过举办高层论坛、定期拜访政府部门、邀请外交官短期讲学、选派智库成员赴太平洋岛国支教或调研、在萨摩亚国立大学设立孔子学院、与美国和澳大利亚相关高校和智库互访等几个常规渠道保持外部衔接。

所以,高校智库粗看起来与以往的学术研究机构差不多,实际上差别非常大。要想做好智库,就得把它当作一个系统工程来做,当作一个开放的系统工程来做,既要把研究做好,又得理顺内外关系,保持上下左右畅通,否则很难保持生命力。

第二个体会是,高校智库应该立足学术,但是又必须超越学术。高校智库既然开在高校,就必须植根于学术,秉承学术的求真求实精神。没有深厚的学术积累,智库肯定难以走远。但是,高校智库,尤其是国别区域研究智库,又不能局限于常规学术研究。

国内国别区域研究智库的班底,大多是从事世界历史研究的学者。历史研究有一个不成文的惯例,即大都关注至少几十年以前的历史,而对现实保持一种疏离,像中国历史研究,几乎不碰改革开放以来的中国。世界历史研究也大抵如此。这种疏离对于学者摆脱感情羁绊,保持客观中立,具有非常重要的支撑意义。

但是,高校智库服务的对象,如政府、企业和社会团体,都是出于解决当前问题的需要才寻求智库帮助的。这就要求以世界历史为班底发展起来的国别区域类智库,必须打破学术研究的惯例,将研究对象延伸到现实,甚至延伸到研究的当天,从当前形势出发提供一种贯通性的专业建议,而不是从历史出发提供一种事实陈述。

我们太平洋岛国研究中心的做法,是头几年先收集研究资料、撰写岛国通史著作或论文,把学术根基打好,然后再慢慢向现实延伸,将历史和现实贯通为一体。而且,为了确保做到这一点,我们还努力丰富团队的专业知识和学科背景,让研究成果真正"活"起来。到目前,太平洋岛国研究中心既有世界历史出身的研究者,也有国际关系、外国语言文学、国际政治、人类学、旅游管理、文学艺术乃至生物学出身的研究者,学科结构基本上比较合理。

第三个体会是,国别区域类智库依赖政府支持,但是又必须保持一定独立性。在我们国家,没有政府支持,高校智库不可能建成,更不必说做好。我们太平洋岛国研究中心之所以能发展到现在,与各级政府的认可和支持密不可分。没有这些支持,我们就没有启动经费,没有外出调研机会,没有确切信息来源,甚至得不到学校鼎力支持。各级政府看到了我们的诚意和干劲,看到了太平洋岛国研究的长远潜力,从政策、课题等各方面给予支持,太平洋岛国研究中心才获得了发展机会。

但是国别区域类智库不同于其他智库。刚才说了,国别区域类智库除了与国内政府、企业和社会团体打交道外,还必须与研究对象国的政府、企业和社会团体保持联系畅通。没有这种畅通,智库研究就成了闭门造车,就成了无源之水。而与对象国政府、企业和社会团体保持联系畅通,就必须具备一个前提,即智库不能成为政府下属,不能让对象国感觉中国高校智库就是中国政府的一分子。只有这样,对象国才能信任中国国别区域智库,才愿意与中国国别区域智库进行交流。这一点应该是我们国别区域智库应该特别注意的,也是希望国家和政府能够体谅的。

以上三点体会,是我们聊大太平洋岛国中心的浅显心得。很多地方仍然是设想多于实践,意识多于行动,没能真正贯彻。希望各位领导和同人百忙之中继续给予指导,帮助我们更上一层楼。谢谢!

作者简介:陈德正,聊城大学太平洋岛国研究中心执行主任、教授。

# 现实主义、地理政治与大战略研究

## 吴征宇

摘要：本文的目的就是从现代国际关系理论史上的"经典路径"与"科学路径"出发，阐述经典地理政治思想对现代大战略研究的适切性。"经典路径"与"科学路径"本质上就是对国际关系实践进行理论化的两种不同路径，两者间分歧涉及的乃是有关国际关系理论的性质，即应该构建什么样的理论及应该提供什么样的知识？现代大战略研究由于深受肯尼斯·沃尔兹按照"科学路径"构建的现实主义理论的影响，因此具有了许多难以克服的缺陷，这些弊端也正是导致现代大战略研究难以取得突破的根源。要克服现代大战略研究的弊端，其中的重要突破点之一，是重新考量经典地理政治思想对现代大战略研究的适切性。

关键词：经典路径　科学路径　现实主义　地理政治　大战略

　　自 1978 年以来，伴随着改革开放进程的不断深入，当代中国在经济、政治和社会的发展上取得了举世瞩目的成就，这些成就的取得与中国自从推行改革开放以来面向海洋的发展密切相关，有许多西方学者（尤其是美国学者）也因此将这种发展形象地称之为当代中国的"海洋转型"（Maritime Transformation）。① 总

---

① 这方面最具代表性的观点和论述集中体现在 2009 年出版的一本由美国海战学院（Naval War College）三位学者主编的著作中，参见 Andrew S. Erickson, Lyle J. Goldstein, Carnes Lord, ed. , *China Goes to Sea : Maritime Transformation in Comparative Historical Perspective*（Annapolis, MD: Naval Institute Press, 2009）.

体上看,当代中国面向海洋发展的背后实际上有两重内在动力:一是冷战结束和苏联瓦解后中国陆上疆界的日趋稳定,而正是这种稳定才使得当今的中国有可能集中精力向海洋谋求发展;二是中国自从推行"改革开放"以来的外向型经济发展模式,这种模式业已产生的主要后果之一,就是使当代中国的发展已经越来越离不开全球范围的资源和市场。① 与此相对应,"海洋转型"在促进当代中国政治、经济和社会日益发展的同时,也提出了一系列与中国的未来发展密切相关的问题:作为一个陆海复合型国家,中国究竟应选择向陆发展还是向洋发展?海上力量的发展对中国这样一个陆海复合型国家而言究竟意味着什么?中国面向海洋的发展趋势将会对区域秩序乃至全球秩序产生什么后果?

所有这些与中国当下及未来的繁荣与发展密切相关的问题,从严格意义上说都属于"大战略"的范畴,对这些问题的探索和分析,也因此需要有一种能够有效地帮助人们澄清思路的理论框架。在理论上,大战略是一个超越了单纯军事战略的现代战略概念,历史上首次对此予以系统阐述的,是 20 世纪前期英国著名的军事史学家兼战略思想家利德尔·哈特(Liddell Hart)。哈特明确指出:"大战略的任务就是要协调和指导国家的全部力量以达到战争的政治目的,即国家政策确定的目标。"②尽管哈特之后的许多学者对大战略的概念不断地进行拓展和延伸,但这些修正并没有根本脱离哈特划定的范围。在哈特对"大战略"的界定中,其中的关键词汇主要有三个:目标、手段及两者间如何进行协调,即大战略本质上是有关目标如何确立、资源如何动员及两者如何进行协

---

① Michael A. Glosny, Philip C. Saunders, Robert S. Ross, "Correspondence: Debating China's Naval Nationalism", *International Security*, Vol. 35, No. 2, 2010, pp. 161 – 175. 对此问题的详细阐述,参见 Robert S. Ross, "China's Naval Nationalism: Sources, Prospects, and the U. S. Response", *International Security*, Vol. 34, No. 2, 2009, pp. 46 – 81; Robert S. Ross, "The Geography of the Peace: East Asia in the Twenty-first Century", *International Security*, Vol. 23, No. 4, 1999, pp. 81 – 118.

② B. H. Liddell Hart, *Strategy* (New York: Praeger, 1974, 2nd Revised Edition), pp. 321 – 322. 哈特对大战略的论述最早出现在 1929 年出版的《历史上的决定性战争》一书中,他后来对该书内容进行了扩充并且以《战略论》为名于 1967 年出版,本书采用的相关引语都是出自哈特所著的《战略论》第二版。参见 B. H. Liddell Hart, *The Decisive Wars of History* (Boston: Little Brown, 1929); B. H. Liddell Hart, *Strategy: The Indirect Approach* (London: Faber, 1967).

调的一种艺术。这里的"艺术"就是指任何形式的大战略理论都不可能是一种类似数学公式那样的刻板教条,而只是一种旨在帮助决策者们提高认知水平的理论分析框架。① 这也是大战略研究不同于其他国际关系研究的独特之处。

自第二次世界大战结束以来,由于美苏冷战的有力推动,大战略研究获得了长足发展。然而,从 20 世纪 70 年代起,大战略研究一直深受肯尼斯·沃尔兹创立的结构现实主义理论的重大影响,这种影响在促进大战略研究发展的同时,也使它带上了某些根本性的缺陷。总体上看,那些以结构现实主义理论为分析框架的大战略研究,一般都是以国际体系中权力分布为核心变量,尽管其他因素(尤其是技术因素和地理因素)可以作为干扰变量而存在,但这些变量并不能影响到结构现实主义理论的内在逻辑,对这类研究中出现的异常现象,研究者一般都是从国内变异中寻求解释,这点也正是新古典现实主义理论的一大贡献。在理论上,要认清结构现实主义理论作为一种大战略分析框架的内在弊端,首先涉及的,就是战后国际关系学科发展史上曾经出现的一个极具争议性的理论问题,即"经典路径"(classical approach)与"科学路径"(scientific approach)两者的分歧。对这种分歧的认识不仅有助于理解按照实证科学标准构建的结构现实主义理论的弊端,而且也有助于把握真正意义上的大战略理论的特质。②

## 一、"经典路径"与"科学路径"

在现代国际关系理论史上,"经典路径"的首要代言人是英国著名国际关系理论家、"英国学派"的创始人之一赫德利·布尔(Hedley Bull),"科学路径"

---

① 参见 Paul Kennedy, "Grand Strategy in War and Peace" in Paul Kennedy, ed., *Grand Strategy in War and Peace* (New Haven: Yale University Press, 1992), p. 4; Edward M. Earle, "Introduction" in Edward M. Earle, ed., *Makers of Modern Strategy: Military Thought from Machiavelli to Hitler* (Princeton: Princeton University Press, 1971), p. viii.

② 尽管自诞生之日起结构现实主义理论的政策影响力一直乏善可陈,但这点似乎并没有影响到结构现实主义理论在当代大战略研究中的主导地位,而这种主导地位恰恰导致了当代大战略研究的内在弊病。对这个问题的详细论述,参见吴征宇:《霸权的逻辑:地理政治与战后美国大战略》,北京:中国人民大学出版社,2010 年。

的代言者当时是美国国际政治学家莫顿·卡普兰（Morton Kaplan）。[①] 相比而言,卡普兰的名字已经近乎被遗忘,他的著作也早就已经淡出了研究者的视野,但布尔的名字却随着"英国学派"的发展不断出现,他的著作也一直被视为国际关系理论最重要的经典之一。不仅如此,就第二次论战而言,"科学路径"后来虽成为美国国际关系理论的主流,但卡普兰的文章却很少被人提及,反倒是布尔的文章不断地被加以引用。[②] 作为"英国学派"最重要的代表人物之一,赫德利·布尔的主要成就不仅在于对"国际社会理论"的开创性研究,而且在于对国际关系理论研究的重要贡献。与大多数研究者不同,赫德利·布尔界定的国际关系理论,实际上是指人们可以提出的"有关国家间关系,或有关更广泛意义上的世界政治的,一整套带有普遍性意义的命题"。所谓"经典路径"和"科学路径"实质上是指对国际关系（实践）进行理论化的两种不同路径,两者间的争论核心实际上是有关理论化的路径之争,而不是任何其他类型的争论。[③]

---

① "经典路径"和"科学路径"的代言人在当时分别是赫德利·布尔和莫顿·卡普兰,参见 Morton A. Kaplan, "The New Great Debate: Traditionalism vs. Science in International Relations", *World Politics*, Vol. 19, No. 1, 1966, pp. 1-20; Hedley Bull, "International Theory: The Case for a Classical Approach", *World Politics*, Vol. 18, No. 3, 1966, pp. 361-377. 但值得注意的是,卡普兰对布尔的回应只局限在研究方法的层面上,他的文章完全没有回应布尔明确提出的"什么是国际关系理论"和"如何构建理论"这两个根本问题,因此他们两人间的争论实际上是一场错位的争论。真正代表"科学路径"在同一层次上与布尔展开对话的,实际上是后来的肯尼斯·沃尔兹。沃尔兹在1979年出版的《国际政治理论》一书中从"科学路径"的视角回答了"什么是国际关系理论"和"如何构建理论"这两个根本问题。从这个意义上说,"经典路径"和"科学路径"的真正代言人应该是赫德利·布尔和肯尼斯·沃尔兹。

② Ole Waever, "The Rise and Fall of Inter-Paradigm Debate" in Steve Smith, Ken Booth, and Marysia Zalewski, ed., *International Theory: Positivism and Beyond* (Cambridge: Cambridge University Press, 1996). p. 162.

③ 有关"经典路径"与"科学路径"的分歧,参见 Tim Dunne, Lene Hansen, Colin Wight, "The End of International Relations Theory?" *European Journal of International Relations*, Vol. 19, No. 3, 2013, pp. 405-425; Simon Curtis and Marjo Koivisto, "Towards a Second 'Second Debate'? Rethinking the Relationship between Science and History in International Theory", *International Relations*, Vol. 24, No. 4, 2010, pp. 433-455; Emmand Navon, "The 'Third Debate' Revisited", *Review of International Studies*, Vol. 27, No. 4, 2001, pp. 611-625; Hedley Bull, "Martin Wight and the Theory of International Relations", *British Journal of International Studies*, Vol. 2, No. 2, 1976, p. 101-116; Stephen George, "The Reconciliation of the 'Classical' and 'Scientific' Approaches to International Relations?" *Millennium*, Vol. 5, No. 1, 1976, pp. 28-40; Richard B. Finnegan, "International Relations: The Disputed Search for Method", *The Review of Politics*, Vol. 34, No. 1, 1972, pp. 40-66.

值得注意的就是,赫德利·布尔 1966 年发表的那篇题名为《国际关系理论:为经典路径辩护》的文章虽然一直被后世的研究者不断加以引用,但迄今为止绝大多数研究者对他阐述的"经典路径"一直都存在着两个错误认识:一是将"经典路径"与历史研究绝对等同起来;二是将理论构建路径与具体的研究方法混为一谈。在冷战后第三次论战背景下,"经典路径"与"科学路径"之争往往被归为"史学"与"科学"两种不同知识类型之争。这种看法存在的问题,不仅在于将理论构建路径之争简化为认识论意义上的"科学统一性"之争(即自然世界和人类社会是否适用于同一种研究方法),而且在于将作为理论构建路径的"经典路径"与历史研究绝对等同起来,而这恰恰是赫德利·布尔明确排斥的理念。除"经典路径"与历史研究的等同外,对这两种理论构建路径之争的另一种错误认识,就是将这两者与具体的研究方法混为一谈。这种错误认识虽然在西方也同样存在,但主要是存在于当今的中国国际关系学界,而造成这种状况的主要原因,一是翻译造成的歧义,二是对"科学"认识上的狭隘。①

赫德利·布尔是极少数强调历史与理论并重的学者之一。他认为:历史研究的意义不仅在于展示国际关系实践的具体特征,更在于历史研究是理论研究不可或缺的伴侣;即历史研究不仅是理论命题的重要来源和理论检验的实验室,更为重要的是,任何理论都有其自身的历史,而揭示这种历史对理论的理解与批判都非常重要。② 布尔虽然强调历史研究的意义,但他却认为历史

①  有关"经典路径"和"科学路径"之争与现代国际关系研究中的"史学"和"科学"之争,参见 Simon Curtis and Marjo Koivisto, "Towards a Second 'Second Debate'? Rethinking the Relationship between Science and History in International Theory", *International Relations*, Vol. 24, No. 4, 2010, pp. 433-455. 有关"经典路径"和"科学路径"之争与国际关系研究方法的讨论,参见 Quan Li, " The Second Great Debate Revisited: Exploring the Impact of the Qualitative – Quantitative Divide in International Relations", *International Studies Review*, Vol. 2, No. 3, https://doi.org/10.1093/isr/viy009. 迄今为止,国际关系学界有关"经典路径"与"科学路径"的最权威界定仍然是赫德利·布尔 1966 年发表的那篇文章,参见 Hedley Bull, "International Theory: The Case for a Classical Approach", *World Politics*, Vol. 18, No. 3, 1966, pp. 361 – 377.

②  Hedley Bull, "Martin Wight and the Theory of IR", *British Journal of International Studies*, Vol. 2, No. 2, 1976, p. 104.

研究并不能够取代理论研究,即必须要摒弃那种认为"国际关系只能且必须以历史研究的方式进行"的看法。因为理论研究不是历史研究;理论研究与历史研究是一种相辅相成的关系,理论研究需要厚重的历史分析作为支撑,但任何的历史研究都包含了不同程度的理论思考。① 布尔界定的理论研究有两重目的,一是批判性分析,二是理论的构建。首先,任何有关世界政治的讨论都包含了许多含蓄的前提,理论研究的首要任务是辨别、阐述和修正这些具有普遍性意义的前提;其次,理论研究还必须关注理论的构建,即研究者不仅要探究理论前提和理论论断的有效性,还必须在此基础上建立起一套系统且牢固的知识体系。②

　　将"经典路径"和"科学路径"之争与研究方法混为一谈,西方学界虽然也存在,但目前主要存在于当下中国学界。Classical Approach 和 Scientific Approach 在中文语境中一直是被译为"经典方法"和"科学方法"。这种译法上的不准确很大程度上造成了那些没有条件或没有能力参考英文原著的中国学者认识和理解上的歧义,即造成他们将两种不同的理论构建路径之争与具体的研究方法混为一谈。不仅如此,那些力图在中国倡导"科学路径"的学者,其初衷是希望将那些低水平研究排挤出学术主流,从而提高中国国际关系研究的整体水平,所谓"科学方法"似乎为此提供了一种足够有力且足够公正的话语。但问题是,这种想法固然是可贵的,但却与"经典路径"和"科学路径"之争毫无关联,这两种构建路径都符合认识论意义上的"科学"标准。按照布尔的界定,这两种理论构建路径的争论焦点,就在于究竟哪一种路径能够对国际关系进行更好的理论化概括,这不仅涉及具体的理论形态,且更涉及是否有助于人们对实践的认知,这也就意味着,这两种路径与具体研究方法存在着本质

---

　　① Hedley Bull, "International Relations as an Academic Pursuit", *Australian Outlook*, Vol. 26, No. 3, 1972, p. 252.

　　② Hedley Bull, "International Theory: The Case for a Classical Approach", *World Politics*, Vol. 18, No. 3, 1966, p. 362.

不同。①

　　按照赫德利·布尔的界定,"经典路径"乃是一种"源自于历史学、哲学和法学的构建理论的路径,这种路径的首要特征是明确地依赖判断力的实施和一系列前提假定,即如果我们拘泥于严格的验证或检验的标准,那么对国际关系便很难能提出多少有意义的见解;而有关国际关系的任何具有普遍性意义的命题也因此必定是来自一种在科学上并不完善的感知或直觉的过程;与其来源的不完善相对应,这些具有普遍性意义的命题最多也只能是尝试性和非结论性的"。② 与采用"经典路径"构建的理论相比,那些采用"科学路径"构建的理论,"其命题要么是基于逻辑上或数学上的证据,要么是基于非常严格的经验性检验程序",与此相对应的就是,那些采用"科学路径"的研究者,要么将"国际关系的经典理论斥之为毫无价值,且明确将自己看成是一门全新科学的开创者",要么是勉强承认"采用经典路径构建的理论聊胜于无",但这两种人都是相信自己的理论将取代以往的理论。③ 正是从这个意义上说,这种分歧涉及的是国际关系理论的性质,即应该构建什么样的理论及这种理论应该提供什么样的知识。

　　确切地说,"科学路径"力图构建的是由一系列有内在联系且旨在解释变量间关系的命题或假设构成的理论,这种理论在当代最杰出的代表,也就是肯尼斯·沃尔兹按照实证科学标准创立的结构现实主义理论,这也是为什么沃

---

　　① 有关国际关系研究的社会科学属性的讨论,参见 Milja Kurki and Colin Wight. "International Relations and Social Science" in Timothy Dunne, Milja Kurki, and S. Smith, ed. , *International Relations Theories: Discipline and Diversity* (Oxford: Oxford University Press, 2010), pp. 14-35; Jeffry A. Frieden and David A. Lake, "International Relations as a Social Science: Rigor and Relevance", *The Annals of the American Academy of Political and Social Science*, Vol. 600, No. 1, 2005, pp. 136-156; Colin Wight, "Philosophy of Social Science and International Relations" in Walter Carlsnaes, Thomas Risse and Beth A. Simmons, ed. , *Handbook of International Relations* (London: SAGE Publications Ltd, 2012), pp. 23-51.

　　② Hedley Bull, "International Theory: The Case for a Classical Approach", *World Politics*, Vol. 18, No. 3, 1966, p. 361.

　　③ Hedley Bull, "International Theory: The Case for a Classical Approach", *World Politics*, Vol. 18, No. 3, 1966, p. 362.

尔兹的理论一出世便风靡整个国际关系学界,而且其影响至今仍然可观。① 与此相反,"经典路径"力图构建的乃是一种思辨(哲学)性的旨在对现象的意义进行诠释或理解的理论,这种理论在当代最杰出的代表,实际上就是赫德利·布尔创立的"国际社会理论",而这点同样也解释了为什么采用"经典路径"创立的"国际社会理论"虽然不曾是极度的风靡,但却是能够历久弥新而且长盛不衰。② 按照布尔的界定,衡量"经典路径"和"科学路径"高低优劣的标准,关键就是看哪种路径能够对作为一种社会实践的国际关系更好地进行理论化的总结和概括,而这点则要取决于国际关系实践本身的性质。正如斯坦利·霍夫曼所言,肯尼斯·沃尔兹的最大错误之处,在于将国际关系理论的解释力缺少实质性进步的根源"归咎于理论家自身,而不是问一问这种失败是否源自这个领域(国际关系)的本质。即我们是否有可能构建一种有关不确定行为的理论"③。

　　"经典路径"与"科学路径"的分歧,确切地说,也正是"二战"后国际关系学科中的"经典现实主义"和"结构现实主义"间的分歧,这两种理论对现代大战略研究都有着非常重要的影响。结构现实主义理论对当代大战略研究的影响,集中地体现在当代许多大战略研究者一般都是以国际体系中的权力分布为主要自变量,尽管其他许多重要因素(尤其是技术因素和地理因素)在具体研究中可以作为干扰性变量而存在,但这些变量并不能影响到结构理论的内在逻辑,对这类研究中出现的异常现象,研究者一般都是从国内变异中寻求解释。经典现实主义理论对当代大战略研究的影响,乃是通过三位学者的成就得以体现的,即美国国际政治学家尼古拉斯·斯皮克曼、美国著名学者型外交家乔治·凯南和美国前国家安全事务特别助理及国务卿亨利·基辛格。这三位战后历史上经典现实主义的代表人物,不仅对战后的现实主义

　　① Stanley Hoffmann,"An American Social Science: International Relations",*Daedalus*, Vol. 106, No. 3, 1977, p. 50.

　　② Robert Jackson, *The Global Covenant* (New York: Oxford University Press, 2000), *p.* 71.

　　③ Stanley Hoffmann,"An American Social Science: International Relations",*Daedalus*, Vol. 106, No. 3, 1977, p. 52.

理论(尤其是大战略理论)的发展,而且对"二战"后的美国对外政策(尤其冷战时期美国对苏联及社会主义阵营曾经推行的遏制战略)同样也起到了举足轻重的作用。①

## 二、"结构理论"与大战略研究

作为现代国际关系研究科学化进程的代表性成就,沃尔兹创立的理论实际上是一种不受到时空限制且具有普遍适用性的理论,这种理论赖以构建的思想基础之一,是源自亚当·斯密且经过保罗·萨缪尔森改造的新古典经济学理论,沃尔兹对国际无政府状态之根本效应的界定和阐述,实际上正是建立在国际无政府状态与市场之类比的基础上。② 然而,沃尔兹提出的这种类比实际上难以成立,这不仅因为市场逻辑必须在一定的制度条件下才能够顺利运行(国际无政府状态中缺少相应的制度条件),更是因为市场逻辑的诸种构成都是流动性的(但国际政治的构成要素则不具备任何流动性),这种缺憾也正解释了为什么沃尔兹的理论不仅是"非历史的",而且是"非空间的"。③ 沃尔兹理论的"非历史"和"非空间"的缺憾,恰恰造成那些以此为指南的大战略研究在关注体系中权力分布的同时,普遍忽略了技术因素与地理环境间的相互作用对大战略的潜在意义。就大战略研究而言,这种缺陷集中地体现在"进攻性

---

① 有关"二战"后现实主义理论的发展,参见 Nicolas Guilhot, ed. , *The Invention of International Relations Theory: Realism, the Rockefeller Foundation, and the* 1954 *Conference on Theory* (New York: Columbia University Press, 2011); Stefano Guizzini, *Realism in International Relation and International Political Economy* (London: Routledge, 1998).

② 关于这个问题,参见 Jonathan Kirshner, "The Economic Sins of Modern IR Theory and the Classical Realist Alternative", *World Politics*, Vol. 67, No. 1, 2015, pp. 155 – 183; Jonathan Kirshner, "The Tragedy of Offensive Realism: Classical Realism and the Rise of China", *European Journal of International Relations*, Vol. 18, No. 1, 2012, pp. 52 – 74.

③ 关于这个问题,参见 Hans Mouritzen, *Theory and Reality of International Politics* (Aldershot: Ashgate, 1998); Jack Donnelly, *Realism and International Relations* (Cambridge: Cambridge University Press, 2008); Barry Buzan and Richard Little, *International Systems in World History* (Oxford: Oxford University Press, 2000).

现实主义"和"防御性现实主义"有关冷战后美国应该采取相关大战略的讨论中。

　　"进攻性现实主义"和"防御性现实主义"彼此间虽然有许多分歧,但两者都认为安全是国际体系中所有国家追求的首要目标,由于一国的权力实际是一国安全的基础,因而国际政治中的权力与安全通常是密不可分的,而这点同样也意味着,这两种理论的争论焦点,不在于国家追求的目标乃是权力最大化还是安全最大化,而在于一国为确保自身安全究竟要拥有多大程度的权力。①对进攻性现实主义来说,一国确保自身安全的最好办法是获得体系霸权,从而消除另一个大国可能构成的挑战,即使在取得体系霸权后一国也不应停止对权力的追求;对防御性现实主义而言,大国为保障自身安全的最好做法是获得最低限度的足够权力,追求霸权只能给国家造成更大不安全,因为任何形式的霸权都必然将会导致其他国家的反抗。"进攻性现实主义"和"防御性现实主义"虽然都是不同程度的"结构理论",但两者却普遍地被研究者利用来构建某种大战略理论(也就是预测单个国家行为而不是体系性结果的理论),而这点则使得两者在冷战结束后普遍被用来回答有关后冷战时代美国大战略的许多问题,尽管彼此间有许多重大分歧,但具体应用到后冷战时代美国大战略问题上,"进攻性现实主义"和"防御性现实主义"都认为冷战后的美国不应寻求区域外霸权。②

　　由于解释的乃是体系性结果而不是国家的行为,因而结构理论通常都忽

---

① 对这个问题的详细论述,参见 Jeffrey W. Taliaferro, "Security Seeking under Anarchy: Defensive Realism Revisited", *International Security*, Vol. 24, No. 2, 1999, p. 132; Jonathan Kirshner, "The Economic Sins of Modern IR Theory and the Classical Realist Alternative", *World Politics*, Vol. 67, No. 1, 2015, pp. 155 – 183.

② "进攻性现实主义"和"防御性现实主义"的大战略研究代表性著作主要是以下两部,参见 Christopher Layne, *The Peace of Illusions: American Grand Strategy from 1940 to the Present* (Ithaca: Cornell University Press, 2006); John J. Mearsheimer, *The Tragedy of Great Power Politics* (New York: W. W. Norton, 2001). 有关进攻性现实主义和防御性现实主义这两种形式的大战略研究依据的内在理论逻辑,参见 Jeffrey W. Taliaferro, "Security Seeking under Anarchy: Defensive Realism Revisited", *International Security*, Vol. 24, No. 2, 1999, pp. 128 – 161; Robert Jervis, "Cooperation under the Security Dilemma", *World Politics*, Vol. 30, No. 2, 1978, pp. 167 – 214.

略了体系中不同的大国各自面临的不同环境对国家大战略可能产生的重大影响,但作为有关冷战后美国大战略的理论,"进攻性现实主义"和"防御性现实主义"结论上的相似性却正是由于某种干扰性变量(即美国是一个远离欧亚大陆且具有洲际规模的岛屿性国家)的作用造成的。对"进攻性现实主义"来说,国际无政府状态虽然使所有国家都渴望获得全球霸权,但水体阻碍力的作用却使得国际体系中任何国家能够希望的最好结果,是获得区域霸权而不是全球霸权;对"防御性现实主义"而言,岛国地理位置使美国没有必要对欧亚大陆推行一种霸权式大战略,因为这种战略不仅将损害美国的经济基础,而且可能激发起其他国家对美国的反抗。值得注意的是,这种结论上相似性的决定因素,实际上乃是美国特定的地理位置,即由于受天然屏障的保护,美国没有必要为安全而获得霸权。正因为如此,进攻性现实主义者和防御性现实主义者一致认为,美国在冷战后时代对欧亚大陆推行的应该是"离岸制衡"战略而不是"绝对优势"战略。①

"进攻性现实主义者"和"防御性现实主义者"所以推崇"离岸制衡",并非是因为他们认为欧亚大陆核心区域的事态发展与美国的自身利益毫不相干,而是因为他们依据的是有关国际无政府状态中国家制衡倾向的命题,即无政府状态中的国家(尤其是大国)在面临它国权力急剧增长或霸权威胁时,其主要行为模式是"制衡"而不是"追随"。② 正因为国际无政府状态中的国家(尤其大国)面对霸权威胁将普遍采取制衡的行动,因此美国不仅能够让相关的地区大国首先来承担起制衡区域霸权国的责任,而且相关的地区大国采取的制衡行动也将为美国赢得充裕的时间来集结资源以应对大陆均势的变化,而这点

---

① 有关对"进攻性现实主义"和"防御性现实主义"这两种结构现实主义理论在相关大战略问题上的理论综述,参见 Robert J. Art, *A Grand Strategy for America* (Ithaca: Cornell University Press, 2003). 有关"防御性现实主义"为什么会竭力推崇"离岸制衡"战略的内在逻辑,参见 Christopher Layne, *The Peace of Illusions: American Grand Strategy from 1940 to the Present*. 有关"进攻性现实主义"之所以推崇"离岸制衡"战略的内在逻辑,参见 John J. Mearsheimer, *The Tragedy of Great Power Politics*.

② Hans Mouritzen, *Theory and Reality of International Politics*, p. 27.

正是结构理论家推崇的"离岸制衡"对美国大战略的真正要义。[①] 作为从沃尔兹理论的构架中衍生出来的结构理论,"进攻性现实主义"和"防御性现实主义"对大战略的探讨虽然都考虑到地理因素的潜在含义,但由于地理因素在结构理论中只能作为干扰变量而存在,因此两者都没有把握美国作为当今主导性海洋国家这一要素的政策含义,这也是为什么"离岸制衡"从来也没有主导美国对外政策的关键原因。

作为不同形式的结构理论,"进攻性现实主义"与"防御性现实主义"都没有能预见而且无法解释为什么"二战"后和冷战后美国对欧亚大陆的大战略模式,而造成这种情况的关键原因,就在于结构理论依赖的有关无政府状态中的国家制衡倾向的命题难以成立。一般来讲,由于无政府状态中国家在面临霸权威胁时不一定采取制衡行动,且技术进步造成的大战略运行环境变化使美国不可能有充裕时间集结资源以应对大陆局势的发展,因而美国要确保防止欧亚大陆上区域霸权国的崛起,非但无法在和平时期从大陆脱身,反而必须时刻保持对大陆事务的干预能力,这正是美国对欧亚大陆推行的大战略模式的内在逻辑。在理论上,结构理论之所以无法预见和解释美国对欧亚大陆的霸权式大战略,不仅是由于其理论自身的弊病,同时更在于结构理论是一种缺少时空维度的普世理论,因而它们对那由技术进步引发的大战略运行环境的变化缺少根本把握。结构现实主义者对这种研究中出现的异常现象采取的典型做法,通常都是从各种国内变异中寻求解释,而这点也正是"新古典现实主义"的主要贡献。[②]

与单纯的结构理论相比,新古典现实主义的首要出发点仍然是体系结构(即国家在国际体系中的地位,尤其是国家拥有的相对权力数量)对国际政治中的国家行为提供的机遇和限制,但与结构理论不同的是,新古典现实主义认

---

① John J. Mearsheimer, *The Tragedy of Great Power Politics*, p. 235.

② 有关"新古典现实主义"与结构现实主义理论的关系,参见 Brian Rathbun, "A Rose by Any Other Name: Neoclassical Realism as the Logical and Necessary Extension of Structural Realism", *Security Studies*, Vol. 17, No. 2, 2008, pp. 294 – 321; Gideon Rose, "Neoclassical Realism and Theories of Foreign Policy", *World Politics*, Vol. 51, No. 1, 1998, pp. 144 – 172.

为,"由于体系压力必须要经过单元层次上干扰性变量的转化",因而结构对国家"对外政策的影响是间接和复杂的",即结构并不能决定一国对外政策。① 正因为兼容了体系层次和单元层次上的两种变量,新古典现实主义因此在一定程度上能够解释战后美国对欧亚大陆要采取一种霸权式大战略的原因,这方面最有代表性的成就,是美国政治学者克里斯托弗·雷恩所提出的"区域外霸权理论",这个理论兼容了体系层次与单元层次的变量,前者构成美国扩张的许可条件,后者解释了美国霸权大战略背后的动机。② 对区域外霸权理论而言,美国在西半球的霸权地位及其战后相对于世界其他国家的权力优势虽然使美国在大战略选择上几乎享有绝对自由,但战后美国对欧亚大陆的大战略并非由结构而是由美国的国内因素决定的,而这使美国的大战略倾向于区域外霸权而不是离岸制衡。

从严格意义上说,新古典现实主义这种以美国的霸权动机来解释其霸权行为的做法虽然并没有违反结构理论的内在逻辑,但这种解释从根本上说仍然是存在明显的不足。在理论上,以美国的霸权动机来解释美国的霸权行为本质上是一种循环论证,这种论证并不能够对战后美国霸权式大战略提供一种令人信服的解释,反而预示着现实主义理论正在逐渐地演变为一种不断退化的研究纲领。③ 在现代国际关系理论史上,同样也是从结构现实主义构架中衍生出的新古典现实主义虽然在某种程度上弥补了结构理论原本在解释力上存在的某些不足,但后者将单元层次因素纳入结构理论的做法并没有根本地改变结构理论的内在逻辑,这也是新古典现实主义理论的根本

---

① Gideon Rose, "Neoclassical Realism and Theories of Foreign Policy", *World Politics*, Vol. 51, No. 1, 1998, p. 152.

② Brian Rathbun, "A Rose by Any Other Name: Neoclassical Realism as the Logical and Necessary Extension of Structural Realism", *Security Studies*, Vol. 17, No. 2, 2008, p. 296.

③ John A. Vasquez, "The Realist Paradigm and Degenerative vs. Progressive Research Programs: An Appraisal of Neotraditional Research on Waltz's Balancing Proposition", *American Political Science Review*, Vol. 91, No. 4, 1997, pp. 899 - 912.

问题。[①] 结构理论的内在弊端(即忽略地理政治环境及其变迁对国家大战略的潜在含义)导致的主要后果,就是使当代大战略研究缺乏一种可用来把握超出权势分布以外的物质环境之战略含义的分析框架,而这点同时也向人们昭示了那种以技术因素与宏观地理环境间的互动联系为出发点的经典地理政治学对大战略研究具有的重要意义。

## 三、"经典理论"与大战略研究

与肯尼斯·沃尔兹相比,"二战"后的经典现实主义理论并没有出现过一个非常典型的代表性人物,而这点也正是人们对经典现实主义相对比较陌生的一个重要因素。除汉斯·摩根索外,"二战"后历史上曾经出现的经典现实主义理论主要有三位代表人物,即尼古拉斯·斯皮克曼、乔治·凯南和亨利·基辛格。作为早期经典现实主义者之一,斯皮克曼在战后国际关系学科史上的地位与汉斯·摩根索是相同的。乔治·凯南滞留在大众记忆中的印象首先不是一位学者,而是一位外交家兼"遏制战略"的主要设计者。至于亨利·基辛格,尽管曾经做出过非常杰出的理论贡献,但他的成就主要还是集中在国务活动领域,而不是学术研究领域。与结构现实主义理论不同,这三位理论家全都是按照传统的"经典路径"而不是"科学路径"来构建他们的理论,但也正是因为如此,这三位理论家的思想成就基本都不符合"二战"后美国国际关系学界推崇的实证科学的标准,因此不具备任何意义上的"科学性"。而这点实际上也正解释了,为什么这三位理论家在战后国际关系学科中一直都处在相对边缘的地位。[②]

---

① 有关将单元层次因素纳入结构理论做法存在的各种问题,参见 Bernard I. Finel, "Black Box or Pandora's Box: State Level Variables and Progressivity in Realist Research Programs", *Security Studies*, Vol. 11, No. 2, 2001, pp. 187 – 227; Jeffrey W. Legro and Andrew Moravcsik, "Is Anybody Still a Realist?", *International Security*, Vol. 24, No. 2, 1999, pp. 5 – 55.

② 有关"二战"后经典现实主义理论的发展概括及主要代表性人物,参见 Michael Joseph Smith, *Realist Thought from Weber to Kissinger* (Baton Rouge, LA: Louisiana State University Press, 1986).

与肯尼斯·沃尔兹相比,这三位经典现实主义理论代表性人物最引人注目的地方,不仅体现在他们的学术成就上,更体现在他们的理论对国际政治实践的影响上。作为一个与汉斯·摩根索齐名的经典现实主义理论家,斯皮克曼虽然英年早逝,但他的两部著作(即《美国在世界政治中的战略》与《和平的地理学》)不仅影响到"二战"后美国对外政策的制定,甚至对冷战后有关美国对外政策的讨论都具有非常重要的指导意义。① 乔治·凯南的学者身份一直以来都是被他的官方身份掩盖,他不仅是美国国务院最早的苏联问题专家之一及美国国务院政策设计署的第一任主管,且更是美国"遏制战略"的最主要设计者。② 亨利·基辛格不仅先后担任过美国国家安全事务特别助理和国务卿,而且还亲自主持实施了"二战"后美国对外政策最重要的一次转向,这种转向的直接后果,就是苏联的瓦解和美国在冷战后时代的绝对优势地位。③ "二战"后的经典现实主义理论家对美国对外政策的巨大影响力,实际上也正昭示了后世的学者对他们的思想(尤其是他们的大战略思想)进行更进一步的研究和探索的必要性。

斯皮克曼、凯南和基辛格的理论之所以能够对"二战"后的美国对外政策产生重大影响,其关键因素是他们的理论都深刻揭示了地理政治逻辑对国家大战略的支配性作用。"二战"结束后,德国地缘政治学(Geopolitik)由于被认为与"二战"期间纳粹德国的侵略扩张存在着密切联系,因此除一些批判性的

---

① 有关斯皮克曼对现实主义理论的贡献,参见 Colin S. Gray, "Nicholas John Spykman, the Balance of Power, and International Order," *Journal of Strategic Studies*, Vol. 38, No. 6, 2015, pp. 873 - 897; Robert Art, "The United States, the Balance of Power, and World War II: Was Spykman Right?" *Security Studies*, Vol. 14, No. 3, 2005, pp. 365 - 406.

② 有关乔治·凯南的现实主义思想,参见 John L. Gaddis, *Strategies of Containment: A Critical Appraisal of American National Security Policy during the Cold War* (New York: Oxford University Press, 2005); Richard L. Russell, *George F. Kennan's Strategic Thought: The Making of an American Political Realist* (Westport, CT: Praeger, 1999).

③ 有关亨利·基辛格的现实主义思想,参见 Winston Lord, *Kissinger on Kissinger: Reflections on Diplomacy, Grand Strategy, and Leadership* (New York: All Points Books, 2019); Mario Del Pero, *The Eccentric Realist: Henry Kissinger and the Shaping of American Foreign Policy* (Ithaca, NY: Cornell University Press, 2013).

历史研究外,无论在思想内容还是研究方法上,德国地缘政治学几乎销声匿迹。与此相对应,法国维达尔传统(The Vidalienne Tradition)在战后也同样偃旗息鼓,一直到 20 世纪 70 年代后期,"批判地理政治学"的兴起才使得具有浓厚人文主义色彩的法国维达尔传统部分得到复兴。在战后国际关系史上,真正获得实质性发展的,乃是体现了盎格鲁-撒克逊民族对外政策关切的经典地理政治学。由于"地理政治"一词在"二战"结束后已经成为某种禁忌,因此"二战"后的经典地理政治学主要是依托经典现实主义理论而发展起来的。这也是为什么战后三位最具代表性意义的经典现实主义理论家(即斯皮克曼、凯南和基辛格)很大程度上也都是地理政治思想家,即他们继承的实际上乃是哈尔福德·麦金德的现实主义衣钵。①

斯皮克曼的理论贡献主要有两方面:一是阐述了美国之所以介入"二战"的理由;二是将欧亚大陆核心区域的均势与美国的安全利益紧密地联系在一起。他认为,即使德日两国最终获胜,美国在军事上也不会迅速失败,因为美国太强大且拥有防御上的天然优势,无论从大西洋还是太平洋,要入侵或征服一个洲际规模的现代化强国将面临巨大阻碍。他指出:美国之所以参战是因为这种防御不可能无限期维持下去,因为德日两国在获胜后将会对西半球实行全面禁运,这将使美国面临严重的原料短缺并最终屈服,任何以武力打破这种禁运的企图都将是徒劳的。② 斯皮克曼对美国战略利益的关注主要集中在美国可能会面临的战略包围问题上。他注意到,历史上美国的安全总是同欧洲和亚洲的均势相伴的,历史上美国受到战略包围的可能性仅仅出现过四次,

---

① 有关哈尔福德·麦金德的地理政治思想与现实主义理论的关联,参见 Lucian M. Ashworth, "Mapping a New World: Geography and the Interwar Study of International Relations", *International Studies Quarterly*, Vol. 57, No. 1, 2013, pp. 138 – 149; Lucian M. Ashworth, "Realism and the Spirit of 1919: Halford Mackinder, "Geopolitics and the Reality of the League of Nations", *European Journal of International Relations*, Vol. 17, No. 2, 2010, pp. 279 – 301. 虽然从没有明确提到过"地理政治"一词,但如果从思想内容还是战略主张上来看,"二战"后美国的经典现实主义理论继承的实际上正是麦金德(而不是任何其他思想家)的衣钵,而这点长期以来一直都是被绝大多数研究者所忽略。

② Nicholas J. Spykman, *America's Strategy in World Politics* (New York: Harcourt Brace and Co., 1942), pp, 293, 392.

其中最后一次就是出现在第二次世界大战期间,因为德日同盟的出现有可能颠覆"大洋对岸(欧亚大陆)的均势",尽管美国自身实力确实非常强大,但如果必须面对一个统一的边缘地带的话,那么美国仍然会发现自己不可避免地将受到一个超级势力的包围。①

　　作为"遏制战略"的主要设计者,乔治·凯南同样是一位麦金德式的现实主义者。凯南认为,美国人历来以"普遍主义"和"特殊主义"两种方式追求国家利益:前者以国家间利益和谐为前提,且力图通过国际机构实现和谐,从而将自身的安全需要从属于国际社会的安全需要;后者虽然不排斥国家间合作,但力图按照自己的国家利益需求,对国际事务进行现实和有利于自己的安排。② 凯南相信,"普遍主义"实际是一个不适当的框架,这不仅因为它过于理想化,而且可能使美国陷入"一种毫无结果且麻烦不断的国际议会制度的泥潭","特殊主义"是捍卫美国利益的一种合适方式,这种方式的要旨是设法维护国际秩序内部的平衡,从而使任何国家或集团无法主宰国际秩序。③ 凯南提出的这种"特殊主义"国家利益观的核心,是防止足够多的权力聚集在一起,从而对美国的安全构成实质威胁,尽管权力可能有多种来源,但他坚持将工业军事力量看作他所处时代的国家权力的关键,并且据此确定了"二战"后世界上五个可能对美国安全产生重大影响的关键地区,即北美、日本、英国、德国和苏联。④

　　正因为这五个地区均具有威胁美国本土安全的潜力,因而对凯南而言保持美国安全的关键在于对这些地区的权力分布进行调控,其中尤其是必须防止它们聚集在一个能够威胁到世界上的岛国及海洋国家利益的单一强国控制

---

　　① Nicholas J. Spykman, *The Geography of Peace* (New York: Harcourt Brace and Co., 1944), p. 40.

　　② George F. Kennan, *Around the Cragged Hill* (New York: W. W. Norton and Company, 1993), p. 181.

　　③ John L. Gaddis, *Strategies of Containment: A Critical Appraisal of American National Security Policy during the Cold War*, p. 26.

　　④ George F. Kennan, *Realities of American Foreign Policy* (Princeton: Princeton University Press, 1954), p. 64.

下,而这点恰恰也正是凯南设计的"遏制战略"力图实现的根本目标。[①] 凯南认为,美国的利益就在于保持内线强国间的某种稳定平衡,"以防止它们中的一个能够奴役其他国家,能够征服欧亚大陆沿海地带,能够在成为大陆强国的同时也成为海洋强国,能够动摇英国的地位,能够从事(因为在这种情况下它肯定会这么做)某种对我们怀有敌意且得到欧亚内陆地区巨大资源支持的海外扩张"。[②] 凯南对"二战"后美国安全的主张明显带有麦金德的痕迹,而且他后来也更加明确地指出,"在我国历史的绝大部分时间里,我们的安全一直都是有赖于英国的地位;加拿大则是一直保持我国与英帝国间良好关系的一个特别有用而且是不可或缺的人质;英国的地位则是有赖于能否保持欧洲大陆的均势",正如同对英国一样,"确保没有任何单一强国统治欧亚大陆",对美国而言同样是必须的。[③]

在战后国际关系史上,明确从地理政治角度来思考美国对外政策并对其发展做出了重要贡献的,是"二战"后美国著名的政治家兼外交家亨利·基辛格。作为其重新思考美国对外政策的一部分,基辛格曾经大量使用"地理政治"一词,这在《白宫岁月》一书中特别的明显。尽管基辛格在此书中对海洋国家与大陆国家间的力量平衡并没有给予过多关注,但他明确将"地理政治"与全球范围的均势及美国在这种全球性均势体系中永恒的国家利益联系在一起,而这点也正是地理政治思想的核心要素。对基辛格来说,"地理政治"代表了一种与美国传统上的自由主义和保守主义相对立的政策,这种政策的核心,就是将美国对外政策建立在一种对国家利益的明智认识基础上,而不是建立在那些容易导致极端并且常常是起伏不定之政策的感情基础上,对基辛格而言,这种政策意味着美国应当同中国建立起某种超越意识形态的现实利益关系,这种关系的根本目的是共同遏制苏联的扩张主义野心,即美国并非是

① John L. Gaddis, *Strategies of Containment : A Critical Appraisal of American National Security Policy during the Cold War*, p. 27.

② George F. Kennan, *Realities of American Foreign Policy*, p. 65.

③ George F. Kennan, *American Diplomacy 1900—1950* (Chicago: University of Chicago Press, 1951), p. 5.

寻求在中苏两国对抗中加入中国一方,但两国确实有共同抑制莫斯科扩张野心的必要。[①]

# 四、地理政治学与海洋转型

"二战"结束后,美国取代了英国成为体系中主导性海洋强国兼领导者,但与此同时,美国同样继承了历史上英国对大陆均势的警觉,正是这种警觉使美国在"二战"后和冷战后对欧亚大陆核心区域(西欧和东亚)的政策与历史上英国对欧洲大陆的政策并没有多少本质性区别,即防止大陆核心区域出现一个占绝对优势的国家,这也是主导性海洋强国最根本的战略利益。[②] 首先,一旦某个国家取得欧亚大陆核心区域的霸权,那么它也将获得必要的资源,从而有能力对主导性海洋强国的地位发起挑战;其次,一旦某个国家取得欧亚大陆核心区域的霸权,那么它也将能使大陆市场对主导性海洋强国完全封闭,而后者为保持在一个开放性体系上的既得利益,则要求体系中的核心区域必须保持对自己及追随者的门户开放。[③] 正因为保持欧亚大陆核心区域强国间的均势直接关系到主导性海洋强国兼体系领导者的相对权力优势,因而历史上的英国和"二战"后的美国历来都是对大陆事态都保持着足够的警觉,这种警觉实际上也正是历史上的主导性海洋强国不惜以战争方式反复卷入大陆核心区域事态发展的根源。

在战后美国对外政策史上,美国历届政府的决策者一般都是以这种地理政治的视角来看待苏联威胁的。1950 年,杜鲁门政府发布的国家安全委员会

① Leslie W. Hepple, "The Revival of Geopolitics", *Political Geography Quarterly*, Supplement, Vol. 5, No. 4, 1986, p. S27.

② Walt W. Rostow, *The United States in the World Arena* (New York: Harper and Row, 1960), pp. 543, 544.

③ 有关对主导性海洋强国这一核心利益的详细探讨,参见 Ludwig Dehio, *The Precarious Balance: Four Centuries of the European Power Struggle* (New York: Random House/Vintage, 1962), pp. 58, 75, 166, 263.

第 68 号文件就曾写道:"一方面,世界人民渴望免除因核战争风险而引起的焦虑。另一方面,克里姆林宫统治地区的任何更进一步的重大扩张,都将使一个足以能够用更为优势的力量来抵抗克里姆林宫的联盟根本无法形成。正是从这个意义上说,美利坚合众国及其公民正处于极度危险中。"①1988 年,里根政府发布的国家安全战略报告也写道:"如果某个敌对的国家或国家集团统治了欧亚大陆——即通常被称为世界心脏地带的地区,美国最基本的安全利益将处于极度危险中。我们为防止出现这种情况曾进行过两次世界大战。而且自1945 年以来,我们一直在竭力防止苏联利用其地理战略上的优势来统治其西欧、亚洲和中东的邻国。"②即使在冷战结束后,虽然有许多美国学者一直在反复地强调美国应该要适时撤出西欧和东亚,但冷战后美国历届政府的政策都表明,美国对欧亚大陆核心区域的政策在冷战时和冷战后一直保持着惊人的延续性。

冷战后的美国对外政策与"结构理论"主导的大战略研究间的脱节,不仅显示出按照"科学路径"建构起来的"结构理论"的种种不足,同时更反映出当下普遍地缺少一种思考与当代国际关系实践相关的大战略问题的分析框架,而这点同样也体现在与当代中国对外政策和对外战略密切相关的研究和思考中。近年来,有许多学者都曾经明确指出,当代中国学者有关中国的对外政策和对外战略的思考,其所依据的理论背景主要是现实主义。但值得特别注意的就是,这里所说的"现实主义"很大程度上就是指沃尔兹创立的"结构现实主义"及在此基础上衍生的次级理论。与"结构理论"在探讨冷战后美国对外政策时的遭遇相似,这种理论也无法解决当代中国对外政策和对外战略面临的许多重大问题,尤其是无法为思考与当代中国"海洋转型"相关的重大政策问题提供一个合适的分析框架。这些重大问题主要包括:当代中国究竟应选择向陆发展还是向洋发展? 海上力量的发展对中国这样一个国家而言究竟意味着什么? 中国面向海洋的发展趋势将会对区域秩序乃至全球秩序产生什么后果?

① 《美国国家安全战略报告汇编》,梅孜编译,北京:时事出版社,1996 年,第 311 页。
② 《美国国家安全战略报告汇编》,梅孜编译,第 71 页。

与面向大西洋沿岸的欧洲国家一样，中国同样是一个典型的"陆海复合型强国"，即一个濒临开放性的海洋且同时背靠较少自然障碍陆地的国家。这种国家在发展道路上面临的首要难题，是究竟选择"向陆"发展还是"向洋"发展，这个问题在中国历史上曾经不止一次地出现过。明代中国在经历了郑和七次下西洋的壮举后，由于各种原因，最终选择了"禁海"，从而丧失了一次宝贵的历史机遇。清代中国在 19 世纪中期同样也出现了"海防"与"塞防"之争，这场争论及最终结局对近代中国的历史发展也产生了举足轻重的影响。当代中国在进入 21 世纪后，同样出现了海权与陆权的争论，这种争论迄今为止并没有形成明确的共识，而导致这种局面的关键，是争论的双方使用的都不是同一种语言和同一个框架。正是因为如此，这种争论无论有多么的激烈，充其量也就是"鸡同鸭讲"，因为双方的争论很大程度上都不是在同一个时空或同一个框架内进行的，因此双方也无法找到任何的共同点，由于缺少任何实质性的限制，双方也因此都不可能有意义地阐明自身立场的依据，因此也不可能说服对方。①

在理论上，"海洋转型"不仅意味着一国在政治、经济及社会的发展上决定性地依赖海外资源和海外市场，同时也意味着一国武装力量构成上的变化，即与海洋相关的武装力量所占比重的变化。确切地说，当代中国正在进行的"海洋转型"不仅意味着对海外贸易和国际市场的依赖程度的加重，同时也意味着当代中国将侧重于发展那些与海洋相关的武装力量。无论从哪一种角度看，这两种类型的发展都将对中国的内外政策产生具有实质性意义的影响，而如何正确地理解和把握所有这些与"海洋转型"相配套或是由"海洋转型"必然带来的政策变化，则将会直接地关系到中国的发展能否持续。从严格意义上说，要理解和

---

① 有关中国明清两代的海洋能力的发展，参见 Jakub J. Grygiel, *Great Powers and Geopolitical Change* (Baltimore: John Hopkins University Press, 2006); John L. Rawlinson, *China's Struggle for Naval Development 1839—1895* (Cambridge MA: Harvard University Press, 1967). 有关当代中国学者在这个问题上的争论，参见 Andrew S. Erickson and Lyle J. Goldstein, "Introduction: Chinese Perspectives on Maritime Transformation" in Andrew S. Erickson, Lyle J. Goldstein, Carnes Lord, ed., *China Goes to Sea: Maritime Transformation in Comparative Historical Perspective*, pp. xiii - xxxvi. 对这个话题的最新讨论，参见 Wu Zhengyu, "Towards Land or Towards Sea? The High - Speed Railway and China's Grand Strategy", *Naval War College Review*, Vol. 66, No. 3, 2013, pp. 53 - 66.

把握所有的这些与"海洋转型"相配套或是由"海洋转型"必然带来的政策变化，就必须对相关政策的内涵及其可能产生的效应有一个基本认识，而做到这点的关键是必须首先确立一个与需要思考的问题相匹配的认识框架。就现有的国际关系理论而言，要思考与当代中国"海洋转型"相关的战略问题，最值得探索的，就是由"二战"后美国的经典现实主义理论体现的地理政治学。①

　　作为当今东亚地区的大国，当代中国的"海洋转型"不仅将对区域秩序，而且将对全球秩序产生重大影响。作为一个崛起中的陆海复合型强国，当代中国在海洋转型中面临的首要问题，是如何克服那些来自周边邻国的压力，这方面最明显的例证，是中国近来在东海和南海的相关问题上遭遇的一系列挑战。当代中国海洋转型中需要克服的另一个问题，是如何应对主导性海洋强国兼体系领导者的压力，除实力上的领先优势外，主导性海洋强国相对崛起中的陆海复合型强国的另一优势，是它们在防止边缘地带陆海复合型强国的崛起上与大陆上其他国家存在共同利益，这也是历史上主导性海洋强国之所以能够多次成功构建大同盟的根源之一。当代中国"海洋转型"遭遇的困境并不是独有的，历史上陆海复合型强国的海洋转型无一例外地都遇到这种双重压力，而如何应对这种压力且避免重蹈历史覆辙，则恰恰是当代中国必须要认真思考和努力应对的问题。②

---

　　①　"海洋转型"是国际战略研究领域新近出现的一个议题，对这个问题迄今为止还没有出现任何理论性的探索，但积累了非常丰富的历史案例研究，这其中最重要的，是有关历史上法国和德国进行过的海洋转型。参见 Andrew S. Erickson, Lyle J. Goldstein, Carnes Lord, ed., *China Goes to Sea: Maritime Transformation in Comparative Historical Perspective*; C. I. Hamilton, *Anglo - French Naval Rivalry 1840-1870* (Oxford: Clarendon Press, 1993); Holger Herwig, *"Luxury" Fleet: The Imperial German Navy*, 1888-1918 (Amherst, NY: Humanity Books, 1987). 对这个问题的最新讨论，参见 Robert S. Ross, "Nationalism, Geopolitics and Naval Expansionism: From the Nineteenth Century to the Rise of China", *Naval War College Review*, Vol. 71, No. 4, 2018, pp. 16 - 50.

　　②　对历史上位于边缘地带陆海复合型强国在海洋转型过程中遭遇的双重压力，最经典的讨论有两本主要著作，参见 Ludwig Dehio, *The Precarious Balance: Four Centuries of the European Power Struggle*; Nicholas J. Spykman, *The Geography of Peace*. 此外，还有一系列其他相关历史著作可以参考，这其中最重要的就是有关路易十四的法国与威廉二世的德国的研究。这两个国家都曾经在特定的历史时期中尝试进行过海洋转型，这也是现代世界历史上两次最接近成功的海洋转型，但最终这两次努力都是在双重压力下归于失败。有关这种双重压力的讨论，请参见本书第二部分的各章节。

　　无论从何种角度看,当今中国正在进行中的海洋转型都将是深刻影响到21世纪前期世界政治发展的一个不容忽视的重大事态,这种转型不仅将直接关系到中国在21世纪的可持续发展,同时也将会深刻地影响到21世纪的亚太区域秩序乃至全球国际秩序。确切地说,中国最终以何种方式加入几个世纪以来都是由西方人主导的全球海洋秩序的治理,不仅将直接地影响到中国在21世纪能否继续维持其反复强调的和平发展,同时也将对全球海洋秩序及现有治理模式产生重大而深刻的影响,这种影响无疑也将对亚太秩序和全球秩序产生毋庸置疑的冲击。在理论上,当今中国的海洋转型很大程度上也将是检验中国能否在21世纪继续坚持其和平发展道路的最主要试金石,因为历史经验已经反复证明,没有任何国家可以容忍在欧亚大陆边缘地带出现一个陆海两栖性强国,历史上的法国和德国都因为这个原因而无一例外地引发了现代历史上的两轮霸权战争。正是从这个意义上说,如何正确地思考和应对中国在21世纪前期的海洋转型过程中可能遭遇的挑战与压力,是中国国际关系学界无法回避的根本问题,而解决这个问题的关键首先就在于确立一种正确的理论框架和思考范式。地理政治学对当代中国的价值与意义很大程度上恰恰也正是集中体现在这个方面。①

　　作者简介:吴征宇,中国人民大学国际关系学院教授。

---

　　① 要理解地理政治学与"二战"后美国遏制战略间的内在联系需要参考两个人的著作,一是乔治·凯南,二是与他同时代的沃特·李普曼,参见 George F. Kennan, *Realities of American Foreign Policy*；George F. Kennan, *American Diplomacy 1900—1950*；Walter Lippmann, *U. S. War Aims* (Boston: Little, Brown and Company, 1944)；Walter Lippmann, *U. S. Foreign Policy: Shield of the Republic* (Boston: Little, Brown and Company, 1943). 两位美国冷战史学家约翰·加迪斯和梅尔文·莱富勒的著作都极好地展示了地理政治思想对战后美国大战略的影响,参见 Melvyn P. Leffler, *A Preponderance of Power: National Security, the Truman Administration, and the Cold War* (Stanford: Stanford University Press, 1992)；John L. Gaddis, *Strategies of Containment: A Critical Appraisal of American National Security Policy during the Cold War*.

# 理想和现实之间：
# 美国外交实践中的折中主义

王　玮

**摘要**：美国从北美一隅成长为当今唯一超级大国，有着绝无仅有的国家发展历程。在此过程中，美国形成了系统的外交政策思想与理念。随着形势不断发展，美国外交政策实践会对传统思想提出挑战。政策思想和政策实践相互碰撞，不断丰富美国认识世界和改造世界的精神储备。一方面，以改良国际体系为宗旨的理想主义传统不断发展；另一方面，以最大化本国利益为目标的现实主义传统持续巩固。理想主义作为外交哲学受到决策者的尊重，现实主义则规定着决策者的现实选择。这就让美国外交实践中既有理想主义情怀，也有现实主义指向，进而体现出理想和现实的折中。具体表现为，一是理想主义外交不断向政治现实妥协，二是理想主义被用作推行某种现实政策的理论依据。

**关键词**：理想主义　现实主义　理念之争　折中主义

美国是从十三个殖民地发展而来的，在其国家成长过程中，外交活动的主题和内容不断发生变化。在不同历史时期，美国先后执行过建国外交、弱小国外交、大国外交和超级大国外交的政策方针。可想而知，美国的利益认知和外交主张也会相应地发生变化。简单来说，不同时期的具体实践催生了不同的"外交传统"。① 每一种外交传统都是独特的，它们各自反映当时社会背景下的

---

① 李庆余、任李明、戴红霞：《美国外交传统及其缔造者》，北京：商务印书馆，2010 年。

初心和信念。这些信念和认识会以某种或隐或现的方式，保留在人们的集体记忆当中。可以说，经过实践的洗礼，不同时代的社会心态（mindset）都会保留下来，成为影响随后实践的思想依据。① 它们有时会相互强化，有时又彼此抵触，共同塑造着美国的对外政策方向。

但是，思想传统和历史经验必须与现实照应，才能发挥出它们的启迪作用。现实的政治需要，才是决定性的因素。在现实面前，各种理想的、规范的、应然的设想，可能得到实践并被保留下来，也有可能受到粗暴对待。这一切，都取决于当时的形势和需要。资中筠先生指出："综观以自由主义为核心的美国的思想发展……自由主义是一个边缘很宽的框架，每个历史时期的思潮根据实用的需要在边缘之内摆动。"②这一洞见为我们观察美国外交实践中理想和现实的相互交织提供了认知基础。据此，下文将对美国外交实践中兼具理想主义情怀和现实主义取向的特征进行简要分析。

# 一、理想主义和外交哲学

理想是什么？斯·茨威格说："理想是一种没有人看得到的概念，只能通过人们的设想、人们的努力，并准备为此而向着充满尘土的、通向死亡的道路行进的人们，才能在现实世界中加以实现。"③

按照这个观点，理想并不是客观的存在物，而是人的主观思维的产物。理想，最初代表的是某种愿望，最终却要有人为之奋斗，甚至做出牺牲。在国内政治领域，人们常有的愿望是建立秩序，促进公共福利。例如，美国宪法说，"为了组织一个更完善的联邦，树立正义，保障国内的安宁，建立共同的国防，增进全民福利和确保我们自己及我们后代能安享自由带来的幸福，乃为美利

---

① Tom McBride and Ron Nief, *The Mindset Lists of American History* (NJ: John Wiley & Sons, 2011).

② 资中筠：《20世纪的美国》，北京：生活·读书·新知三联书店，2007年，第30页。

③ 〔奥〕斯·茨威格：《异端的权利》，赵台安、赵振尧译，北京：生活·读书·新知三联书店，1986年，第16页。

坚合众国制定和确立这一部宪法。"200 多年来,美国在其宪法导引之下,不断推进国内改革,将政治实验进行下去。这是因为,总统制不是一劳永逸的完美范型,而是一场永不终止的政治实验。①

在国际政治领域,人们同样有建立国际秩序的愿望。在有了秩序之后,人们还会有改良秩序、追求进步的愿望。威斯特伐利亚体系确立后为"文明世界"带来了秩序,但继续承认战争权力和领土征服。19 世纪末 20 世纪初,人们开始热切希望改变这种助长战争的结构。美国 1917 年参加第一次世界大战,赢得了战后安排的发言权。威尔逊希望用和平的办法解决国际冲突,他设计了一个国际联盟,根据自己对国际关系的设想,提出一些原则并说服了其他主要国家。威尔逊构思出一个改良式的甚至具有革命性的国际体系。在用"民主价值观"打造国际体系,并取代权力政治方面,威尔逊主义是一种自由的国际主义。②

当然,一种政治理想或者说广义的新理念得到接受,必然有一个思想传播的漫长过程。一种动人的思想,一定会触及普通人的灵魂深处,唤起人们内在的认同。大卫·哈维指出:"任何一种思想若想占据主导,就必须建立一种概念装置:它诉诸我们的直觉和本能、诉诸我们的价值和欲望、诉诸我们居住的社会世界所固有的种种可能性。如果成功的话,这一概念装置就能牢固确立在常识中,以至于被视为理所当然、毋庸置疑。"③威尔逊主义的兴起,具备了大卫·哈维所说的各项特征。对和平的期盼,对战争的憎恶,以及对集体安全的向往,使得威尔逊倡导的理念受到广泛赞许。

当时,严酷的第一次世界大战刚刚结束,全世界都希望 1919 年成为全新时代的起点。人们反思战争悲剧的系统根源,希望建立牢固的和平。威尔逊倡导的"十四点原则",为各国人民特别是受压迫民族带来了希望。威尔逊提出的战后解决方案看起来很完美,如果得到实施的话似乎真有望"终止一切战争",而世界和平乃至"永久和平"也不无可能。威尔逊的核心观点是,"各国可

---

① 王涛:《美国总统的诞生与驯化:联邦党人论总统制》,《文化纵横》2014 年第 6 期,第 125 页。
② 任李明:《威尔逊主义研究》,北京:中国社会科学出版社,2013 年。
③ 〔美〕大卫·哈维:《新自由主义简史》,上海:上海译文出版社,2016 年,第 5 页。

以共处一堂，通过预先的和平谈判，解决分歧并避免战争"。他觉得"自己站在正确的和正义的一方，有必要向世界说明，外交政策应该有道义的追求，而不单单只有政治的和经济的追求"。① 威尔逊相信美国不一样，能够带来济世良方。他强调美国无意主宰全世界，而要提供一种新的交往模式，使公认的正义高于各种狭隘的私利。在主持和平谈判的过程中，威尔逊从始至终坚持国联的重要性，把《国联盟约》作为《凡尔赛和约》的第一条款。由于各国都有求于美国，威尔逊的革新愿望有了实现的可能。

然而，政治现实的复杂性，远远超出威尔逊的设想。大国各自都有算计，皆希望从战后安排中获得最大的利益。威尔逊提出的"没有胜者的和平""不谋求私利的休战"虽然在表面上得到赞同，但实际上受到各种形式的抵制。劳合·乔治、克里孟梭和牧野伸显摸透了威尔逊的脾性，决意以支持国联为诱饵让这位美国总统支持他们的主张。国际联盟最终变成了满足强国私利的权力工具。

历史学家爱德华·卡尔不无痛惜地说："在建立国际秩序方面，人的意志有着不断寻求超越现实主义逻辑的愿望。但是，一旦一种秩序得以确立，成为某种具体的政治形式，它就再度披上了利己和虚伪的面纱，也就需要再度使用现实主义的武器予以批判。换言之，一旦一种理想体现为一种体制，这种理想就不再是理想了。它成为某种私利的表现形式，因此必须用一种新的理想将其摧毁。"②

理想在得到实现的过程中，会被现实冲刷得面目全非。威尔逊的主张受到国际舆论首肯，国际谈判对手只能在原则上同意他，私下里却用各种手法迫使他接受现实。据说，即使"亲密的英国朋友"也不时横加指责，甚至到了两国元首不顾外交礼节"恶语相向"的地步。③ 国内政治对手更是千方百计加以阻

---

① A. Scott Berg, *Wilson* (London, New York, Sydney, Toronto, New Delhi: Simon & Schuster, 2013), pp. 11 - 12.

② 〔英〕爱德华·卡尔：《20 年危机(1919—1939)：国际关系研究导论》，秦亚青译，北京：世界知识出版社 2005 年，第 89 页。

③ G. W. Egerton, "Ideology, Diplomacy, and International Organization: Wilsonism and the League of Nations in Anglo - American Relations, 1918-1920," In B. J. C. McKercher ed, *Anglo - American Relations in the 1920s: The Struggle for Supremacy* (London: Palgrave Macmillan, 1991), pp. 17 - 54.

挠,美国参议院否决了《凡尔赛条约》。之后,威尔逊还试图用全民公投的方式加以挽回,但也以遗憾告终。威尔逊在离任前感慨道:"我们赢得了领导世界的机遇,却与之擦肩而过。"①

威尔逊的理想暂时破灭了,但他带来的火种得到了保留。王立新教授指出,"威尔逊在思想上的成功远比在政治上更有影响力,对威尔逊的评价不应该仅仅根据他在自己的时代是否实现了自己的政策目标,还应该根据其思想在后来产生的影响"。② 威尔逊所倡导的原则、立场和对外交往方式,也即后人称之为"威尔逊主义"的外交传统延续了下来。威尔逊作为国际关系的改革先驱赢得了后世的景仰。"二战"后,"几乎每位总统都表示要向威尔逊看齐,甚至连最不像威尔逊的尼克松也自称是威尔逊的信徒"。③ 冷战后,克林顿和奥巴马都被认为复兴了威尔逊主义。④ 威尔逊的主张深刻影响了美国对外政策思想。

总的来说,即使是伟大的思想家,也可能在现实中处处碰壁。这主要是因为,他们设想的应然景象,在具备充分条件之前,只能向现实做出妥协。正如马克·里拉所说:"伟大哲学家面临着共同的问题,他们要远离世俗的政治事务,这种事务是公民、政治家、行动者的事情。……如果哲学家试图当国王,那么其结果是,要么哲学被败坏,要么政治被败坏,还有一种可能是,两者都被败坏。"⑤

---

① A. Scott Berg, *Wilson*, p. 693.

② 王立新:《踌躇的霸权:美国崛起后的身份困惑和秩序追求(1913—1945)》,北京:中国社会科学出版社,2015 年,第 85—86 页。

③ 王立新:《踌躇的霸权:美国崛起后的身份困惑和秩序追求(1913—1945)》,第 83 页。

④ Robert W. Merry, "Bill Clinton and the Triumph of Wilsonism," *The International Economy*, Vol. 13, Iss. 4, 1999, pp. 20 – 27; Alessandro Badella, "Obama and US Democracy Promotion in Cuba: New Strategies, Old Goals?" *Caribbean Journal of International Relations & Diplomacy*, Vol. 3, No. 2, 2015, pp. 7 – 35.

⑤ 〔美〕马克·里拉:《当知识分子遇到政治》,邓晓菁、王笑红译,北京:中信出版社,2014 年,第 38—39 页。

## 二、现实主义与外交政策

不同于理想通过精神的启迪发挥作用，现实则是通过环境的强制力来驱使人们采取行动。现实主义对个人为什么服从这一根本问题做了理性的回答：个人应该服从，否则强者会强制他服从，而强制的后果显然比服从要令人难受得多。① 这就是国际政治的现实：在缺少共同权威的丛林世界里，除非它有推行理想政策的实力，否则，行为体就要认清现实，按照现实许可的方式行事。换言之，实力是界定利益的标准，也是制定政策的依据。追求何种利益，推行何种政策，端视行为体的实力。英美两国实力变化之后，外交政策都发生了变化。

先来看英国政策的转变。按照马丁·怀特和赫德利·布尔的说法，英国国力下降后，它的政策取向也发生了相应的变化。他们指出："如果说英国19世纪的政策总体比近现代史上任何大国的政策都更加文明一些，那是因为英国享有更大的安全。一旦安全受到破坏，所有更高的政治目标都将淹没在自我保存的斗争中。这是所有战争中都可以看到的一种倾向。自从英国不再是一个支配大国以后，它的安全余地缩小了，它奉行独立的理想政策的可能性也相应缩小。"②

再来看美国政策的转变。传统上，美国外交政策受孤立主义思想影响较大，在介入欧洲事务方面十分谨慎。美国人认为："卷入欧洲政治将迫使美国在原则问题上妥协让步，使……美国外交家受那些……欧洲人的哄骗欺诈。"③但是，随着"我们痛苦地认识到德国对国际法权利没有起码的尊重，我们必须接受战争"。之后，美国在"不追求私利、征服和统治的口号下加入了对德作战"。④ 后

---

① 〔英〕爱德华·卡尔：《20年危机（1919—1939）：国际关系研究导论》，秦亚青译，北京：世界知识出版社，2005年，第43页。

② 〔英〕马丁·怀特、赫德利·布尔、卡斯滕·霍尔布莱德：《权力政治》，宋爱群译，北京：世界知识出版社，2004年，第208页。

③ 〔美〕孔华润：《剑桥美国对外关系史》，王琛等译，北京：新华出版社，2004年，第17页。

④ Woodrow Wilson, "Request for a Grant of Power, Message to the Congress, Feb 26th, 1917," in Woodrow Wilson: *Why We Are at War: Messages to the Congress January to April* 1917 (New York and London: Harper & Brothers Publishers, 1917), pp. 11 – 16.

来,随着"美国领导、拯救、解放并最终改变世界的信条"①的形成,美国从全球范围开始了它的干涉主义之旅。

一国实力发生重大变化之后,特别是国际体系中的大国实力生变后,通常会产生两方面的影响。其一,该国的自身行为可能会出现调整。一些原来可行的政策可能不再可行,如英国无法推行原来的理想政策;一些原来不可行的政策可能变得可行,如美国介入欧洲事务。其二,国际权力结构重构动态平衡。英美两国权力此消彼长,造成了既有权力格局无法维持的情况。一些原本由英国承担的责任,变得没有了负责人。"在华盛顿体系中,美国参与其中而不负责任……欧战以后,美国本应对世界秩序的稳定负起责任,但孤立主义让它在行动上软弱无力"。②

行为体的实力的变化,使得它们适应环境和改造环境的能力发生了变化。这反过来会让它们对环境的认识发生改变,使它们的信念体系发生变化。历史上,老欧洲更多是帝国主义和征服战争的代名词。美国从立国起,就在抗拒老欧洲的影响。"在美国武装力量确实微不足道之时,此后多年也一直如此,美国不可能采取有效的行动",其所能做的就是"保持着与旧世界的分立状态。"③到后来,随着美国国力日盛,美国的国际观开始出现调整,甚至出现了以卡伯特·洛奇为代表的帝国主义学说。"19 世纪末帝国主义盛行,洛奇毫不掩饰地主张美国应当随大流。"④

简单来说,行为体的实力的变化,导致结构-行动者关系的变化。变化了的格局,如果是有利于行为体自身的,那么,它会赋予行为体更大自由度,使原来难以进入决策者视野的选项,成为新形势下的备择选项。英国法学家戴雪(Albert. V. Dicey)指出:"一种新理念要成功使人改宗,很少取决于人们论证

---

①　〔美〕安德鲁·巴塞维奇:《华盛顿规则:美国通向永久战争之路》,于卉芹译,北京:新华出版社,2011 年,第 10 页。

②　何顺果:《美国历史十五讲》,北京:北京大学出版社,2007 年,第 235 页。

③　〔美〕孔华润:《剑桥美国对外关系史》,第 53 页。

④　Richard H. Immerman, *Empire for Liberty: A History of American Imperialism from Benjamin Franklin to Paul Wolfowitz* (Princeton and Oxford: Princeton University Press, 2010), p. 135.

该理念的逻辑的力量,甚至不依赖于其追随者的热情。信念转变主要由于环境的变化。"①在国际政治领域生存,只有在环境许可的情况下,才能按照自身意志去参与国际事务。由于国家和人一样,其行为都是趋利避害的,因此,能带来收益的就是好的,而带来损失的就是不好的。从功利角度看,这一切都取决于当时的形势,有利于当时的形势就是实用的,而不利于当时的形势就是不可取的。

从实用的角度探讨威尔逊主义在"二战"后的复兴再适合不过了。第二次世界大战爆发后,美国一开始也是严守中立。后来,由于自身利益受到严重侵害,美国决定介入战争。但是,"美国参战的时机选择不无自己的考虑,美国的战略目标是争取世界霸权。在英美首脑发表的《大西洋宪章》中,虽然罗斯福用普遍安全体制代替了丘吉尔提出的有效的国际组织,但仍然令人想起当年威尔逊提出的国联"②。在美国的全力推动下,联合国复活了威尔逊曾经提倡过的集体安全思想。但是,"联合国成为冷战外交的工具。联合国成为美国控制的一台外交机器"③。

美国在"二战"后能够顺利推行威尔逊难以推行的外交路线,仅仅是因为战争摧毁了旧世界,摧毁了欧洲工业国,让美国取得了超越其他国家的优势地位。在这种优势地位之下,只要它愿意就能够以胜者的身份推行一种政治秩序。当然,罗斯福认识到,要推行一种秩序就不能不争取其他大国的支持。于是,"雅尔塔三巨头"就各取所需,达成了《雅尔塔协定》。丘吉尔保持了大英帝国,斯大林得到了东欧,罗斯福维护了大国合作。④ 最后,以"大国一致"为基础的联合国体系就设立起来了。总体而言,"二战"后国际体系比"一战"后国际体系更有韧性。

但是,联合国作为主权国家的集合,并未彻底沦为美国的权力工具。美苏

---

① 〔英〕戴雪:《公共舆论的力量:19 世纪英国的法律与公共舆论》,戴鹏飞译,上海:上海人民出版社,2013 年,第 57 页。

② 何顺果:《美国历史十五讲》,第 238 页。

③ 〔英〕马丁·怀特、赫德利·布尔、卡斯滕·霍尔布莱德:《权力政治》,第 162 页。

④ 李庆余、任李明、戴红霞:《美国外交传统及其缔造者》,第 270 页。

集团对抗状况出现后,美国利用联合国管理国际事务的前景不再明朗。于是,在联合国体系之外,杜勒斯及其他"条约癖"①以集体安全的名义,打造了一个封闭的军事互助集团。美国军事集团的形成,诱发了苏联构造军事集团的反应,这反过来加剧了美国的不安,进而引起美国更高级别的对抗。美苏安全困境形成后,在联合国大集体中造成了难以弥补的裂痕。于是,这个旨在克服国联弊病的集体组织,出现了比它的前身还要严重的组织弊症。其结果是,"联合国对二战后国际政治的影响,还不及国联对二战前国际政治的影响"②。

　　总的来说,实用主义讲求行动的效力、预期的收益和政策的可行性。这种"目标导向"的思维过程,不太考虑正当性、规范性与合法性等软约束的限制。按照这种思路,行为体之所以采取特定行动,是因为它切实可行而且有利可图。反之,如果无利可图或者方案不可行,则不应把乌托邦的理想带到决策者的案边。这样,理想的退场会让犬儒主义盛行,会让国际社会失去进步的动力,进而陷入停滞甚至退化。

## 三、理想主义与现实主义的折中③

　　理想主义作为愿景导向的行为法则,把提升国际交往层次、推动国际社会进步作为重要目标。实用主义作为效用导向的行为法则,把实现预定目标作为最高追求,要不要采取某种行动,端视它能不能促进预定目标的实现。这两种行为法则都不完美,但均有其可取之处。实践中,经常出现两者相互结合的情形,这也就形成了折中主义的选择。

　　折中主义,最初在希腊语中意指"择善而取",它是指"在不同的原则、方法

---

① 〔美〕沃尔特·拉费伯尔:《美国、俄国和冷战:1945—2006》,牛可等译,北京:世界图书出版社,2010 年,第 125 页。

② 〔英〕马丁·怀特、赫德利·布尔:《权力政治》,第 143—144 页。

③ 在与理想主义作为对偶概念时,现实主义指的是以现实为依据的思维模式或行为方式。在这个意义上,现实主义和实用主义是通用的,可以互换使用;但很明显,它与现实主义国际关系理论不是一回事。

或形式中挑选出最合适的"，并结合"两个世界中最好的部分"。① 折中主义是一种致力于从不同理论、方法与风格中选取最佳要素并加以组合的哲学传统、工作方法与思维方式。在国际关系领域，该方法的倡导者是美国学者鲁德拉·希尔（Rudra Sil）和彼得·卡赞斯坦（Peter J. Katzenstein）。该方法兴起的背景是，国际关系学科内范式过度分割，导致理论碎片化状况。② 由于"一个世界，多种解释"③状况的存在，人们开始逐渐接受这种集思广益的认识论。

但是，折中主义本身是有局限的。有法学研究者指出，折中的观点看似公允，但"瓦解"或"混淆"问题的"折中论"也可谓"俯首可拾"。④ 有文学研究者指出，"鲁迅是反对折中观点的，他指出了折中论'两全其美'的纯粹逻辑的虚幻性"。⑤ 在国际关系领域，唐世平对折中主义有过专门讨论。他说："在认识论的层面上，研究生们已经被越来越流行的'认识论折中主义'所社会化。这种折中主义认为，所有的认识论立场都同样有效，至少在很大程度上是这样。这种认识论折中主义是误导性的，因为没有任何一种认识论是万能的，认识论也并非都一样，某些认识论立场对大多数的社会科学任务甚至是站不住脚的。"⑥

这里所说的折中主义，主要是就美国外交实践而言的。简明来讲，美国外交既不是全由理想主义引领，也不纯粹是服从实用主义的功利法则。相反，通常而言，美国外交兼具上述两种风格，既有理想主义情怀，又有实用主义倾向。正如著名历史学家麦克杜格尔（Walter A. McDougall）所说："通观其漫长历史可以发现，美国就像一个好坏兼具的双面人，其外交政策时而尽显睿智高

---

① 陈杰、刘仁山：《折中主义与理想主义之辩——评西蒙尼德斯〈全球冲突法立法：国际比较研究〉》，《国际法研究》2019 年第 3 期，第 62—66 页。

② 李开盛：《东北亚地区碎片化的形成与治理——基于分析折中主义的考察》，《世界经济与政治》2014 年第 5 期，第 21—32 页。

③ Stephen Walt, "International Relations: One World, Many Theories," *Foreign Policy*, No. 110, 1998, pp. 34 - 46.

④ 马荣春：《论刑法学命题的妥当性》，《东方法学》2016 年第 1 期，第 2—22 页。

⑤ 张福贵：《"拿来主义"辨析：鲁迅文化选择的目的论与方法论》，《鲁迅研究月刊》1998 年第 9 期，第 5 页。

⑥ 唐世平：《观念、行动和结果：社会科学的客体和任务》，《世界经济与政治》2018 年第 5 期，第 35 页。

雅,时而又尽显昏聩无情。"①

对于麦克杜格尔所说的"双面人现象",奥巴马内心应该是认可的。在其告别演说中,奥巴马曾经说过:"不管谁当选下任总统或哪个政党掌控下一届国会……都需要保证美国的安全,继续领导这个世界,而不是变成世界警察;要制定政策使其反映出美国的好,而不是美国的恶。"②在外界看来,奥巴马的告别演说带有明显的理想主义色彩。但是,奥巴马的继任者并没有听从前任的忠告。在特朗普当政时期,"美国的恶"在全球范围内显露无遗,甚至连美国的欧洲盟友都深受冒犯。

特朗普上台之后,美国外交政策进入一个剧烈调整期。长期以来,自由国际主义是美国外交政策的指导思想。这种思想是自由主义和国际主义的结合,具有一定的理想主义色彩。这种外交思想要求美国介入国际事务,寻求改变对象国的实践和认知,推动"市场民主制"在世界各处生根发芽。"接触政策"就是基于这样的认识。但是事与愿违,美国在长期实践中发现,这样做不仅收效甚微,而且不断招致抵制。于是,美国出现了政治反弹,实用主义开始回归,进而造就了"特朗普现象"。特朗普政府高调主张"美国优先",处处与人争利,甚至以"极限施压"的方式追求片面利益。

在一定程度上,奥巴马作为理想主义者获得广泛的国际赞誉,而特朗普作为实用主义者则成为全球批判的对象。奥巴马和特朗普存在于同一个时代,面临几乎完全相同的国际环境,然而,他们在外交政策上有着泾渭分明的表现。在如此相近的历史背景下,为什么在美国会出现如此不同的外交政策取向?无独有偶,20 世纪初当美国外在剧烈转型时,也曾出现过罗斯福和威尔逊外交思想的尖锐对立。此外,追溯至美国开国,还发生过汉密尔顿和杰斐逊外交政策取向严重对立的情况。

对此,赫希曼(Albert Hirschman)提出的"转变参与"假说极具解释力。

---

① Walter A. McDougall, *Promised Land*, *Crusader State*: *The American Encounter with the World since* 1776(NY: Mariner Books, 1997), p. 2.

② 《奥巴马 2016 国情咨文演讲》,新华网,http://news. xinhuanet. com/world/2016 - 01/14/c_128627997_5. htm。

按照该假说，个人、组织或国家一样，都会有时醉心于个人利益，而有时热衷于公共利益。[①] 施莱辛格（Arthur M. Schlesinger）提出的美国历史周期理论，与赫希曼提出的假说不谋而合。[②] 麦克杜格尔也指出："美国历史，在现实和理想之间，在权力和道义之间，在实用和原则之间，在维护利益和推进价值之间，在爱国主义和国际主义之间，在自由主义和保守主义之间，交相更替，周而复始。"[③]对于上述各种宏大历史叙事结构下美国国际行为的周期往复，很难用个人因素或国际体系因素来解释，相反，只能用美国国家体制方面的因素加以解释。

首先，美国的政治体制决定了存在不同派别和各种集团，利益认知多元化是必然结果。亨利·亨德里克斯指出，美国民主的民粹主义秉性导致了其多变的外交政策以及前后矛盾的对外声明，这些主要是为国内内政定制的。[④] 许振伟考察过美国在两次世界大战之间的对欧外交，指出"美国在两战期间并非超强，而这种实力状况引起美国内部不同派别、不同集团的冲突和分歧，并且，各种不同利益集团在政府内部也有不同的支持者，这就使得美国对外政策反复无常，甚至指向矛盾"[⑤]。

其次，在美国政治传统中，"妥协的精神"受到鼓励。美国建国初期，汉密尔顿等亲英派主张保持密切的美英经济联系，杰斐逊等亲法派主张履行法美同盟义务。华盛顿在这场争论中表现出冷静、理智和坚持原则。他相信，杰斐逊和汉密尔顿都是爱国主义者，把国家利益放在第一位，他们是在寻找维护美国利益的途径。他劝告杰斐逊要相互忍让，"各方都抛弃伤人的猜疑和刺激性的指责，代之以胸怀宽大的互让，互相克制和妥协"。他同时也告诫汉密尔顿要宽以待人，"政见分歧是不可避免的，在某种程度上也是必不可少的"。因

① 〔美〕艾伯特·赫希曼：《转变参与——私人利益与公共行动的新描述》，李增刚译，上海：上海人民出版社，2008 年。

② Arthur M. Schlesinger, *The Cycles of American History*, Boston：Houghton Mifflin, 1986.

③ Walter A. McDougall, *Promised Land*, *Crusader State*：*The American Encounter with the World since* 1776, p. 7.

④ 〔美〕亨利·亨德里克斯：《西奥多·罗斯福的海军外交：美国海军与美国世纪的诞生》，北京：海洋出版社，2015 年，第 53 页。

⑤ 许振伟：《美国对欧经济外交 1919—1934》，北京：知识产权出版社，2009 年，第 32 页。

此,要彼此能容忍对方的意见,不要把事情推向极端。①

再次,美国社会制度的本质是"精英政治",默契、共谋和小圈子文化能够推动妥协。张宇燕和高程指出:"美国精英阶层形成了一个属于自己的特殊亚文化群体。在这个默契的小圈子里,精英们按照某种秘不外宣的潜规则博弈。理解华盛顿政治社团的亚文化群,是理解复杂的美国对外政策政治学的关键之一。"他们进一步指出:"美国上层精英信仰基督教并不时流露出宗教热情,在大是大非上达成广泛共识,注重财富并习惯于商人思维,参与集团活动并力求从非中性政策中受益。当价值诉求和现实利益相吻合时,美国对外政策明确、连贯、坚决。当二者发生冲突时,美国对外行为通常表现的犹豫不决、反复无常。"②

另外,特定对外政策认知成为部门文化之后,经过长期固守而内化为政策信条。在国家安全和经济社会领域,诚如米歇尔·福柯所言,"政治家们用奴隶自己的思想锁链更有力地约束他们"。③ 安德鲁·巴塞维奇指出:"作为一名职业军人,我习惯了服从于权威的生活,服从成为一种根深蒂固的习惯。后来,我开始怀疑,尽管不太确定地怀疑,正统思想也许是一个骗局。我开始发现,权力人物总是在符合他们的利益的范围内揭示事实。即使这样,他们所证明的事实仍被包裹在几乎看不见的伪装、轨迹和欺诈的丝线中。"④

最后,美国有一批保守派知识分子,他们在推动西方文化传统的融合。亨廷顿指出,"美国和西方的未来取决于美国人再次确认他们对西方文明的责任。在美国国内,这意味着拒绝造成分裂的多元文化主义的诱人感召"。⑤ 冷战后,新保守主义者全力推动大公司和保守派基督徒不光彩的结盟并不断巩

---

① 参阅李庆余、任李明、戴红霞:《美国外交传统及其缔造者》,第 25 页。
② 张宇燕、高程:《美国行为的根源》,北京:中国社会科学出版社,2016 年,第 116—118 页,第 167—169 页。
③ 〔法〕米歇尔·福柯:《规训与惩罚》,刘北成、杨远婴译,北京:生活·读书·新知三联书店,2012 年,第 113 页。
④ 〔美〕安德鲁·巴塞维奇:《华盛顿规则:美国通向永久战争之路》,于卉芹译,北京:新华出版社,2011 年,第 3 页。
⑤ 〔美〕塞缪尔·亨廷顿:《文明的冲突》,周琪等译,北京:新华出版社,2012 年,第 282 页。

固这种联姻。① 全球金融危机之后，这一联姻又有了民粹主义基础。这样，抵制移民、抵制自由贸易、抵制全球化的风潮不断强化，甚至演化出白人民族主义的极端思想。

总的来说，美国政治体制的特征有助于各种理念的形成，也激励着观念之间的沟通融合。但是，理念的融合并不总是尽善尽美，有些融合能推动进步思想的形成，有些融合则会导致颓废思想的形成。当理念与实践相结合时，其所产生的后果更是难以预估。具体到外交领域，如果善的目标与可行的方式相结合，如参加反法西斯战争，通常能显示美国善的一面。反之，如果实用的目标与伪善的方式相结合，如以人道主义干涉为名的侵略战争，则会显示出美国恶的一面。

## 四、当知识生产遇到现实政治

第二次世界大战期间及战后，美国大学吸引了大量欧洲知识分子。美国大量吸收了来自纳粹德国和其统治下的欧洲的知识分子和大学教员，此后吸收了苏联和欧洲卫星国的知识精英。美国不断在科学研究方面抽取欧洲的脑髓，美国大学从欧洲邀请各种各样的研究人员、作家、教授。② 欧洲知识分子带来了批判思想，也使美国知识分子的"左翼传统"不断强化。李普塞特指出："对知识分子和新闻工作者的调查表明，他们明显带有左的倾向。美国各学科的情况表明，社会科学家卷入政治生活的程度最深。……社会科学作为一个群体比学术领域其他部分更倾向于自由或者左派观点。"③

美国知识界相信，学者作为知识的生产者，负有追求真理的使命。他们大多接受费希特的观点，即"人的生存目的，就在于道德的自我完善，就在于把自

---

① 〔美〕大卫·哈维：《新自由主义简史》，第53页。

② 〔法〕埃德加·莫兰：《反思欧洲》，康征、齐小曼译，北京：生活·读书·新知三联书店，2005年，第71页。

③ 〔美〕西摩·马丁·李普塞特：《共识与冲突》，张华青等译，上海：上海人民出版社，2011年，第36－37页。

己的周围的一切弄得合乎感性;如果从社会方面来看人,人的生存目的还在于把人周围的一切弄得更合乎道德,从而使人本身日益幸福。……所有的人都有真理感。但是,仅仅有真理感是不够的,它还必须被阐明、检验和澄清,而这正是学者的任务"①。

按照美国的自由传统,知识分子应该有独立的思考,他们的身份不只是社会公民,而且还应该是意见领袖。他们应该成为精神贵族,应该思考普遍而又深刻的问题。正如法国思想家埃德加·莫兰所说:"文化人负有使命,是为理性和人类服务的知识普及者。他们从自己的专业学识出发,进而研讨评论有关人类、道德、社会和政治的重大原则问题。他们既提出问题又解决问题。知识分子群体保持一个有共同人文主义文化的团体传统,关注社会重大问题,特别是现实生活中涉及到真理、正义、自由的问题。"②

然而,知识生产并不是在真空环境中进行的。相反,知识生产受到现实政治的系统影响。美国作为"自由帝国",意识形态在外交活动中的影响无处不在。③ 意识形态因素的存在,使外交政策相关知识生产不可避免受到现实政治的影响。当现实领域出现特定政治需要时,知识生产领域难免就会出现以满足这种需要为目的的生产活动。因此,理性与现实的折中,不只是理想向现实妥协。现实世界会向知识生产者提出正当化与合理化要求。比如,"社会达尔文主义"为"文明人"改造"野蛮人"提供了理论依据;再如,"人权高于主权论"为干涉别国内政指明了道路;又如,"预防性战争"美化了未经授权的先发制人的打击。

从根本上说,理想是思想活动在精神领域的结果,但它不是唯一的结果。思想活动还会结出不理想的果实。区别在于,理想的着眼点在于公共的利益,在于大多数人最大程度的善。现实政治的基本操作则是,把少数人的利益包

---

① 〔德〕费希特:《论学者的使命、人的使命》,梁志学、沈真译,北京:商务印书馆,2005 年,第 12、43 页。

② 〔法〕埃德加·莫兰:《反思欧洲》,第 64—66 页。

③ 王立新:《意识形态与美国外交政策:以 20 世纪美国对华政策为个案的研究》,北京:北京大学出版社,2007 年。

裹成公共利益，以公共利益的名义实现少数人利益的最大化。为了满足正当性、合理性、合法性等需要，现实政治会对思想的缔造者提出要求。通过形形色色的手段，美国精英试图干预他们的精神追求，甚至收买知识分子队伍。美国精英"规训与惩罚"学者群体的途径包括但不局限于如下途径。

一是结盟。如里根采取了当时处于非主流位置的政治、意识形态和思想立场，并把这些立场变成主流，使后继的政治领导人想要扭转也困难重重。[①]二是雇佣。美国政府及相关机构为野心勃勃的年轻人提供大量工作机会，把其中的优秀分子留在政府体系之内。三是资助。萨义德用"出钱买唱"，讽刺"中情局出钱资助学者、作家、知识分子生产文化产品，以促进全世界范围内'自由与集权'的斗争"。[②] 四是驯化。"在今天，由于职业化、技术官僚和学科分工的强大压力，知识分子的作用大大地被削弱，被抹杀。"[③]五是诋毁。越战期间，约翰逊认为美国政府面临的主要威胁来自国内的鸽派，指示中情局和联邦调查局对反战运动进行严密监控，想方设法诋毁其领导人的公众形象。[④]

此外，通过诉诸大众情绪，美国精英还会制造出知识分子群体和社会大众的思想裂痕。爱德华·萨义德指出："不幸的是，我们生活的时代的特点是倾向于一种主流的、媒体-政府的正统，与之相反的东西实际上举步维艰，即使知识分子确定能够非常清楚地表明存在着另一种选择。……知识分子的话语世界，普遍与外界隔绝，而且行话充斥。美国学院领域和公共领域之间的分离，比任何其他地方都更为严重。"[⑤]

总之，尽管"二战"后美国从世界各地吸引了优秀的知识分子，形成了相对自由的思想传统。但是，由于不同时期的政治需要，美国政治和社会精英不断介入思想文化领域。通过不同的方式，美国精英驱使知识分子群体为

---

① 〔美〕大卫·哈维：《新自由主义简史》，第 65 页。
② 〔美〕爱德华·萨义德：《人文主义与民主批评》，朱生坚译，上海：上海三联书店，2013 年，第 43 页。
③ 〔法〕埃德加·莫兰：《反思欧洲》，第 67 页。
④ 赵学功：《富布莱特：美国冷战后外交的批评者》，北京：北京大学出版社，2015 年，第 227 页。
⑤ 〔美〕爱德华·萨义德：《人文主义与民主批评》，第 155—156 页。

其政府政策提供理论依据。这加剧了理想和现实的冲突,理想不只是被遗忘在角落里或书架上,而是被用来裱糊满目疮痍的现实。在对外政策领域,这种理想和现实的冲突表现得淋漓尽致,进步的、自由的、国际主义的主张越来越不受待见,而狭隘的、保守的、民粹主义的思想观点则应运而生。当"美国优先"之类的偏狭主张成为政策方针时,也就不难理解"为什么别人这样恨我们? 为什么我们以前的朋友和盟友不喜欢、不信任我们? 为什么整个世界会背离我们?"①

作者简介:王玮,中国社会科学院美国研究所副研究员。

---

① 〔法〕多尼米克·莫伊西:《情感地缘政治学:恐惧、羞辱与希望的文化如何塑造我们的世界》,姚云竹译,北京:新华出版社,2010年,第117页。

# 自由国际主义对后冷战时代美国外交政策的影响:以国际关系理论为例①

周桂银

**摘要**:自由国际主义是对后冷战时期美国对外政策有着巨大影响的一种意识形态、国际秩序主张和国际关系理论流派。在不同时期,自由国际主义及其各项分支流派和理论,以及温和派和激进派,通过旋转门机制对冷战结束以来的美国历届政府的对外政策纲领和议程,产生了不同程度的影响。总体上,自由国际主义始终有着两面性,包括温和派与激进派的共识和分歧,以及扩张和参与两种政策的孰重孰轻或不同侧重点。

**关键词**:自由国际主义 国际关系理论 后冷战时代 美国对外政策

自由国际主义是一种政治意识形态,也是一种国际秩序方案。从 19 世纪下半叶至今,自由国际主义经历了若干历史阶段,不断发展成为一个复杂而变动的思想体系。在当代,尤其 20 世纪 70 年代新一轮全球化催生的经济相互依存方兴未艾,以及八九十年代美苏冷战结束和所谓第三波民主浪潮席卷全球的背景下,自由国际主义迅速崛起为西方特别是英语世界的主流国际关系理论。在自由国际主义的三大分支理论即民主和平论、经济相互依存和自由制度主义的推动下,以美国为首的西方国家在全球范围内推动实施民主转型

---

① 本文首发于《世界经济与政治论坛》,见周桂银:《自由国际主义对后冷战时代美国外交政策的影响》,《世界经济与政治论坛》2022 年第 1 期。

和民主扩展战略、经济自由化战略、全球治理以及世界主义民主计划,试图在全世界确立起美国单极霸权主导的、"终结历史"的自由国际秩序(Liberal International Order)。

在美国,以 2017 年共和党保守势力代表唐纳德·特朗普(Donald Trump)入主白宫和奉行"美国第一"并从当今国际秩序"退群"为标志,自由国际主义理论和自由世界秩序战略双双遭遇挫折。在美国政学两界,自由国际主义的显要代表人物对此忧心忡忡,有人甚至声称自由国际秩序已经崩溃,但大多数人认为美国主导的国际秩序面临着内外巨大挑战而处于严重危机之中。为扶自由主义国际秩序大厦之将倾,从 21 世纪初期开始,许多自由国际主义理论家纷纷建言献策,提出诸如"世界主义民主""民主安全共同体""民主国家联盟""开放的国际体系"等形形色色的新秩序方案。① 这些方案自然反映了自由国际主义的窠臼及其种种"执念"。自由国际主义何以至此? 实际上,自由国际主义从诞生之日起,对于依照自由主义的基本原则及国内类比法则去塑造世界和改造世界始终充满热情,因而几代自由国际主义者不断地提出各种国际关系改革方案,并在主要西方国家对外政策实践中大力推行,成为一个声名卓著、影响巨大的思想流派。本文以当代美国自由国际主义理论为例,在梳理其历史脉络和当代表现的基础上,借助几个典型的政策建议案例,展现该理论流派对于美国外交政策的影响及机理,进而尝试对当今和未来美国外交政策中的自由国际主义因素做出一些初步分析。

# 一、自由国际主义的历史脉络

自由主义是近代以来在欧美社会不断发展起来的一种政治理论和政治制度,但在现当代,它愈益发展成为一种政治意识形态,在全球政治生活中几乎

---

① 〔英〕戴维·赫尔德:《民主与全球秩序:从现代国家到世界主义治理》,胡伟等译,上海:上海人民出版社,2003 年,第 285—293 页;〔美〕约翰·伊肯伯里:《自由主义利维坦:美利坚世界秩序的起源、危机和转型》,赵明昊译,上海:上海人民出版社,2013 年,第 304—314 页;〔美〕安妮-玛丽·斯劳特:《棋盘与网络:网络时代的大战略》,唐岚、牛帅译,北京:中信出版集团,2021 年,第 198—202 页。

无所不在。在观念和制度两个层面上，自由主义都坚持个人权利、私有财产、法治、政治参与，因而是一种关于国内政治的理论和制度。从 19 世纪下半叶以来，自由主义的激进派和国际派试图将这些基本原则加以推广并运用到国际事务上，由此逐渐形成了现代意义上的自由国际主义。在纵横两个方面，自由国际主义都包含着十分丰富的多样性，因而始终呈现出多种支流理论相互并存和彼此争论的局面。

在历史脉络上，自由国际主义大致经历了奠基、形成、发展和兴盛的四个时期。[①]

第一个时期，19 世纪上半叶以前，是自由国际主义的奠基岁月。一般地说，自由主义思想史将约翰·洛克(John Locke)、亚当·斯密(Adam Smith)和伊曼努尔·康德(Immanuel Kant)看作是自由国际主义的三大思想奠基人。如美国自由主义国际关系理论家麦克尔·多伊尔(Michael Doyle)将这三位思想先贤称为自由国际主义的三大柱石，并认为他们分别塑造了自由主义国际关系理论的三大传统，即洛克的个人主义自由主义开创的自由制度主义、斯密的市场自由竞争和自由贸易开创的商业和平主义、康德的永久和平思想开创的共和国际主义。[②] 英国萨塞克斯大学专治国际关系思想史的贝娅特·扬(Beate Jahn)也持有此论，即三位思想家分别代表了观念自由主义、商业自由主义、共和自由主义三种自由国际主义的支流。[③] 与此同时，多伊尔和扬又指出，洛克、斯密和康德所开创的三个分支之间，是彼此联系而不可分割的。

在自由国际主义的奠基阶段，除洛克的个人自由主义、斯密的经济自由主

---

① 中国学界关于自由国际主义的历史脉络及当代分支的两项研究，参见秦亚青主编：《理性与国际合作：自由主义国际关系理论研究》，北京：世界知识出版社，2008 年；白云真：《自由主义国际关系理论的历史变迁》，北京：经济科学出版社，2012 年。

② Michael W. Doyle, *Ways of War and Peace: Realism, Liberalism, and Socialism* (New York: W. W. Norton, 1997), pp. 205 - 212; Michael W. Doyle and Stefano Recchia, "Liberalism in International Relations", in *International Encyclopedia of Political Science*, eds., Bertrand Badie, Dirk - Berg Schlosser, and Leonardo Morlino (Los Angeles: Sage, 2011), pp. 1434 - 1439; 秦亚青：《自由主义国际关系理论的思想渊源》，见秦亚青主编：《理性与国际合作》，第 1—33 页。

③ Beate Jahn, *Liberal Internationalism: Theory, History, Practice* (Basingstoke, Hampshire: Palgrave, 2013), pp. 13 - 38; Beate Jahn, "Liberal Internationalism: Historical Trajectory and Current Prospects", *International Affairs*, vol. 94, no. 1 (2018), pp. 43 - 61.

义和康德的共和自由主义以外,欧美地区其他思想先贤的政治及经济思想也相继汇入这条大河。荷兰法学家雨果·格劳秀斯(Hugo Grotius)及其自然法理论和国际法主张,法国启蒙思想家夏尔-路易·孟德斯鸠(Charles - Louis Montesquieu)和让-雅克·卢梭(Jean - Jacques Rousseau)的政治思想,古典政治经济学的另一位重要代表大卫·李嘉图(David Ricardo)的比较优势理论和自由贸易主张,以及英国功利主义思想家杰里米·边沁(Jeremy Bentham)和詹姆斯·密尔(亦译为詹姆斯·穆勒,James Mill )与约翰·斯图尔特·密尔(John Stuart Mill)父子的道德与法律自由主义主张,均为后来的自由国际主义提供了丰富的思想基础。

　　第二个时期,19 世纪下半叶到 20 世纪初期,是自由国际主义的形成年代。19 世纪下半叶,随着英国工业革命和政治社会改革进入新阶段,以及英国的世界霸权达到鼎盛阶段,在英国终于形成了一个足以左右英国政治及对外政策的自由国际主义思想流派。在对外贸易和欧洲问题上,理查德·科布登(Richard Cobden)和约翰·布赖特(John Bright)同声应气地提出自由贸易及贸易协议、不干涉等政策主张。白芝浩(Walter Bagehot)和托马斯·格林(Thomas Hill Green)在理论上系统阐述社会政治改革,主张国家或政府对政治及经济社会生活进行干预,成为新的自由主义的思想先河,因而他们也被称为自由主义的激进派或现代自由主义,以区别于先前强调个人自由、自由竞争的保守派或古典自由主义。[①] 在外交上,这个时期的现代自由主义代表人物威廉·格莱斯顿(William Gladstone),一方面积极奉行自由贸易政策,推动英帝国海外扩张,并通过对欧洲大陆及其他地区的国际问题的介入,"帮助"世界其他地区与国家的人民实现文明和进步的目标;另一方面又主张通过欧洲(大

---

　　① 关于 19 世纪中后期英国自由国际主义的三大主要思想家科布登、白芝浩、格林的思想,参见 David Clinton, *Tocqueville, Lieber, and Bagehot*: *Liberalism Confronts the World* (Basingstoke, Hampshire: Palgrave, 2003); Per A. Hammerlund, *Liberal Internationalism and the Decline of the State*: *The Thought of Richard Cobden*, *David Mitrany*, *and Kenichi Ohmae* (Basingstoke, Hampshire: Palgrave, 2005); Colin Tyler, *The Metaphysics of Self -realization and Freedom*: *Part 1 of The Liberal Socialism of Thomas Hill Green* (Exeter and Charlottesville, Va.: Imprint Academic, 2010).

国）协调、国际法、尊重人权、实行自治，去维护英帝国及欧洲秩序的稳定。[①]

在自由国际主义的形成时期，有三个现象值得关注。一是社会达尔主义、帝国主义思潮对自由主义的影响，主要是赫伯特·斯宾塞（Herbert Spencer）的"适者生存"原则与自由和道德权利原则的结合，以及约瑟夫·张伯伦（Joseph Chamberlain）和拉迪亚德·吉卜林（Rudyard Kipling）的"自由主义帝国"及"白人的负担"理论。[②] 二是自由主义国际派和激进派在理论上提出，单纯地通过理性和道德的提升，并不能达成国家间的合作、和谐以及永久和平的目标，而必须通过国际法和国际组织去抑制国际无政府状态、规范国家间行为、促进合作与和谐；在实践上，他们大力推动和平运动、签订贸易协议、成立国际组织，其标志是两次国际海牙和平会议以及国际邮政联盟、红十字会、裁军会议等功能性国际组织的出现。[③] 三是大西洋两岸的欧美自由主义国际派的声势浩大的和平运动及活动，包括英美法等国的和平协会、国际法协会推动的和平运动、裁军会议、非政府间组织建设等，推动了美国自由国际主义的形成。[④] 在这个意义上，威尔逊主义的出现，可谓水到渠成。

在形成时期，自由国际主义的立场和主张，并不那么系统深入，但在很大程度上已经涵盖了这个思想流派在下一个阶段的主要观点和政策主张：一是基于个人自由、政治参与、教育、公众舆论而达成理性和道德提升，最终导致国家的公开外交、不干涉外国内政；二是主张私有财产和公平竞争的经济自由，包括自由市场、自由竞争和自由贸易，以及通过贸易促进合作与和平；三是公海自由；四是国家之间通过仲裁与谈判等和平手段解决国际争端，并通过召开

---

① Eugenio Biangini, *Liberty, Retrenchment, and Reform: Popular Liberalism in the Age of Gladstone, 1860—1880* (New York: Cambridge University Pres, 1992).

② 张本英：《英帝国史·第五卷：英帝国的巅峰》，南京：江苏人民出版社，2019年，第325—327页；张红：《英帝国史·第六卷：英帝国的危机》，南京：江苏人民出版社，2019年，第2—20页。

③ Casper Sylvest, "Continuity and Change in British Liberal Internationalism, c. 1900—1930", *Review of International Studies*, vol. 31, no. 2 (2005), pp. 263 – 283; Duncan Bell, "Democracy and Empire: J. A. Hobson, Leonard Hobhouse, and the Crisis of Liberalism", in *British International Thinkers from Hobbes to Namier*, eds., Ian Hall and Lisa Hill (London: Palgrave Macmillan, 2009), pp. 192—199.

④ G. John Ikenberry, *A World Safe for Democracy: Liberal Internationalism and the Crisis of Global Order* (New Haven: Yale University Press, 2020), pp. 78 – 98.

国际会议、成立专门机构、遵守国际法等途径,推动国际合作与和平,最终建立一个开放、自由的、永久和平的国际秩序。

第三个时期,从 20 世纪初期到第二次世界大战爆发,是自由国际主义的大发展阶段。这个时期的自由国际主义,通常被称为理想主义,或英国历史学家爱德华·卡尔(Edward H. Carr)所谓的"乌托邦主义"。[①] 在"一战"爆发前,自由国际主义代表人物围绕战争根源和未来国际组织设想著书立说,批判帝国主义及其战争动机。两位激进派理论家约翰·霍布森(John Hobson)和伦纳德·霍布豪斯(Leonard Hobhouse)分别出版了《帝国主义》(1902 年)与《民主与反动》(1904 年),立场鲜明地论说了战争的经济及政治根源,即帝国主义的经济扩张欲望和民主专制主义。诺曼·安吉尔(Norman Angell)发表了《大幻觉》(1909 年)一书,论说了在各国经济相互依存条件下战争在经济上得不偿失、战胜国和战败国均不会从战争中获益的观点,因而呼吁各国政府及公众反对战争。在此基础上,他们不仅继续大力推动和平运动,而且严厉批判战争不可避免论,提出了关于限制国际无政府状态和冲突、依照国际法推动主权国家进行协调与合作的国际政府设想。[②] 第一次世界大战爆发后,霍布森、霍布豪斯和伦纳德·沃尔夫(Leonard Woolf)提出了"国际政府"(International Government)的设想,亨利·布雷斯福德(Henry Brailsford)和艾尔弗雷德·齐默恩(Alfred Zimmern)等人则提出了"万国联盟"(A League of Nations)的方案。[③] 这些国

---

① 欧美学术界对于理想主义及其理论贡献的"重新发现",参见 Peter Wilson, "The Myth of the First Great Debate", *Review of International Studies*, vol. 24, no. 5 (1998), pp. 1 - 16; Lucian M. Ashworth, *Creating International Studies: Angell, Mitrany and the Liberal Traditions* (Aldershot: Ashgate, 1999); Peter Wilson, *The International Theory of Leonard Woolf: A Study of the Twentieth -Century Idealism* (Basingstoke, Hampshire: Palgrave, 2003); Casper Sylvest, "Interwar Internationalism, the British Labour Party, and the Historiography of International Relations", *International Studies Quarterly*, vol. 48, no. 2 (2004), pp. 409 - 432.

② Norman Angell, *Europe's Optical Illusion* (London: G. P. Putnam's Sons, 1909); Norman Angell, *The Great Illusion*, second revised and enlarged edition (London: G. P. Putnam's Sons, 1910).

③ Sylvest, "Continuity and Change in British Liberal Internationalism, c. 1900—1930", *Review of International Studies*, vol. 31, no. 2 (2005), pp. 270, 275 - 282; Duncan Bell, "Democracy and Empire: J. A. Hobson, Leonard Hobhouse, and the Crisis of Liberalism", in *British International Thinkers from Hobbes to Namier*, pp. 192—199; Peter Wilson, *The International Thought of Leonard Woolf: A Study in Twentieth Century Idealism*, pp. 4 - 5, 209 - 217.

际组织主张,为"一战"结束后的国际联盟实践及其他功能主义国际组织的发展奠定了基础。

　　理想主义向上承接 19 世纪英国自由国际主义的立场和主张,向下开启欧美进步主义运动、和平运动以及两次大战间歇期的国际联盟及其集体安全实践,进一步丰富了自由国际主义理论,并在一定程度上成为英美法等欧美国家的外交政策指南。"如果说十九世纪英国自由国际主义者重点伸张自由贸易与国际法的话,那么二十世纪上半叶理想主义派则主要集中于实践民族自决和集体安全。"[①]这个时期的理想主义旗手、自由国际主义理论与实践的集大成者,是美国总统伍德罗·威尔逊(Woodrow Wilson)。在理论上,威尔逊在1917 年 4 月美国国会发表的对德宣战演讲《建立一个安全的民主世界》和1918 年 1 月提出的旨在结束"一战"的和平纲领《十四点计划》,包括了当时自由国际主义流派的核心主张,即民主和平、贸易和平、公开外交、海洋自由、集体安全。在实践上,美国在 1919 年巴黎和会上推动缔结《巴黎和约》并建立国际联盟,谋求通过公正和平、民族自决、集体安全以维护普遍而持久的和平。至此,自由国际主义终于发展成为"一个理论体系、一种意识形态、一项国际改革计划"。[②] 可以说,威尔逊主义是 19 世纪自由国际主义的一个巅峰。

　　在两次世界大战的间歇期,现代自由主义的三项实践,为自由国际主义留下了重要而经久的思想遗产。一是声势浩大的和平运动,安吉尔、伍尔夫、齐默恩以及欧美政坛上的显要人物,都是这个时期的和平运动的积极推动者和参与者,美国国务卿弗兰克·凯洛格(Frank Kellogg)和法国外交部长阿里斯蒂德·白里安(Aristide Briand)发起的、1928 年 8 月在巴黎开放签署的《非战公约》,使这场运动达到高潮。其最重要意义,在于公开宣布放弃以战争作为对外政策工具、通过和平手段解决国际争端,成为互为表里的两项重要的国际关系原则。[③] 二是

---

　　① 周桂银:《美国自由国际秩序之辨识——理论、实践与前景》,《美国问题研究》2020 年第 2 期,第 44 页。

　　② Ikenberry, *A World Safe for Democracy*, pp. 8 - 9, 101.

　　③ 关于和平运动及相关理论的一项经典研究,参见 F. H. Hinsley, *Power and the Pursuit of Peace: Theory and Practice in the History of Relations between States* (Cambridge: Cambridge University Press, 1963).

功能主义的各项试验和实践,包括国际联盟的活动和协议,如裁军会议、日内瓦议定书、世界经济会议,以及国际常设法院、国际劳工组织、牛津救济饥荒委员会(1965 年易名牛津赈灾会)等各种功能性国际组织的成立与活动,为战后功能主义国际组织的大规模发展奠定了基础。① 三是美国总统富兰克林·罗斯福(Franklin Roosevelt)创立的新政自由主义及其外交政策,为当代自由国际主义注入了新的动力和内容。一方面,在英国经济学家约翰·梅纳德·凯恩斯(John Maynard Kenyes)的宏观经济学理论的影响下,罗斯福推出一系列新政措施,对经济社会生活进行干预,尤其是通过财政赤字、增加政府开支等积极财政政策,大力促进就业、需求和经济增长。在对外政策和未来国际秩序建设上,罗斯福通过 1941 年 1 月"四大自由"演说(言论、信仰、免于匮乏和免于恐惧的自由)和同年 8 月英美联合发表的《大西洋宪章》,以及 1945 年 2 月《关于被解放的欧洲宣言》,提出了种族、宗教、文明的平等原则、人的政治安全和社会安全的权利及其保护原则、实行民族自决和反对殖民主义及帝国主义的原则;1944 年 8 月达成的布雷顿森林协议和 1945 年 6 月制订的《联合国宪章》,确立了战后国际秩序的政治和经济两个维度以及相应的原则与规则,如国家之间的法律平等、地区性与普遍性的集体安全、大国一致与大国合作、自由贸易与市场开放等。② 罗斯福的自由国际主义观念和政策,标示着自由国际主义思想的大本营从欧洲转移到美国,开启了自由国际主义的美利坚时代。

第四个时期,从 20 世纪 70 年代至今,自由国际主义进入兴盛阶段,尤其在冷战结束以后,不仅成为欧美国家对外政策的主要指南,而且在世界其他地区得到较广泛的认同和接受。从"二战"后初期到六七十年代之交,尤其在美国,自由国际主义思想融入"冷战共识"和"国家安全"概念,实现了自由国际主义与现实主义的全球主义的糅合。随着全球化及政治经济相互依存的不断发展,以及罗斯福自由国际主义框架下的国际秩序遭遇挫折,自由国际主义理论

① 齐默恩和戴维·米特拉尼是这个时期的两位最具代表性的功能主义理论家,其代表作及思想,参见 Alfred Zimmern, *The League of Nations and the Rule of Law*, *1918—1935* (London: Macmillan, 1936); David Mitrany, *A Working Peace System* (London: Quadrangle Books, 1966).

② Ikenberry, *A World Safe for Democracy*, pp. 141 - 144.

家相应地提出新的理论或模型。早在五六十年代，厄恩斯特·哈斯（Ernst Haas）、卡尔·多伊奇（Karl Deutsch）等人，接续齐默恩和米特拉尼的功能主义，推动形成了关于国际组织、地区一体化的新功能主义理论，提出公共利益、国际沟通、安全共同体等概念或理论，为欧美大西洋共同体、欧洲一体化以及其他地区的政治经济合作提供了一些开创性的解释。70 年代，随着全球化带来的国家之间相互依存日益加深和全球性问题逐渐增多，针对当时国际政治经济秩序内的霸权国权力与地位、大西洋联盟内部的合作与纷争、跨国公司和其他非政府组织的作用，约翰·鲁杰（John Ruggie）、小约瑟夫·奈（Joseph Nye, Jr.）和罗伯特·基欧汉（Robert Keohane）、理查德·福尔克（Richard Falk）等人形成了国际机制（International Regime）理论、相互依存理论和世界秩序理论。这些研究，推动形成了 90 年代以来的蔚为大观的国际制度（International Institution）或自由制度主义（Liberal Institutionalism）理论。

在 80 年代，尤其在冷战结束前后，多伊尔和布鲁斯·拉西特（Bruce Russett）等人"突然""重新发现"康德及其《永久和平论》，并归纳提出了民主和平论，一时声名大噪。根据他们的研究，西方民主国家之间在较长一个时期内保持和平友好状态，或民主国家之间不发生或少发生战争，其根本原因在于民主制度、相互依存和国际组织及其提供的公共产品。在此基础上，多伊尔等人详细梳理了自由国际主义思想的脉与流，论说了自由主义国际关系思想传统及其各个支流的发展变化，提出了自由国际主义的理论分类。①

冷战结束后，西方自由主义理论家宣布"历史终结"，以民主和平论、相互依存和平论、自由国际制度和平论为标志的自由国际主义理论的声名达到如

---

① Michael W. Doyle, "Kant, Liberal Legacies, and World Affairs", *Philosophy and Public Affairs*, vol. 12, no. 3 (Summer 1983), pp. 205 – 235 and no. 4 (Autumn 1983), pp. 323 – 353; Michael W. Doyle, "Liberalism and World Politics", *American Political Science Review*, vol. 80, no. 4 (1986), pp. 1151 – 1169; Bruce M. Russett et al, *Grasping the Democratic Peace: Principles for a Post-Cold War World* (Princeton: Princeton University Press, 1993); John R. Oneal and Bruce M. Russett, "The Classical Liberals Were Right: Democracy, Interdependence, and Conflict, 1950—1985", *International Studies Quarterly*, vol. 41, no. 2, 1997, pp. 267 – 294; John R. Oneal and Bruce M. Russett, "The Kantian Peace: The Pacific Benefits of Democracy, Interdependence, and International Organizations, 1885—1992", *World Politics*, vol. 52, no. 1, October, 1999, pp. 1 – 37.

日中天之势,也把 20 世纪的自由国际主义推向一个新的高峰。不同于 19 世纪的英国自由国际主义和 20 世纪上半叶的理想主义,世纪之交的美国自由国际主义尤其强调民主制度、相互依存、国际规范与制度对于国际秩序及其稳定的重要作用,民主共同体、共享主权、合作安全、公共产品、普世性权利是他们的核心概念和关键议程。① 在此基础上,他们提出了关于未来国际秩序的规范性方案,包括全球公民社会、全球正义理论、法律自由主义、世界主义民主的理论,形成了国际关系评论家所说的规范性的或制度主义的自由国际主义的理论支流;另一方面,他们极力推动欧美国家在对外关系和国际事务上扩展民主、开放全球市场、保护人权、缔造新的国际规则,建立一个民主自由的世界新秩序。

　　以上理论和方案,反映了 20 世纪七八十年代以来欧美社会的两种自由主义思潮及理论主张:一是在政治和社会领域及议题上主张积极自由、实现社会公平正义的新自由主义(New Liberalism),它接续了密尔父子、格林、霍布豪斯、威尔逊和凯恩斯所传承的现代自由主义,主要代表有约翰·罗尔斯(John Rawls)、罗纳德·德沃金(Ronald Dworkin)、麦克尔·沃尔泽(Michael Walzer);二是以弗里德里希·哈耶克(Friedrich von Hayek)、米尔顿·弗里德曼(Milton Friedman)和罗伯特·诺齐克(Robert Nozick)为主要代表的新古典自由主义(Neo - liberalism),主张回到洛克的个人自由和斯密的自由放任的古典自由主义,在政治上强调个人的基本自由或消极自由,在经济上坚持市场自由竞争和贸易及投资的自由化、反对政府过度干预经济社会生活,后者即新古典自由主义经济学,其主要标志是所谓的"华盛顿共识"。② 在新自由主义和新古典自由主义共同推动下,自由国际主义在冷战结束后进入一个新的发展高峰:在理论上处于一个繁荣发展的兴盛阶段,在实践上进入一个横冲直撞的全球时期。

---

　　① 〔美〕约翰·伊肯伯里:《自由主义利维坦:美利坚世界秩序的起源、危机和转型》,赵明昊译,上海:上海人民出版社,2013 年,第 14 页;Daniel Deudney and G. John Ikenberry, "The Logic of the West", *World Policy Journal*, vol. 10, no. 4, Winter, 1993/1994, pp. 17 - 25.

　　② 李小科:《澄清被混用的"新自由主义"——兼谈对 New Liberalism 和 Neo - Liberalism 的翻译》,《复旦学报(社会科学版)》2006 年第 1 期,第 56—62 页。

## 二、当代美国自由国际主义的理论谱系

从以上四个时期的历史演变可以看出，一方面，作为国际关系的主要思想传统之一，自由国际主义是一个复杂而动态的思想体系，它包含着一系列核心概念、基本原则、重要假设以及各种旨在改革国际关系的政治方案。[①] 另一方面，当代自由国际主义思想史研究者几乎完全一致地认为，自由国际主义内部又不是铁板一块的，无论历史上还是在当代，它都包含着作为不同历史环境产物、体现不同时代关切的诸多分支理论。这里在简要交代自由国际主义及其不同分支的历史标签的基础上，主要讨论当代美国自由国际主义的内部组成和理论主张。

自由国际主义的内部分歧及不同支流，其来有自。欧美思想史家在梳理自由国际主义思想传统的历史脉络时，大致沿着洛克传统、斯密传统和康德传统的三条线索，力图打通三个分支的上下承继关系。[②] 但他们同时注意到，在不同的历史时期，这三个分支之间实际上是交叉发展和相辅相成的，比如，洛克传统的个人自由与斯密传统的市场自由、洛克传统的政治契约与康德传统的共和制度、洛克的世界史概念与康德的世界法观念，因而三种传统只是体现了自由国际主义的内部分野，即不同代表人物在相同问题或相同关切上表现出程度的或侧重点的变化，而不是根本立场和态度的差异。当然，他们在梳理这些内部分歧时，给不同分支及其代表人物贴上各种各样的标签，以表明其理论或政策主张的内容及性质，但这些标签是对应于特定时代而不是贯穿于整个自由国际主义的历史的。

在洛克传统、斯密传统和康德传统的三分法的大框架之下，美国自由国际主义理论家伊肯伯里将19世纪下半叶自由国际主义进一步分为四个支流，并

---

① 关于自由国际主义的定义，参见 Jahn, *Liberal Internationalism*, p. 39; Ikenberry, *A World Safe for Democracy*, pp. 7, 12.

② Doyle, *Ways of War and Peace*, pp. 205 – 311.

贴上相应的标签:(1) 商业的自由国际主义,主要代表是科布登和布赖特,这个支流的极大影响,主要表现在发起声势浩大的欧美和平运动、推动欧美国家签订自由贸易协议;(2) 法律的自由国际主义,主要代表前期有英国利他主义理论家和法学家边沁,后期有美国法学家和国务卿伊莱休·鲁特(Elihu Root),他们主张依照国际法实现合作与和平,积极推动两次海牙国际和平会议;(3) 社会的自由国际主义,主要有两种形式,一是欧美国家工会的联合组织,如 1864 年第一国际和 1889 年第二国际,二是以社会及人道主义事业为宗旨的国际组织或协会,如 1864 年在日内瓦成立的红十字会、欧美各地的安居会以及 20 世纪初期成立的国际妇女争取和平与自由联盟,这是现代时期种类繁多的非政府组织(NGOs)的滥觞;(4) 功能性的自由国际主义,关注旅游、通信、商业等领域的标准和规则的组织、运动、协议,如国际邮政联盟。①

由于 19 世纪的自由国际主义主要强调自由贸易与国际法,所以又被简单地划分为商业的自由国际主义和法律的自由国际主义。到 20 世纪初期,法律的自由国际主义愈益主张通过建立国际组织去促进国家间的合作与和平,因而又被称为制度的自由国际主义。有论者指出,19 世纪下半叶和 20 世纪上半叶的自由国际主义者都相信利益和谐、坚持进步观,但他们又分成两派:一派强调通过教育提升道德和理性、政治参与、公共舆论等手段,去推动国家之间的合作与和平,他们的主要代表是密尔、科布登、布赖特、格莱斯顿,以及后来的沃尔夫和洛斯·迪金森(G. Lowes Dickinson);另一派自由国际主义者,包括边沁、霍布森、霍布豪斯、布雷斯福德、齐默恩、威尔逊、安吉尔、米特拉尼等人,认为仅依凭道德和理性不足以造就永久和平,必须借助国际法和国际组织,才能抑制国际无政府状态、制止战争、促进和平。由此,自由国际主义不仅在代与代之间出现分野,而且在横向上存在内部支流,即道德派和制度派。②实际上,两派在基本立场和政治方向上是完全一致的,他们只是在道德(教育、

---

① Ikenberry, *A World Safe for Democracy*, pp. 78 – 98.

② Casper Sylvest, "Continuity and Change in British Liberal Internationalism, c. 1900—1930", *Review of International Studies*, vol. 31, no. 2(2005), pp. 265 – 282.

理性和思想)与制度(国际法和国际组织)两者之间孰轻孰重上有着程度的或侧重点的分歧,即关于道德与制度之间的平衡点的分歧。这种分歧也表现在当代美国的自由国际主义的不同分支及其代表人物身上。

在当代美国自由国际主义的构成上,研究者提出多种多样的分类法,主要有三分法和四分法(表1)。1986年,多伊尔最早提出自由主义国际关系思想传统有三个分支,即约瑟夫·熊彼特(Joseph Schumpeter)所代表的自由和平主义、马基雅维利(Niccolo Machiavelli)所开创的自由帝国主义、康德代表的自由国际主义。不久,他经过研究和完善,提出了著名的三分法,分别以三位思想先贤命名,即洛克的自由制度主义、斯密的商业和平主义、康德的共和主义。① 这个分类法得到自由主义、现实主义和其他学派的广泛接受,因而影响巨大。此后,一些研究者对三分法提出完善或修订意见,主要针对制度自由主义或新自由制度主义的分支,先后提出替代的规制自由主义、观念或认知自由主义、规范自由主义的概念,但后来的这些概念大体上是围绕国际制度的内涵和外延而展开的,因而并未脱离多伊尔的三分法的大框架。还有人将上述三个分支笼统地称为政治、经济和制度的自由国际主义。②

在三分法以外,还有一些中外学者提出了四分法和五分法。如秦亚青等中国学者在三分法之外,增加了社会自由主义的分支,将格劳秀斯和英国学派分别作为该流派的奠基人和当今代表。③ 美国理论家马克·扎克尔(Mark Zacher)和理查德·马修(Richard Matthew)则提出了五分法,即共和自由主义、相互依存自由主义(包括经济自由主义与军事自由主义)、认知自由主义、社会自由主义、制度自由主义,其中,相互依存自由主义和认知自由主义大致

---

① Doyle, "Liberalism and World Politics", *American Political Science Review*, vol. 80, no. 4 (1986), pp. 1151 - 1169; Doyle, *Ways of War and Peace*, pp. 205 - 311.

② David Lake, Lisa Martin, and Thomas Risse, "Challenges to the Liberal Order: Reflections on *International Organization*", *International Organization*, vol. 75, no. 2 (Spring 2021), pp. 225 - 257.

③ 秦亚青:《自由主义国际关系理论的思想渊源》,载秦亚青主编:《理性与国际合作》,第1—33页。

分别对应于其他学者所说的商业自由主义和观念自由主义,而社会自由主义则对应以沟通、组织联系、文化模式等非政府因素和跨国关系为研究对象的自由主义国际关系理论。[①]

表 1　当代美国自由国际主义的分支流派

| 学者 | 自由国际主义的分类 | | | |
|------|------|------|------|------|
| 麦克尔·多伊尔 | 共和自由主义 | 商业和平主义 | 自由制度主义 | |
| 罗伯特·基欧汉 | 共和自由主义 | 商业自由主义 | 规制自由主义 | 复杂自由主义 |
| 安德鲁·莫拉夫奇克 | 共和自由主义 | 商业自由主义 | 观念自由主义 | |
| 贝娅特·扬 | 共和自由主义 | 商业自由主义 | 规范自由主义 | |
| 戴维·莱克 | 政治自由主义 | 经济自由主义 | 制度自由主义 | |
| 薛力/邢悦 | 共和自由主义 | 商业自由主义 | 新自由制度主义 | 法律自由主义 |
| 秦亚青 | 共和自由主义 | 商业自由主义 | 制度自由主义 | 社会自由主义 |
| 白云真 | 共和自由主义 | 商业自由主义 | 自由制度主义 | 社会自由主义 |

资料来源:Michael W. Doyle, "Liberalism and World Politics", *American Political Science Review*, vol. 80, no. 4, 1986, pp. 1151 - 1169; Michael W. Doyle, *Ways of War and Peace*, pp. 205 - 212; Robert Keohane, *Power and Governance in a Partially Globalized World*, (London: Routledge, 2002), chapter 3, "International Liberalism Reconsidered (1990)", pp. 39 - 62; Andrew Moravcsik, "Taking Preferences Seriously: A Liberal Theory of International Politics", *International Organization*, vol. 51, no. 4 (Autumn 1997), pp. 513 - 553; Beate Jahn, *Liberal Internationalism*, pp. 22 - 24; David Lake, Lisa Martin, and Thomas Risse, "Challenges to the Liberal Order: Reflections on *International Organization*", *International Organization*, vol. 75, no. 2, Spring, 2021, pp. 225 - 257;薛力、邢悦:《新自由制度主义含义辨析——兼谈范式问题》,《世界经济与政治》2005 年第 11 期,第 29 - 34 页;秦亚青:《理性与国际合作——自由主义国际关系理论的发展历程和学术理念》,载秦亚青主编:《理性与国际合作》,第 11 页;白云真:《自由主义国际关系理论的历史变迁》,北京:经济科学出版社,2012 年,第 38 - 42 页。

---

① Mark Zacher and Richard Matthew, "Liberal International Theory: Common Threads, Divergent Strands", in *Controversies in International Relations Theory: Realism and Neo - Liberal Challenge*, ed., Charles Kegley (New York: St Martin's Press, 1995), pp. 107 - 150.

在以上分类中，人们一致同意多伊尔最早提出的观点，即洛克、康德和斯密是自由国际主义或自由主义国际关系理论的奠基人，他们共同塑造了后来的自由国际主义及各个分支流派。当然，也有一些学者强调其中一位思想先贤的重要影响，如安东尼奥·弗兰切斯舍特（Antonio Franceschet）分析了康德思想及其两重性（主权国家/个人自由困境）对于当代自由国际主义各个分支的影响；贝娅特·扬则以洛克这位"唯一无庸置疑的自由派"的思想遗产为中心，指出了当代自由国际主义各个分支从洛克那里各取所需并伸张其理论及政策主张的事实。①

一些国内外研究者尤其现实主义批评家，简单地将自由国际主义归纳为民主和平论、相互依存和平论、自由制度主义三大理论。② 实际上，正如上述多位思想史家所指出的，自由国际主义各个分支之间是相辅相成而不可割裂的，无论共和主义、商业主义还是制度主义，都不同程度地从另外两个分支的奠基人和后世理论家那里借鉴了许多有益的概念、假设和主张，因而造成了彼此之间的交叉重叠，如人的基本权利、政治及社会制度要素、非国家行为体的共享。与此同时，在自由国际主义的每一个分支内部，又几乎都包含了从温和到中庸再到激进的不同理论和主张（表 2）。这里以共和自由主义、商业自由主义和制度自由主义的三分法为框架，简要展现各自的基本假设和政策主张，各个分支内部的不同立场，以及各个分支之间的交叉重叠之处。

① Keohane, "International Liberalism Reconsidered", pp. 44 - 46; Antonio Franceschet, *Kant and Liberal Internationalism: Sovereignty, Justice, and Global Reform* (New York: Palgrave, 2002), Chapter 4, "Liberal Internationalism and the Kantian 'Legacy'", pp. 67 - 83; Jahn, *Liberal Internationalism*, pp. 8 - 9, 41;

② 美国现实主义学派对自由国际主义的两项代表性批评，参见 John J. Mearsheimer, *The Great Delusion: Liberal Dreams and International Realities* (New Haven: Yale University Press, 2018), pp. 188 - 216; Stephen M. Walt, *The Hell of Good Intentions: America's Foreign Policy Elite and the Decline of U. S. Primacy* (New York: Farrar, Straus and Giroux, 2018), pp. 53 - 90.

## 表2　当代美国自由国际主义的理论谱系

| 分支流派 | 温和派 | 中间派 | 激进派 |
|---|---|---|---|
| 共和自由主义 | 民主和平论 | 民主扩展理论 | 民主转型理论<br>（国家建设） |
| 商业自由主义 | 相互依存和平论<br>国际机制理论<br>国际制度理论 | 世界秩序理论<br>全球治理理论 | 华盛顿共识<br>新古典自由主义经济学<br>（发展经济学、自由化战略） |
| 制度自由主义 | 国际制度理论 | 民主安全共同体<br>世界主义社会<br>法律自由主义<br>（人权保护） | 世界主义民主计划<br>法律自由主义<br>（人道主义干涉） |

　　资料来源:秦亚青主编:《理性与国际合作》,第三、四、五章,第57-138页;白云真:《自由主义国际关系理论的历史变迁》,第五、六、七章,第128-237页;Jahn, *Liberal Internationalism*, chapters 4-6, pp. 72-171.

　　首先是共和自由主义。这个分支的思想灵感,部分地来自洛克的个人自由及权利理论,但主要地源于康德的《永久和平论》,其主旨是论说共和制国家在对外关系上如何实现相互合作与永久和平,包括对内实行共和制及代议制民主制度,对外坚持公开外交、缔结和平条约、主权平等、废除军备、不干涉内政、遵守国际法、相互国民待遇,等等。许多自由国际主义者又把《永久和平论》放在康德政治及道德哲学的整体框架下进行考察,认为其哲学体系的核心,在于如何实现的人的自由、正义或人的最终解放,而这项关于国家间永久和平的哲学方案,不过是体现这位思想先贤在对外关系上如何实现人的自由及正义的思想主张。① 正是在人的自由与主权国家、道德与政治、正义与秩序(世界法)的内外关系上,当代自由国际主义理论有着不同的理解,因而提出种种不同理论或主张。

　　共和自由主义的主要理论主张,包括:(1)民主和平论,主要代表有多伊尔和拉西特,他们坚信,民主国家之间不打仗或很少打仗,以及民主国家倾向

————————

① Jahn, *Liberal Internationalism*, pp. 8-9; Franceschet, *Kant and Liberal Internationalism*, pp. 67-83.

于对非民主国家发动战争，他们甚至以近现代国际关系史上的冲突与战争为例，来验证他们的以上基本假设。多伊尔和拉西特指出，长期的民主和平局面之所以实现，有三个相互作用的机制（三根支柱），即代议制民主制度及相应的公众利益和公共舆论对于政府的战争决策具有抑制作用，经济及安全相互依存造就合作与和平，多边主义制度发挥着稳定作用。[①]（2）民主扩展论和民主转型论，这是兼具理论与实践的政策方案，主张在对外关系上促进民主原则、扩展民主大家庭，前者主要针对苏联和南斯拉夫解体后形成的新国家，后者则以广大的第三世界国家为对象，但包含着相同的政策手段，如外交、民主援助、和平建设、军事干涉等。[②] 这两项理论及其政策主张，打开了后冷战时期西方国家在非西方地区以武力干涉进行颜色革命、政权更迭、国家建设的各种洪水的闸门。

其次是商业自由主义。以斯密和李嘉图为代表的古典经济学，以及当代新古典自由主义经济学，均以自由市场、自由竞争、自由贸易和自由投资原则为基本信条；另一方面，凯恩斯主义和罗斯福自由国际主义的基本假设与政策实践，包括开放而稳定的市场、公正合理的多边主义贸易及投资制度、适当而必要的国家干预及国际合作，是现代自由国际主义的重要内容。以相互依存和平论、国际机制理论和国际制度理论为代表的嵌入式自由制度主义，以私有化、贸易和投资自由化、市场去管制化为信条的新古典自由主义经济学，在市场自由与政府监管、自由贸易与公平贸易、资本流动与市场稳定、经济自由与社会平等及公正（分配正义）等一系列问题上，产生了经久而激烈的交锋。

商业自由主义主要有以下几种理论及政策主张：（1）相互依存和平论，基欧汉和约瑟夫·奈对于全球化条件下北大西洋国家的政治安全及经济关系进

---

① 　Doyle, *Ways of War and Peace*, pp. 258 - 299；关于民主和平论三根支柱及其相互关系的一项全面论述，参见 Bruce M. Russett and John R. Oneal, *Triangulating Peace：Democracy, Interdependence, and International Organization*（New York：W. W. Norton, 2001）.

② 　参见 Paul Cammack, *Capitalism and Democracy in the Third World：The Doctrine for Political Development*（London：Leicester University Press, 1997）；Thomas Carothers, *Critical Mission：Essays on Democracy Promotion*（Washington D. C.：Carnegie Endowment for International Peace, 2004）

行了系统而深入的研究,认为在欧美发达国家之间形成一种复合相互依存关系,其多领域和多层次的跨国关系,有助于维持大西洋共同体的持久和平。[①] (2) 国际机制和国际制度理论,主要代表有鲁杰和基欧汉,前者主要对战后世界经济秩序中的跨国关系及机制进行了案例研究和理论归纳,提出了"有原则的多边主义"和"嵌入式自由主义"的概念;后者对美国霸权衰退条件下国际制度的形成和运行进行了系统分析,提出国际制度具有权威性、制约性和关联性的特征,指出国际制度作为公共产品和公共义务的性质及作用。[②] 国际机制和国际制度理论力图证明,通过有原则的多边主义(普遍性及公共性)和嵌入式国际制度(结构、过程和目的),能够造就持久的国际合作与和平,同时实现霸权护持的战略目标。[③] (3) 世界秩序和全球治理理论,以福尔克和詹姆斯·罗西瑙(James N. Rosenau)为代表,他们针对愈益增多的全球性问题,提出一种通过规则和制度而不是世界政府的全球治理设想,即通过观念的、(国家及非国家)行为体的、地区及国际制度三个层次的协调与合作,对全球各个重要领域及问题展开治理,实现有序而公正的世界秩序目标。[④] (4) "华盛顿共识"和新古典自由主义发展经济学,前者是美国彼得森国际经济研究所经济学家约翰·威廉森(John Williamson)在 1989 年对于美国财政部、世界银行和国际货币基金组织等机构的第三世界国家经济政策观进行观察,进而提出了以这些机构所在城市命名的"华盛顿共识",实际上是一项为拉美国家即将进行的经济改革而量身定做的方案,包含十项措施,如国有企业私有化、贸易和投资及汇率浮动自由化、政府放松管制等。此后,"华盛顿共识"之名不胫而走,迅速

---

① 〔美〕罗伯特·基欧汉和约瑟夫·奈:《权力与相互依赖》,门洪华译,北京:北京大学出版社,2002 年。

② John G. Ruggie, "International Regimes, Transactions, and Change: Embedded Liberalism in the Postwar Economic Order", *International Organization*, vol. 36, issue 2 International Regime (Spring 1982), pp. 379 – 415; Robert Keohane, *International Institution and State Power* (Boulder: Westview, 1989), pp. 35 – 179.

③ David A. Lake, Liza L. Martin, and Thomas Risse, "Challenges to the Liberal Order: Reflections on *International Organization*", *International Organization*, vol. 75, no. 2, pp. 225 – 257.

④ Richard Falk, *The End of World Order: Essays on Normative International Relations* (London: Holmes & Maier, 1983);〔美〕詹姆斯·罗西瑙主编:《没有政府的治理》,张胜军、刘小林等译,南昌:江西人民出版社,2001 年。

成为新古典自由主义经济学尤其发展经济学的代名词,并被粗略地归纳为国有企业及服务部门私有化、贸易和投资自由化、市场经济去管制化,简称经济自由化"三化"改革政策或"三化"发展战略。这些主张也被称为"超级全球化"理论。① 由于坚信经济自由与政治自由的相辅相成,新古典自由主义经济学同样肩负着在全球范围内通过经济改革而促进民主化的"使命"。这样,经济自由化理论与政治民主化理论相互携手,引发了此后的欧美国家在相关地区的大规模的"国家建设"实践,这是在20世纪六七十年代欧美世界盛行一时的现代化理论的翻版,以及大规模军事干涉行动的重演。

最后是制度自由主义或新自由制度主义。这个支流声称继承了洛克的思想遗产。众所周知,洛克的自由理论由三个方面组成,即私有财产、个人自由、经过同意的政府或政治制度。这三个部分是相互联系而相辅相成的,即私有财产是个人自由的基础,而个人自由的安全需求导致经过同意的政府,而政府又以保护私有财产以及个人自由为任务。对于洛克自由理论的三个部分的不同理解,以及洛克理论与实践的鸿沟(无私有财产之人口持续增长与公共财富不足),导致了不同的立场和主张。因而,在个人自由及权利(基本人权)的保护与强制、国家及非国家行为体的地位与作用、社会及法律规范和制度的内涵与外延等问题上,形成了形形色色的理论假设和政策主张。

制度自由主义的主要理论,包括:(1)民主安全共同体,主要代表包括丹尼尔·杜德尼(Daniel Deudney)和约翰·伊肯伯里,他们对战后西方世界的内部关系、结构和机制进行详细而深入的研究,认为美欧及加拿大、日本、澳大利亚、新西兰之间形成了一个民主安全共同体,这是一个以美国为首的自由国际秩序,彼此共存于拥有共同约束力的安全机制、开放的经济体系、渗透性的美国霸权、相互之间让渡主权、相互认可的公民身份。他们赞成在美国领导下不

---

① 　John Williamson, "A Short History of the Washington Consensus", in *The Washington Consensus Reconsidered : Toward a New Global Governance*, eds. , Narcis Serra and Joseph E. Stiglitz (Oxford: Oxford University Press, 2008), pp. 14 – 30; David Lake, Lisa Martin, and Thomas Risse, "Challenges to the Liberal Order: Reflections on *International Organization* ", *International Organization*, vol. 75, no. 2, p. 230.

断扩展这个民主安全共同体。① （2）世界主义社会，有查尔斯·贝茨（Charles Beitz）和罗尔斯的两个方案，他们均受到康德《永久和平论》的启示。贝茨在 1979 年提出世界主义社会（Cosmopolitan Society）概念，后来在 1999 年予以修订。他将罗尔斯的正义原则应用于国际政治，提出要建立一个正义的世界主义社会，主要包括两类成员国，即推行正义原则的民主国家和可能变得正义的国家，但要排除那些既不正义也不可能变得正义的国家。罗尔斯也将他的正义理论运用于国际关系，但他的核心是万民法。他提出要依据正义的国际法原则，分三个步骤去建立一个由各国人民组成的公正合理的世界主义社会：第一步是各国人民通过社会契约建立自由民主的政治制度，第二步是民主的各国人民订立契约选择万民法原则，第三步是民主的人民与体面的人民订立契约。罗尔斯同样地将世界各国分成三类，即民主国家、不合法国家、负担沉重的社会，民主国家对那些负担沉重的社会要提供帮助，但对不合法国家要坚决排斥。② 贝茨和罗尔斯的世界主义社会方案，前者是基于个人主义的，后者则以作为集体（社会或国家）的人民为基础，但两者在本质上都是所谓的民主国家共同体，即西方民主国家的小集团。（3）世界主义民主计划，以戴维·赫尔德（David Held）为主要代表。世界主义民主计划与上文贝茨和罗尔斯的世界主义社会在路径上如出一辙，但赫尔德的计划更强调有形的、规范性的制度，包括世界主义民主法。他提出，在全球范围内建立、巩固和扩展民主，要在各国国内、各国之间和全球三个层次上展开，并以这三个层次的制度为基础，遵循从邦联（confederation）到同盟（union）再到联邦（federation）的步骤，最终建立起一个有法律、有议会、有公民、有军队的世界主义民主秩序。③ 在很大程度上，世界主义民

---

① 伊肯伯里：《自由主义利维坦》，第一章和第五章；Daniel Deudney and G. John Ikenberry, "Liberal World: A Resilient Order", *Foreign Affairs*, vol. 97, no. 4, July/August, 2018, pp. 16 – 24.

② Charles Beitz, *Political Theory and International Relations* (Princeton: Princeton University Press, 1999), pp. 185 – 216; John Rawls, *The Law of Peoples* (Cambridge: Cambridge University Press, 2001), pp. 10, 59 – 90, 126.

③ 〔英〕赫尔德：《民主与全球秩序》，第 282 – 302 页；Daniele Archibugi, "Principles of Cosmopolitan Democracy", in *Re - Imagining Political Community: Studies in Cosmopolitan Democracy*, eds., Daniele Archibugi, David Held, and Martin Kohler (Cambridge: Polity, 1998), pp. 198 – 228.

主联邦方案实质上仍是一个西方民主国家之间的集团。（4）法律自由主义，这是随着人权与主权之争、围绕人权保护而形成和发展起来的一种国际法理论，主要代表有安妮-玛丽·斯劳特（Anne - Marie Slaughter）、托马斯·弗兰克（Thomas Franck）和费尔南多·特森（Fernando Teson）。法律自由主义是反多元主义的，它大体上遵循民主和平论与民主国家共同体的思路，主张依照西方自由民主国家的政治、文明及法律标准（包括西方国家及社会的"软法"），以及它们的权利和义务（他们也把世界各国分为自由国家、非自由国家和不合法国家三类），去创设新的国际法规范和原则，继而向全世界推广，甚至强制推行。① 法律自由主义理论也有温和派与激进派之分，以人权保护问题为例，斯劳特和弗兰克主张通过政治经济外交手段促进人权规范，仅在必要情况下实施有限的武力干涉；以特森为代表的激进派则提出，西方自由民主国家有权使用武力去推进人权，并主要通过个人主义的公民社会制度和世界主义的跨国家制度，去建立一个自由主义的世界秩序。② 法律自由主义温和派和激进派的主张，在后冷战时期主要欧美国家的对外关系上均有表现，如北约框架下的国际维和行动实践，从建设和平到强制和平乃至国家建设的发展，就是一个突出的案例。

以上三个分支及其主要理论的基本假设和政策主张表明，无论各个分支内部，还是三个分支之间，相互之间交叉重叠是显而易见的。在各个分支内部，从温和派到中间派再到激进派，主要代表人物的政治立场和方向基本一致，他们只是在路线图或建设步骤和侧重点上有所差异。在各个分支之间，相关理论及主要代表之间在核心概念、基本信念和路径方法上是共享共存的，他们的理论框架和实践指南也是相互补充的。例如，共和自由主义、商业自由主

---

① Thomas Franck，"The Emerging Right to Democracy Governance"，*American Journal of International Law*，vol. 86，no. 1（1992），pp. 46 - 91；Marie - Anne Slaughter，"A Liberal Theory of International Law"，*American Society of International Law：Proceedings of the Annual Meeting*（2000），pp. 240 - 253；Fernando Teson，"The Kantian Theory of International Law"，*Columbia Law Review*，vol. 92（1992），pp. 53 - 102；Fernando Teson，"The Liberal Case for Humanitarian Intervention"，*Public Law and Legal Theory Working Paper*，No. 39，College of Law，Florida State University，November 2001.

② Gerry Simpson，"Two Liberalism"，*European Journal of International Law*，vol. 12，no. 3，2001，pp. 537 - 571.

义和制度自由主义几乎都遵循民主和平论的基本思路,因而它们在人权保护、民主扩张、民主国家共同体、规范和制度建设上有着共同立场,三个分支的激进派在人道主义干涉的规范和制度上的主张几乎是相同的;商业自由主义与制度自由主义在国际制度上几乎是完全重叠的,共和自由主义、商业自由主义和制度自由主义(法律自由主义)激进派在强制和平及国家建设的立场和措施上也大同小异。

总之,正如大部分国际关系思想史研究者所同意的那样,自由国际主义的各个分支之间存在诸多分歧,但这些分歧又表明,后世理论家在理解、阐释和继承洛克、斯密和康德这三位自由国际主义奠基人的思想遗产时,有着各自不同的关注点或侧重点,因而当代自由国际主义的内部分歧也在一定程度上反映了三位奠基人的思想的内在张力或矛盾;另一方面,这些分歧又是一个思想体系的内部争论,即每一个分支流派或理论都抓住了过去和现在的国际政治的一个或若干方面,并在此基础上提出各自的理论框架和政策方案,但同时,他们往往因为过分强调自身视角而忽视其他维度。此外,在自由国际主义的各个分支内部,其理论方法和政策主张也是多种多样的,因此,无论在不同支派之间,还是在支派内部的不同主张之间,许多假设和方案都是交叉重叠的。这些分支流派和理论内部以及彼此之间相互作用而相辅相成,构成了一幅当代自由国际主义的丰富而多元的整体图景。

## 三、后冷战时代美国自由国际主义的政策指南与实践

自由国际主义是后冷战时代美国对外政策及实践的重要指南之一,这主要表现在两个方面:一是该理论学派的一些代表人物及其门徒通过"旋转门"机制进入美国政府,成为美国对外政策的制订者和执行人;二是自由国际主义的一些重要理论、假说和建议,转变为美国政府对外政策实践和行动的有机组成部分。这里首先概略性地说明自由国际主义理论和人员如何通过"旋转门"机制发挥作用,然后借助几个重要案例,展现自由国际主义理论对于后冷战时

代美国对外政策的影响。

美国自由国际主义学派及其分支的各种国际秩序方案，在转变成美国对外政策指南、框架和路线图的过程中，要借助那些能够说服政治家和打动公众的政治及社会语言，才能成功地推销给美国社会各界尤其是政治精英。从冷战结束后的民主扩展到当前的大国战略竞争，在自由国际主义阵营的大力推动下，华盛顿形成了后冷战时代美国对外政策的一些基本共识，包括但不限于：维护"自由的"美国霸权，建立一个新美国世纪；扩展民主，巩固自由国际秩序或自由世界秩序；巩固和创新国际规范与制度，加强基于规则的国际秩序。这些共识，通过各种各样的咨询报告、演讲、研讨会、报刊专栏文章和评论、著作，甚至通过电影、电视和电台采访、辩论、脱口秀、博客文章和评论、短视频的形式，深入到美国社会的各个角落，成为美国在对外关系和国际事务上的"政治正确"的指南或路线图。对此，连美国前总统贝拉克·奥巴马（Barack Obama）和唐纳德·特朗普也抱怨说，在世界任何地区，无论何时发生何种事态，都会有一个现成的"华盛顿剧本"去指导着美国对外政策。①

奥巴马和特朗普所说的"华盛顿剧本"，往往都出自美国对外政策精英之手，他们组成了一个无处不在的对外政策权势集团（Foreign Policy Establishment），并主要通过"旋转门"机制，对美国外交政策的制订和执行发挥着巨大而深刻的作用。美国"旋转门"机制主要由三部分组成：一是政府，二是企业，三是大学、智库、战略咨询机构。推动这个"旋转门"运转的，是华尔街资本（以及大公司）所支撑的形形色色的基金会。② 由于自由国际主义者主要汇聚在民主党的旗帜之下，所以，这里以威廉·杰斐逊·克林顿（William J. Clinton）和奥巴马两届民主党政府的国家安全及外交团队的几位学者型或理论家出身的高级官员为例，揭橥自由国际主义学派通过"旋转门"机制影响美

---

① Jeffrey Goldberg, "The Obama Doctrine", in *The Best American Magazine Writing 2017*, ed. Sid Holt (New York: Columbia University Press, 2017), pp. 243 – 300; Carla Norrlof, "Hegemony and Inequality: Trump and the Liberal Playbook", *International Affairs*, vol. 94, no. 1 (2018), pp. 63 – 88.

② 美国学术界的一项最新的杰出研究，参见 Walt, *The Hell of Good Intentions*, Chapter 3, pp. 91 – 136.

国对外政策的部分事实(表 3)。

在克林顿和奥巴马两位民主党总统的国家安全及外交团队中,学者出身的高级官员主要有四位,即克林顿总统第二个任期的国务卿马德琳·奥尔布赖特(Madeleine Albirght)和国务院政策规划办公室主任莫顿·霍尔珀林(Morton Halperin)、奥巴马总统第一个任期的国务院政策规划办公室主任安妮-玛丽·斯劳特、奥巴马第一任期的国家安全委员会人权问题特别助理和第二任期的驻联合国大使萨曼莎·鲍威尔(Samantha Power);智囊型或研究型高级官员有两位突出代表,即克林顿总统第一个任期的副国务卿詹姆斯·斯坦伯格(James B. Steinberg)和奥巴马总统第一任期的国务院政策规划办公室主任杰克·沙利文(Jake Sullivan)。

奥尔布赖特童年时期随父母从捷克移民美国,毕业于韦尔斯利学院和哥伦比亚大学,长于俄国问题研究,1976 年跟随她的哥大教授兹比格纽·布热津斯基(Zbigniew Brzezinski)进入国家安全委员会任职,后赴乔治城大学教授国际关系,培养了许多学生,如康多莉扎·赖斯(Condoleezza Rice)。1992 年,奥尔布赖特担任克林顿的主要竞选顾问。1993 年 1 月克林顿入主白宫后,她出任美国驻联合国大使,任内奉行"坚定的"多边主义,一边捍卫美国对联合国以及其他主要国际组织的主导权,一边推动美国对巴尔干和其他地区的军事干涉。1997 年 1 月转任国务卿,不遗余力地执行克林顿政府的"参与和扩展"战略,在全世界范围内促进民主和人权,推动北约和欧盟东扩,有选择地实施人道主义干涉行动,积极推行核不扩散。奥尔布莱特卸任后,在政治舞台上继续发挥重要作用,创立了战略咨询公司奥尔布赖特石桥集团并担任联合总裁,不断为民主党政府储备和提供人力及智力资源。①

---

① Walt, *The Hell of Good Intentions*, p. 4, 57, 60, 105. 关于克林顿时期美国大战略的争论,参见 Barry Posen and Andrew Ross, "Competing Visions for U. S. Grand Strategy", *International Security*, vol. 21, no. 3, Winter, 1996/1997, pp. 5 – 53; Michael Mastanduno, "Preserving the Unipolar Moment: Realist Theories and U. S. Grand Strategy after the Cold War", *International Security*, vol. 21, no. 4, Spring 1997, pp. 49 – 88.

表 3　美国政府国家安全及外交团队（1993—2000 年和 2009—2016 年）

| | | |
|---|---|---|
| 克林顿政府<br>（1993—2007） | 沃伦·克里斯托弗<br>安东尼·莱克 | 詹姆斯·斯坦伯格、莱尔·布雷纳德、詹姆斯·鲁宾、盖尔·史密斯 |
| | 马德琳·奥尔布赖特<br>塞缪尔·伯杰 | 鲁宾、莫顿·霍尔珀林、詹姆斯·奥布莱恩、布雷纳德、盖尔·史密斯 |
| 奥巴马政府<br>（2009—2016） | 希拉里·克林顿<br>詹姆斯·琼斯<br>托马斯·多尼伦 | 本·罗得斯、斯坦伯格、安东尼·布林肯、玛丽·安妮·斯劳特、杰克·沙利文、库尔特·坎贝尔、布雷纳德、萨曼莎·鲍威尔、盖尔·史密斯、朱利安妮·史密斯 |
| | 约翰·克里<br>苏珊·赖斯 | 罗得斯、布林肯、萨曼莎·鲍威尔、迈克尔·麦克福尔、伊沃·达尔德、布雷纳德、盖尔·史密斯、朱利安妮·史密斯 |

注：笔者根据参考资料自制本表。

　　鲍威尔、霍尔珀林和斯劳特是典型的自由国际主义理论家，在政学两界都十分活跃。鲍威尔先后担任国家安全委员会人权问题特别助理和美国驻联合国大使。她从哈佛大学获得博士学位后，从事国际新闻报道及研究，不久返回哈佛大学，在卡特人权研究中心从事人权问题研究，成并成为《时代》《大西洋》《纽约客》《纽约书评》专栏作家，积极伸张自由国际主义的人权观念和原则。2009 年 1 月加入奥巴马政府，2016 年卸任后又回到哈佛大学执教，2021 年 1 月又出任约瑟夫·拜登（Joseph Biden）政府的国际开发署署长。霍尔珀林和斯劳特分别在奥尔布赖特和希拉里·克林顿主持国务院期间担任政策规划办公室主任，充当非常重要的外交决策助手。霍尔珀林早年从耶鲁大学获得国际关系博士学位后，转至哈佛从事国际问题研究，在军控、核理论、民族自决等问题上著书立说，成为知名国际问题专家，出入美国对外关系委员会和伦敦国际战略研究所，以及民主党的多个后方智库。斯劳特是当代美国自由国际主义阵营的中坚人物，与基欧汉和伊肯伯里合称普林斯顿"三剑客"。她不仅是希拉里·克林顿和其他重量级民主党政客的重要智囊，还是美国学术界和智库界的标杆式人物，长期担任普林斯顿大学伍德罗·威尔逊公共与国际事务学院院长，培养了大量自由国际主义后备力量；执掌民主党重要智库新美国基金会,积极参与其他重要智库活动,主笔多份重要对外政策咨询报告,主张美国向海外推广自由民主原则、开展国家建设行动。①

斯坦伯格和沙利文是两位重要的智囊性高级官员,依靠自身努力和政治依附而跻身民主党政府核心决策圈。斯坦伯格是克林顿总统第一个任期的国务卿沃伦·克里斯托弗(Warren Christopher)的主要助手(情报分析司副司长和政策规划办公室主任),后改任国家安全事务副助理,在奥巴马执政时期升任副国务卿。民主党在野时,斯坦伯格先后担任布鲁金斯学会副会长、得克萨斯大学林登·约翰逊公共事务学院院长、雪城大学马克斯韦尔学院院长,在政学两界挥洒自如。沙利文是耶鲁大学高才生,斩获罗得斯奖学金赴英国牛津大学留学,又返回耶鲁法学院,获得博士学位后辗转于律师事务所、智库、大学和政府机构,兼任耶鲁法学院的教授。他在政治上长期追希拉里·克林顿,在希拉里两次竞选总统期间,他都在鞍前马后效力。希拉里主政国务院后,他相继担任办公厅副主任和政策规划办公室主任,不久转任副总统拜登的国家安全事务助理。2014年8月,他返回耶鲁法学院执教,同时出入达特茅斯学院、新罕布什尔大学和一些重要智库,并联手前国家安全事务副助理本·罗得斯创建了名为国家安全行动的智库,积极筹划民主党的东山再起及其战略纲领。2021年1月,沙利文出任拜登政府的国家安全事务助理,终于修成正果。②

在克林顿和奥巴马的国家安全及外交团队的其他一些高级成员,大致可划分为政治分肥型、政治依附型、专家型(功能领域)、职业外交官。前两类是欧美代议制选举政治的必然产物,在此不予讨论。在后两类当中,有一种现象即对外政策权势集团的常青树,与这里所讨论的"旋转门"机制密切相关,须略加交代。这一类官员轮流在不同政府部门的高级岗位上任职,而在本党在野期间,他们往往担任本党的后台智库、战略咨询公司、大学、企业或新闻媒体界的高级职务,经简短蛰伏后再返回政府高级职位。如"权力伉俪"库尔特·坎贝尔(Kurt Campbell)和莱尔·布雷纳德(Lael Brainard)就是民主党阵营的常

---

① Walt, *The Hell of Good Intentions*, pp. 4, 105, 108, 117 - 118, 123, 125, 299, 315.

② Walt, *The Hell of Good Intentions*, pp. 4, 104, 111, 116, 123, 130, 299.

青树。① 坎贝尔曾经担任希拉里·克林顿的助手,是著名的亚太"再平衡"战略的主要设计师,民主党重要智库新美国安全中心的共同创建人,并拥有他自己的咨询公司亚洲集团。布雷纳德是经济金融专家,在克林顿和奥巴马执政期间先后担任总统国家经济事务副助理、财政部副部长和联邦储备委员会成员,在不担任公职期间,她出任多家咨询公司的顾问,在布鲁金斯学会创建和主持"全球经济与发展项目"。坎贝尔夫妇之类的外交精英界常青树,是"旋转门"机制的不可或缺的润滑剂,他们连接不同世代和不同行业,组成了一个错综复杂而又运行通畅的、政治立场上志同道合、利益上休戚与共的对外政策精英网络。在后冷战时代,这大致是一个以希拉里·克林顿为核心的圈子。②

无论民主党执政还是在野,自由国际主义势力都保持着密切联系,同声应气,相互支持,不断通过后台智库、战略咨询机构、大学、媒体平台积极活动,一边为本党执政或东山再起组织筹划,收拢和储备人力资源,一边进行战略擘画,不断提出各种政策报告,向国内外推销其政策主张。这里以四个案例为对象,展现作为"旋转门"机制重要组成部分的大学和智库,是如何推动和推销自由国际主义政策议程的。③

## (一)普林斯顿"国家安全"研究项目及报告

这是普林斯顿大学伍德罗·威尔逊公共与国际事务学院在 2003 年发起的一项雄心勃勃的跨党派研究项目,后来以"国家安全"项目而为人所熟知。项目的两位名誉主持人是前国家安全事务助理安东尼·莱克(Anthony Lake)和前国务卿乔治·舒尔兹(George Shultz),两位实际主持人是约翰·伊肯伯里和安妮-玛丽·斯劳特,由福特基金会和卡莱尔集团提供资助,先后约有 400 名对外政策圈内人士参加会议、工作坊、圆桌讨论和工作组,最后在 2006 年出台了一份研究报告《铸造一个法治下的自由世界:二十一世纪的美国国家安

---

① Walt, *The Hell of Good Intentions*, p. 104.
② 关于奥巴马国家安全及外交团队的一项最新描述,参见〔美〕罗南·法罗:《向和平宣战:外交的终结和美国影响力的衰落》,李茸译,北京:社会科学文献出版社,2019 年,第 32—38,80—89 页。
③ 关于第一和第三个案例,参见 Walt, *The Hell of Good Intentions*, pp. 124 - 132.

全》。这份主报告吸收了新保守派和自由国际主义双方的思想和主张,主旨是为即将可能入主白宫的民主党政府提供战略指南。用他们自己的话说,项目宗旨是"写出一篇集体性的 X 文章"。在主报告之外,还有七份工作组报告,均有两到三名著名学者或前政府高官充当主持人,分别就大战略选择、国家安全与跨国威胁、经济与国家安全、重建与发展、反恐怖主义、相对威胁评估、对外政策基础设施和全球制度提出政策建议。

主报告首先指出美国当时面临的种种危险和威胁,然后重复了所有美国政府国家安全战略文件和智库报告的政策目标,即"保护美国人民和美国生活方式",包括:安全的国土、健康的全球经济、有利的国际环境。伊肯伯里和斯劳特等人相信,在一个自由民主国家所组成的世界里,美国将变得更安全、更富裕和更健康。为实现这样一个"法治下的自由世界",美国必须:第一,在世界范围内支持和鼓励"受到欢迎的、负责任的、尊重人权的政府";第二,改革联合国,复兴和扩大北约,建立起一个"全球性的民主国家协调体制",实现"民主和平"的制度化和合法化;第三,保持自由民主国家的军事优势和军事能力,升级威慑理论,将预防性武力运用作为必要工具,以应对大国安全竞争和恐怖主义等威胁。[1] 如果我们认真阅读这个项目的主报告和分报告,则不难发现,它们既反映了过去的克林顿政府 1994 年《参与和扩展的国家安全战略》和小布什(George W. Bush)政府 2002 年《国家安全战略》的主要内容,又昭示了未来奥巴马政府 2010 年《国家安全战略报告》的核心内容。

## (二)新美国安全中心的"凤凰倡议"研究项目

新美国安全中心成立于 2007 年 6 月,两位共同创建人是前助理国务卿库尔特·坎贝尔和前国防部副部长米歇尔·弗卢努瓦(Michael Flournoy)。他们认为,当时的民主党在国家安全问题上立场有些软弱,因而创建这个智库,

---

[1] G. John Ikenberry and Anne - Marie Slaughter, *Forging a World of Liberty under Law*: *U. S. National Security in the 21st Century*, Final Report of the Princeton National Security Project (The Woodrow Wilson School of Public and International Affairs, Princeton University, September 27, 2006), pp. 3, 5 - 7.

旨在为民主党提供更强硬的、亲军方的外交与国防政策建议，推动美国更广泛地卷入全球事务。在此之前的 2005 年，他们曾发起一个名为"凤凰倡议"的研究项目，发起人之一是奥巴马的竞选顾问、后来担任美国驻联合国大使和国家安全事务助理的苏珊·赖斯（Susan Rice）。研究项目汇聚了当时民主党阵营的绝大多数自由国际主义外交精英，可谓一时之选，包括：参议院美国对外关系委员会办公室主任安东尼·布林肯（Antony Blinken），布鲁金斯学会副会长兼伯纳德·施瓦茨国际经济学讲席教授、前财政部副部长布雷纳德，新美国安全中心联合主席兼首席执行官、前助理国务卿库尔特·坎贝尔，胡佛研究所高级研究员、斯坦福大学民主发展法治中心主任和政治学教授麦克尔·麦克福尔（Michael McFaul），布鲁金斯学会高级研究员、西德尼·斯坦讲席教授伊沃·达尔德（Ivo Daalder），前美国国务院政策规划室高级顾问、杜克大学公共政策和政治学教授布鲁斯·詹特尔森（Bruce Jentelson），前国务院政策规划室副主任、巴尔干问题特使、奥尔布赖特集团副主席詹姆斯·奥布赖恩（James C. O'Brien），美国进步中心国际权利与责任研究项目主任、高级研究员盖尔·史密斯（Gayle E. Smith），得克萨斯大学林登·约翰逊公共事务学院院长詹姆斯·斯坦伯格。

2008 年 7 月，新美国安全中心出台了由安妮-玛丽·斯劳特主笔的《战略领导力：21 世纪国家安全战略框架》的研究报告。报告在内封写道，该报告旨在为下一届美国政府提供一份思想和政策框架。如同 2006 年报告一样，这份报告继续坚持美国国家安全战略的三项根本目标，但是，鉴于已经发生巨大变化的国际国内形势，起草人一致呼吁未来美国政府要致力于建立一种新的美国战略领导力：一是根据美国利益的轻重缓急排序和美国权力及限度，确定美国领导全球事务的方向、重点领域和方式；二是分享全球领导权，在气候变化、地区和平等全球治理问题上分担权利和责任。为此，文件提出美国战略领导力的五大前提，即实行有力的国务领导、确保 21 世纪的军事实力、促进繁荣和发展、鼓励民主和人权、发挥美国国内活力。关于广泛的国内外议程的优先排序，文件提出三项标准，即议题的急迫性、对美国安全和广大世界的重要性、成功的政策后果的转化潜力；据此，美国应优先考虑以下五项战略议题或领域，即反恐、核不扩散、气候变化和石油依赖、中东、东亚。① 实际上,这份报告正是即将执政的奥巴马政府执政宣言的公开宣示,也是其国家安全及外交团队重要成员的预先亮相,报告的主要撰写人均成为奥巴马执政团队的高级成员。

### (三)大西洋委员会"一个团结而强大的美国"研究项目及报告

大西洋委员会的这个跨党派研究项目成立于 2013 年,其宗旨是为当今和未来美国政府提出大战略建议。该项目有两位联合主持人,一位是民主党的詹姆斯·戈尔德盖尔(James Goldgeier),时任美利坚大学国际服务学院院长,曾在美国国务院、布鲁金斯学会和对外关系委员会任职;另一位是库尔特·沃尔克(Kurt Volker),时任亚利桑那州立大学麦凯恩国际领导力学院执行院长,曾在小布什政府国家安全委员会担任负责北约和欧洲事务的高级官员,后出任美国驻北约大使、乌克兰谈判特使。2014 年 3 月,大西洋委员会发布题为《为美国领导力确立优先议程》的研究报告,指出美国要矢志不渝地坚持两项原则,一是推进民主价值观,二是确保美国的强大的全球领导力。为此,当今和未来美国政府必须一方面在塑造事态方面"发挥积极的、持续不断的作用",另一方面要通过军事力量运用在内的"真实可见的和持续不断的行动"去推动建设一个自由民主的世界秩序。② 这份跨党派报告既体现了大西洋委员会在对外政策上的稳健立场,又表明了对外政策精英的当下关切。

### (四)联合国人权理事会《商业与人权指导原则》文件

美国自由国际主义还在联合国和非政府组织两个框架下积极推动实现其政策目标,包括人权、核不扩散、气候变化、全球发展,等等。在人权问题上,他们为了制订和贯彻新的人权规范,可谓不遗余力。以美国国际机制和国际制

---

① Anne-Marie Slaughter et al, *Strategic Leadership: Framework for a 21st Century National Security Strategy*, A Phoenix Initiative Report (Washington D. C.: Center for a New American Security, July 2008), pp. 5 - 6.

② James Goldgeier and Kurt Volker, *Setting Priorities for American Leadership: A New National Strategy for the United States*, Report of the Atlantic Council Project for a United and Strong America (Washington D. C.: The Atlantic Council, March 7, 2014), pp. 4 - 6.

度理论的主要代表约翰·鲁杰(1944—2021)为例，他是美国自由制度主义的重要代表，长期执教于哈佛大学肯尼迪政府学院和法学院，20世纪80年代最早提出和论说了多边主义国际机制理论，后来转向国际关系规范理论与实践，特别是人权、人道主义干涉、跨国商业与人权，是全球知名的人权问题专家。他积极投身于国际关系和对外政策实践，在充当美国外交部门高级顾问的同时，1997—2001年出任联合国负责政策规划的助理秘书长，这是时任联合国秘书长科菲·安南(Kofi A. Annan)为他量身定制的一个职位，以协助秘书长制订和实施《联合国全球契约》，该项目后来发展成为"企业公民权倡议"(Corporate Citizenship Initiative)，同时负责推动联合国大会通过并实施《千年发展目标》、讨论联合国机构改革、处理联合国与美国的关系。2005年，鲁杰又被任命为联合国秘书长负责商业与人权事务的特别代表，致力于推动全世界商业领域的人权保护。2011年6月，联合国人权理事会一致通过鲁杰主持制订的《商业与人权指导原则》。这项文件详细规定了国家在保护人权、企业在尊重人权、国家和企业等不同行为体在补救途径三个方面的8项基本原则和23项行动原则(共31项)。[1] 联合国人权理事会的这份人权保护文件，以及干涉与国家主权国际委员会2001年12月提出《保护的责任》文件和联合国世界峰会2005年9月通过的"保护的责任准则"文件，集中反映了美国及欧洲自由国际主义派自20世纪90年代以来一直积极呼吁的人权保护主张，成为制度自由主义尤其法律自由主义推动其理论主张成为政策实践的成功案例。[2]

---

[1] United Nations Human Rights Office of the High Commissioner, *Guiding Principles on Business and Human Rights*: *Implementing the United Nations "Protect, Respect, and Remedy" Framework* (New York & Geneva: United Nations, 2011), pp. 3 - 36.

[2] International Commission on Intervention and State Sovereignty, *The Responsibility to Protect* (Ottawa: The International Development Research Center, 2001); United Nations General Assembly, *Resolution Adopted by the General Assembly on 16 September*, 2005, A/60/L.1, 2005 World Summit Outcome, IV. Human Rights and Rule of Law, sections 119 - 145, pp. 27 - 31;国内一项开拓性的研究，参见陈拯：《说辞政治与"保护的责任"的演进》，上海人民出版社，2019年。

## 四、自由国际主义理论与美国对外政策趋势

在拜登政府国家安全及外交团队的高级成员中,绝大多数都拥有对外政策权势集团的背景,而作为自由国际主义重要思想基地的民主党后台智库和大学,又在其中占据着极大的比例,前者包括但不限于对外关系委员会、布鲁金斯学会、卡内基国际和平基金会、大西洋委员会、新美国基金会、新美国安全中心、美国进步中心、进步主义政策研究所;后者主要有哈佛大学、普林斯顿大学、耶鲁大学、哥伦比亚大学、芝加哥大学。[①] 在这个"旋转门"机制中,对外关系委员会(Council on Foreign Relations)是一颗最为耀眼的星星。它成立于1922 年,出版全球闻名的《外交》杂志,实行推荐会员制度,现有 5 万名会员,在华盛顿和纽约有 80 多名驻会研究人员,在芝加哥、辛辛那提等城市设有分会。董事会及研究部门与其他知名智库和基金会之间有着广泛的交叉任职,从而使其成为美国对外政策权势集团的核心和枢纽,源源不断地向美国各届政府国家安全及外交机构提供高级后备人才。根据一项最新研究,拜登政府核心团队的成员中,有对外关系委员会背景的超过了 56%。[②] 这进一步表明,自由国际主义精英时时刻刻通过"旋转门"机制左右着当今美国对外政策的制订和执行。

另一方面,自由国际主义只是影响美国对外政策的其中一个主要理论流派,现实主义国际关系理论流派同样发挥着重要而经久的影响。上文的四个案例表明,自由国际主义在推动美国对外政策目标和议程的过程,也注意吸收现实主义流派的观点和主张,并体现在后冷战时代美国历届政府的对外政策

---

[①]  Walt, *The Hell of Good Intentions*, pp. 113 – 117.

[②]  Laurence H. Shoup, "The Council on Foreign Relations, the Biden Team, and Key Policy Outcomes: Climate and China", *Monthly Review*, vol. 73, no. 1 (May 2021), pp. 1 – 21. 舒普是对外关系委员会的头号专家,参见 Laurence H. Shoup and William Minter, *Imperial Brain Trust: The Council on Foreign Relations and the United States Foreign Policy*(New York: Monthly Review Press, 1977); Laurence H. Shoup, *Wall Street's Think Tank: The Council on Foreign Relations and the Empire of Noeliberal Geopolitics*, 1976—2014 (New York: Monthly Review Press, 2015).

上。自克林顿上台执政开始，自由国际主义的主张一直左右着美国对外政策方向。克林顿时期，美国政府以"参与和扩展"战略为纲领，大力扩展美国领导的西方民主安全共同体，其标志是北约和欧洲联盟的东扩，意在将中东欧国家以及苏联解体后出现的国家纳入北大西洋政治及安全共同体，并在若干国家推动"颜色革命"。另一方面，美国积极伸张人权高于主权，有选择地对巴尔干及其他重要地区进行所谓的人道主义干涉。在以上这些政策方面，莱克、奥尔布赖特、霍尔珀林等自由国际主义的理论立场及政策主张明确可见。

　　到小布什时期，由于新保守主义与自由国际主义在促进自由民主价值观方面基本一致，因而民主扩展和人道主义干涉不仅继续成为美国对外政策的两项原则，甚至在反恐旗帜下大行其道。美国一方面继续大踏步地推动北约和欧盟东扩，并在中亚和高加索地区推动"颜色革命"行动；另一方面，美国相继在阿富汗和伊拉克发动两场反恐战争，以实现新保守派和自由国际主义派念兹在兹的大中东民主计划。①

　　奥巴马入主白宫后，在自由国际主义温和派的主导下，在对外政策上奉行"奥巴马主义"：一是放弃了此前的单边主义，转而较多地强调美国领导的、合作的多边主义；二是对外政策中的武力运用维度有所收敛，而是遵循类似于克林顿时期的有选择的卷入政策，强调军事干涉的清晰目标，在中东北非剧变尤其叙利亚内战问题上奉行相对审慎的介入政策；三是在战略收缩的基础上（准备逐步结束伊拉克和阿富汗反恐战争），一方面在地缘政治上加快从欧洲及中东向亚太转移，推出亚太"再平衡"战略，另一方面以更大力度推行经济外交，包括推动跨太平洋伙伴关系协议（TPP）和跨大西洋贸易及投资伙伴协议（TTIP），以建立一个"新美国世纪"。②

　　2017 年以来，特朗普政府奉行"美国第一"战略，在全球义务上选择外交

---

① 国内学者关于美国新保守主义及其政策主张的一项杰出研究，参见吕磊：《美国的新保守主义》，南京：江苏人民出版社，2003 年。

② Carl Pedersen, *Obama's America* (Edinburgh: Edinburgh University Press, 2009), Chapter 6, "The Obama Doctrine", pp. 151–170; David Rohde, "The Obama Doctrine", *Foreign Policy*, No. 192 (March/April 2012), pp. 64–69.

"退群",甚至准备放弃关键的同盟义务,民主扩展和人权保护方面的冲动更是无从谈起。这与自由国际主义政策主张形成天壤之别(图 1)

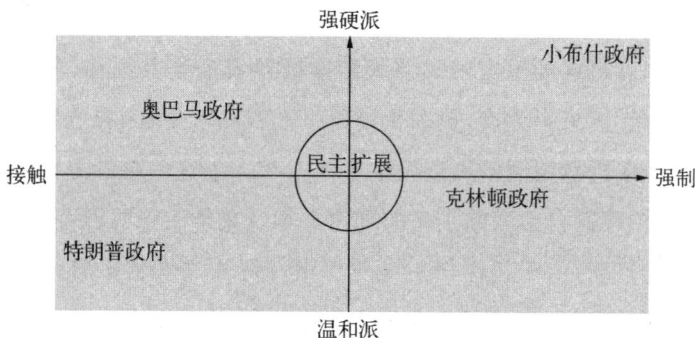

**图 1　后冷战时期美国对外政策中的自由国际主义维度**

注:笔者根据参考资料自制本图。

　　在特朗普冲击及美国内外政策双双受挫的情况下,自由国际主义阵营经过全面而深刻的反省,进一步调整对外政策指导思想和优先议程,其结果是拜登政府的"中产阶级外交"政策。这在一定程度上表明,在自由国际主义阵营内部,温和派愈益取代激进派而开始主导美国对外政策的目标和议程。2016年希拉里·克林顿竞选总统失败后,其主要助手、前常务副国务卿詹姆斯·伯恩斯(James Burns),在民主党的重要后台智库卡内基国际和平基金会框架下,发起成立"中产阶级外交"研究项目。项目的主要组织者和执行人是前国家安全事务副助理杰克·沙利文,报告主笔是萨勒曼·阿赫迈德(Salman Ahmed)。阿赫迈德出身于职业外交官,长期在联合国维和事务部及美国驻联合国使团任职,在普林斯顿大学伍德罗·威尔逊学院访学和研究,与苏珊·赖斯和斯劳特过从甚密。2009 年后相继在美国国务院和国家安全委员会任职,曾主笔 2015 年版美国国家安全战略报告。

　　沙利文和阿赫迈德团队花了两年多的时间,先后出台了四份"中产阶级外交"系列研究报告。前三份报告选取俄克拉荷马、科罗拉多、内布拉斯加作为研究对象,依据大量田野调查,全面而深入地分析三个内陆州的产业结构及经济增长、贸易依赖度、人口及收入增长、失业率、教育水平、民生及政治诉求。

2020 年 9 月，在总统大选投票之前，基金会正式发布了名为《让美国外交政策更好地服务于中产阶级》的报告。文件指出，美国外交的核心支柱是中产阶级，他们的活力、生产力、政治及经济参与，以及他们对世界其他地区的进步性和可能性的富有吸引力的承诺，是美国对外政策的坚实基础；但是，"在美国主导全球舞台三十年之后，中产阶级却处在自身难保的危险境地"。美国要在国际上强大，首先必须在国内有力量。为此，美国必须在国内推进改革，在海外改变行为方式，推行外交政策更好地服务于中产阶级：打破内政与外交各自为政的状态，将当前的大国安全竞争与美国中产阶级生活水平不断提高的长期繁荣紧密结合起来；打破制造业与对外贸易的两分，奉行正确的贸易政策；通过吸引投资、促进就业、改革对外贸易实践和机制、提高竞争力，推动全球化和对外经济政策为中产阶级服务；外交政策要抛弃陈旧过时、好高骛远的原则，在议程上聚焦于中产阶级的安全与繁荣，包括灵活而有凝聚力的联盟、管控中美战略竞争、减少数字威胁、将国防研发开支集中于技术创新及技术优势、确保关键供应链的安全；为更好地服务于中产阶级的外交政策而塑造政策共识。①

较之斯劳特等人先前的政策建议，沙利文主导的这份外交政策文件显得低调而务实，它比较准确地抓住了美国内政外交的根本症结，并开出了几味药方，包括：以重振美国经济为核心、经济议程主导美国外交、实行全球战略收缩。这项报告的主旨，在拜登 2020 年初发表在《对外关系》杂志上的文章中已有所体现，并可以简洁地归纳为两句话：一是"贸易始于国内"，二是"经济安全即国家安全"。② 沙利文等人的诊断和药方，大体上昭示了拜登政府的执政纲领和政策重点。

事实上，正在浮现的拜登政府对外战略及路线图，不仅体现了以上中产阶

---

① Salman Ahmed and Rozlyn Engel, eds., *Making U. S. Foreign Policy Working Better for the Middle Class* (Washington D. C.: Carnegie Endowment for International Peace, September 2020), pp. 1 - 6;韦宗友、张歆伟:《拜登政府'中产阶级外交政策'与中美关系》,《美国研究》2021 年第 4 期,第 93—109 页。

② Joseph Biden, Jr., "Why America Must Lead Again: Rescuing U. S. Foreign Policy After Trump", *Foreign Affairs*, vol. 99, no. 2, March/April, 2020, pp. 64 - 76.

级外交政策报告主旨,而且还在很大程度上表达了自由国际主义温和派长期以来的理论诉求和政策主张,主要包括但不限于:(1)美国领导的"基于规则的"自由国际秩序,在具体议程上,表现为以美国为核心的西方民主价值观和军事联盟的小集团,诸如北约、美英澳联盟、美日同盟,以及民主十国、美日澳印四国机制,这就是自由国际主义派念兹在兹的美国领导下的民主安全共同体;(2)美国主导的"有原则的"多边主义,集中表现在全球经济事务和全球治理领域,例如世界贸易组织及改革,以及双边及多边自由贸易协议、气候变化、核不扩散,全部要围绕美国利益及美国领导地位而展开;(3)在重建强大而繁荣的美国经济基础上,建设和巩固美国军事力量超强地位,并进一步将超强美军力量调整部署到印太地区,以适应中美战略竞争这个近期和长远的核心目标。显而易见,新的美国对外政策路线图遵循了美国国家安全战略长久以来坚持的三大支柱,即军事强大、经济繁荣、国内政治社会生活富有凝聚力与活力,但在另一方面,一些重要内政外交政策及具体行动已经表明,拜登及其国家安全团队强调"从实力地位出发"推行对外政策,从而愈益倾向于现实主义手段,重视各项分支战略及有利资源和手段的综合运用。[①]

　　后冷战时代美国对外政策纲领及政策重点的变化,充分说明了自由国际主义的一致性、变化性以及两面性。在拜登政府国家安全及外交团队中,以沙利文和布林肯为核心,结成了一个"志同道合"的老中青三代人之间的观念及政策组合,呈现出大学、智库、战略咨询、企业、政府之间的自由国际主义温和派的大联盟,也昭示了未来几年内美国对外政策的基调和重点。沙利文和布林肯团队在立场上坚定而务实,一方面会坚持美国大战略的一贯目标和重心,而这是自由国际主义和新保守主义的共识,或所谓的两党共识;另一方面会继承奥巴马遗产,并结合特朗普政策的"必要"成分,以其战略视野、政治经验、专业能力、政策执行力,综合而灵活地运用各种资源和手段,推进美国对外政策议程,实现美国价值和利益。

---

　　① 关于美国国家安全战略三大支柱,参见《后记:冷战之后的遏制》,载〔美〕约翰·刘易斯·加迪斯:《遏制战略:冷战时期美国国家安全政策评析》(增订本),时殷弘译,北京:商务印书馆,2019 年,第 376—386 页。

美国自由国际主义的两面性，也将继续表现在美国对外政策团队及美国对外政策议程上。过往经验和当今事实均表明，美国自由国际主义温和派和激进派是针对不同国际国内形势而交替发声并推进美国对外政策议程的；同时，无论是温和派还是激进派，他们在对外政策上也从来都是"做两手准备"的，他们并不是在"接触"（engagement）和"强制"（enforcement）之间二选一，而往往是在运用"接触"和"强制"手段的程度和侧重点上有所不同，其变化或摇摆的尺度，取决于具体情势和环境，取决于内部共识和分歧，取决于软硬两手准备的程度。总体上，未来一个时期，美国在重点关注国内经济社会建设的基础上，其对外战略上将致力于重建、维持和巩固一个美国领导下的、小规模的、高效率的西方民主安全联盟，在特定的重要问题或议程上采取战术进攻。

作者简介：周桂银，厦门大学国际关系学院、南洋研究院，讲座教授。

## 建设中国特色的"区域国别学"

**【编者按】**

当前,世界正经历百年未有之大变局,中国发展的内部条件和外部环境正在发生深刻复杂的变化,需要全面、深刻地了解各国国情,以助力我国的发展战略。为此,推进区域国别研究已提高到国家战略的高度,加强区域与国别学科建设,构建合理的人才培养与科研教学体系,已成为国家所需,时代之赋。

学科交叉是世界科学研究的前沿领域,是未来发展的大趋势。党中央、国务院高度重视交叉学科发展,国内高校及科研机构纷纷开展了区域与国别相关研究工作并取得显著成效。为此,本刊特邀请五位学者,结合自身的科研与人才培养实践经验,对区域国别学科建设的重要性,学科构建及实施路径,学科未来的发展方向进行多角度阐释,以期进一步推动中国特色的"区域国别学"学科建设工作。

# 我国高校国别区域学科建设与发展

## 罗　林

## 一、国别与区域研究工作发展的现状

自国别和区域研究工作启动以来,各高校充分发挥人才培养优势,在各自优势学科中推动国别和区域研究学科建设。教育部目前在 181 所高校中布局了 42 家培育基地和 402 家备案中心,共计 444 家。181 所大学主要集中在四类学校中。985 院校 24 所,占比 13%,107 所中心和基地,占比 24%,非 985 院校占比 87%。外语类院校 18 所,130 个中心和基地。师范类院校 40 所,70 个中心和基地。边疆地区综合院校 19 所,40 个中心和基地。

2020 年,12 个 985 院校的 15 个中心和基地,30 个非 985 院校的 33 个中心和基地,在评估中取得了好的成绩,一共 48 家获得教育部国别与区域研究高水平建设单位的称号。

研究队伍主要涉及外国语言文学、世界史、政治学、应用经济学、教育学、管理学、新闻学、宗教学、社会学、民族学、马克思主义等 11 个一级学科,主要集中于外国语言文学、世界史、政治学、应用经济学四个学科,研究人员总数超过 1 万人。

国别与区域研究工作启动以来,各高校充分发挥人才培养的优势,在各自优势学科中推动国别与区域研究学科的建设。自 2014 年北京语言大学在外语学科一级学科下自设国别与区域研究二级学科起,各高校逐步在外语学科、世界史学科、政治学和应用经济学四个一级学科下探索自设国别与区域研究相关二级学科。

截至 2021 年 6 月,全国已有 27 所高校设立国别和区域研究及相关自设二级学科 36 个,北京大学、北京外国语大学、上海外国语大学、北京语言大学、云南大学等高校开始招收国别和区域研究专业的博士研究生,首批国别与区域研究的博士毕业生于 2019 年毕业。

在 2020 年 8 月,教育部公布的 160 所大学、549 个交叉学科中,有 5 个交叉学科和国别与区域研究有关,即浙江师范大学的非洲教育与社会发展、非洲学,北京外国语大学的区域学、亚非地区研究,延边大学的韩国朝鲜学。

2019 年 5 月给予申报的国别与区域研究一级交叉学科入选北京市的高精尖学科。那么 2019 年国家外文局、当代中国研究院与北语合作,共同招收博士生,聘任导师 5 人,招生 8 人。2020 年,北京语言大学启动了和北京第二外国语大学的合作招生计划,聘任导师 13 人,招生 4 人。

## 二、建设国别区域学科已形成基本共识

在中宣部等五部委下发《关于加强和改进国别与区域研究工作的意见》13号文件后,根据教育部国际司关于推动高校国别和区域研究高质量发展的通知的精神,教育部国别和区域研究工作秘书处对各高校国别与区域研究工作进行了调研,大家形成了以下几点共识:

第一,习近平总书记强调,要用好学科交叉融合的催化剂,加强基础学科培养能力,打破学科专业壁垒,对现有学科专业体系进行调整升级。学科建设是高校国别与区域研究工作的重要组成部分,国别与区域研究领域十年的实践,为交叉学科建设的落地提供了宝贵的经验。

第二,经过十年的建设,已在全国 181 所高校建立了国别与区域研究队伍,涵盖了 11 个学科,研究队伍的总量超过 1 万人。经过十年的实践探索,基本解决了国别与区域研究交叉一级学科的理论基础、学科基础、师资基础,具有稳定的研究方向和学术产品,为国别与区域研究成为一级学科奠定了坚实的基础。

第三,国别和区域研究工作是人才培养模式转变的重要的切入点,十年的实践积累了大量的应用型、综合型人才的培养经验,国别与区域研究学科化是想国家之所想、急国家之所急、应国家之所需,抓住全面提高人才培养能力,推动人才培养模式转型的最后一公里。

第四,希望国别区域研究早日成为交叉学科门类下的一级学科,以解决高校国别区域研究工作中的瓶颈问题及评估管理体系和现实工作需求之间的矛盾。建立一级学科将为国别与区域研究带来新的增长动力。

中宣部等五部委发文为国别和区域研究明确了功能定位:服务大局,开展战略性研究;立足现实,推动政策性研究;围绕热点,加强信息类研究;精准深入,组织基础性研究。切实履行中央对国别和区域研究工作的职能定位,需要建立一支政治可靠、稳定担当的、专职的研究队伍。在现行管理体制下,加强国别和区域研究工作需要设立一级学科提供制度保障。

北京大学国别与区域研究院在钱乘旦教授的带领下,对国别和区域研究的学科化进行了多次论证,并受教育部研究生司、国务院学位办学科评议组、交叉学科门类工作组的委托,以北大名义正式向教育部报送了北京大学区域与国别研究领域工作报告和新增国家级区域国别学一级学科论证报告。

目前,交叉学科门类下建设区域国别学一级学科的论证报告正在学科评议组相关组别的研究和讨论中。各位专家都是来自各个学科,在全国具有举足轻重地位的专家。希望通过今天的会议,可以凝聚共识、群策群力、想办法多做学科组的工作,有人出人、有力出力,争取在年底前,学科评议组评议论证阶段得到有力的结果。

中国社会科学院也非常重视国别和区域研究的学科化建设,将于2021年的9月30日主办"2021年全国区域国别学学科建设工作会议",最近社科院各位专家、领导也纷纷撰文,提及国别和区域研究的学科建设。拉丁美洲研究所所长柴瑜教授指出:区域国别学学科建设中的问题可以归纳为两个问题,一是学术发展主线有待清晰,二是学科领域专业化程度有待提高。

2021年5月,全国政协外事委员会对高校国别和区域研究工作也进行了专项的调研。专家们指出,应从构建国家完整学科体系的高度,重视国别和区域研究学科,在交叉学科门类下,设立国别和区域研究一级学科,合理布局下辖学科和专业方向,在源头上为学术研究和人才培养提供制度性保障。

相信在各位专家的努力下,在社会各界的广泛支持下,国别区域学或称区域国别学,或者是国际区域学,学科的申报不断取得进展,并取得最终的胜利。

作者简介:罗林,教育部高校国别和区域研究工作秘书处主任,北京语言大学国别和区域研究院院长、教授。

# 关于区域国别研究学科建设的
# 一些体会与思考

冯绍雷

几十年来,华东师范大学的几代学者在区域国别学科建设的实践中有一些积累与体会。我认为,欧洲、美国、俄罗斯,在区域国别或者国际研究领域一些经验和教训值得我们关注。从 90 年代后期开始,在教育部支持之下我们建立了欧洲研究中心,我们也有机会两次参与了中国和欧盟高等教育的合作项目。十多年来,很多位教授、研究生有机会到欧洲近距离地接触了国别区域以及相关国际研究领域的学术研究,得到一些感受与思考。

## 一、关于区域国别学学科门类的思考

首先,欧洲同美国的国际研究的一个明显反差:美国的国际研究主张"分",特别是学科的分化。但欧洲侧重于"合",特别是年鉴学派。一些专家学者认为,尽管美国学术竞争力很强,但是学科的过度细分,妨碍了学科的整体发展。是"分"是"合",国际其他大国已经有了很多积累,非常值得我们加以关注。

其次,是我的主要的研究对象国——俄罗斯在这一方面与其他国家的反差。实际上,俄罗斯从 60 年代就开始批判性地介绍西方国际理论,尽管,已经是趋于衰落的苏联晚期,但研究力量还在,并且对学术的敏感性、洞察力非常值得关注。在批判的态度下,苏联学者对来自美国和一小部分来自欧洲的国际理论、国际研究做了大量系统的介绍,并且有高质量的译解和分析,有了不少心得。但也正因此,从 20 世纪 90 年代到 21 世纪,俄罗斯再也没有出现过对美国式的国际理论的大规模的普及和推广。现在,俄罗斯对美国国际理论的最新研究和发展,包括翻译介绍的规模,和我国远远不能相比。这个现象,值得关注。

同时,我们不可忽视俄罗斯的学术影响力,对西方的批评当中,俄罗斯一向站在最前沿。俄罗斯作为一个按西方标准来说的"非典型国家",曾经的超级大国,在国际研究、区域国别研究这个领域中有非常扎实的积累,许多理论学派有非常悠久的历史,比如结构主义。西方学术界对于俄罗斯国际研究有一个评价,认为这是一种非常具有"内在性"的批判,也即是深入学理,而不是表面化的或者仅仅基于道义的批判。作为前超级大国,在这样一个荣耀和悲伤的反差鲜明历史之下,俄罗斯的学术体验非常值得我们观察。值得我们在强调普遍性立场的同时,对多样性、独特性,以及与普遍性的关联性进行深入发掘。

## 二、区域国别与国际关系学科发展
## 进程中的积累与反思

第一个方面,基本结构。1999 年华东师范大学建立了俄罗斯研究中心,作为教育部的国际研究基地,因为没有一级学科,所以成立了国际关系与地区发展研究院,对作为国家基地的研究中心提供学科支持。2012 年成立了作为协同创新中心的周边合作与发展协同创新中心,建立新的上海市智库。同时,我们早在亚洲金融危机与欧亚会议召开之前,建立了欧洲研究中心。后来因为我们机构的东欧研究传统,又成立了由捷克语专家领衔的中东欧研究中心,由斯拉夫文化专家、前驻白俄罗斯教育参赞领衔的白俄罗斯研究中心,以及中亚研究中心。实际上这是围绕着俄国研究的轴心,建立多样化的研究机构。

第二个方面,基本构想。首先,我们强调要从各个学科领域展开对对象国的研究。实际上,国别研究必定是一个多学科研究的发展过程,这是国际研究当中完全不可忽略的一个重要方面。其次,对于一个国家,我们需要从各个国别的积累中综合起来观察,比如,我们发展同美国、欧洲伙伴的关系,包括发展与日本北海道大学的斯拉夫研究中心等权威国际研究机构的关系。我们不单纯是同俄罗斯直接交往,而必须从各国对俄罗斯的观察和体悟当中,来寻求一个比较完整的俄罗斯认知与形象;第三,要吸纳各个部门,包括外交部、金融部门等,一定要打开视野,打开交往渠道,然后聚焦于某一个现象。我们几十年来与各个部门程度不等的合作,受益太多了。

第三个方面,基础设施。学校的主要任务主要是编写文章书籍杂志、通过媒体传播、建立课程体系,全方位培养学生来建设学科,包括建立好几个全英文的国际合作的课程项目、外交官培训项目等,特别是在新媒体的背景之下,我们通过公众号和澎湃新闻、观察者网等与外界进行广泛的沟通,通过双周视频会等方式在内部促进资深人员和年轻学者进行充分的沟通。

第四个方面,国际交往。比如俄国有一个非常关键且权威的论坛——普京亲自推动的"瓦尔代论坛",2006年,当时中国还只有一个学者参与。我们通过努力,逐步建立了非常稳定的合作关系。几十年来,可以说我们与全球最权威的本领域研究机构大体上都有了合作与联系。

第五个方面,资政工作。回顾欧洲研究中心、俄罗斯研究中心建立的过程,对我们今天的区域与国别研究的发展有所启示。首先是专注,专注于一个国别、一个区域;其次要有合作精神,吸收国际国内各方的优势。同时,要把本土从国际普遍进程的角度加以关联。这样才能真正提供有质量的资政工作。迄今我们所提供的政策咨询已经涉及不少领导部门,获得了不少领导的批示鼓励,包括最高领导,也体现于一些比较重要的政府文件和战略决策中。

# 三、关于发起区域国别学一级学科申报的看法

第一,非常必要。国家战略发展所面临的艰巨任务和挑战,同我们学科本身的积累与学科支撑之间已经出现了巨大的反差。邓小平同志当年就强调

过,要恢复对政治学、世界事务等学科的建设。请注意,小平同志是把这两个学科门类分开讲的。

第二,同国际相比,要承担大国责任,我国在此领域学问的基础、长期的建设和经营上,必须从独立而又交叉的学科建设开始,从头做起。

第三,为什么申报,目的是要加强该领域研究,为了提升该领域研究与培养的质量。通过全国千万学者,数百机构来加强这个领域的沟通协调,提升规范,最后体现出与大国身份匹配的高质量的整体学科发展。

第四,为什么区域国别研究应该成为一个一级学科?因为从教育部的立项、评审、基地设置,从国家社科基金的各方面工作等来看,国别区域研究从来就是单独一组,同政治学等其他一级学科平行而且区分。实际上,在我们国内的研究与培养系统中,国别区域研究早就是相对独立的一个门类了。同时,又是带有多学科、跨学科性的一个门类。

最后,无论是美国、俄罗斯还是欧洲学者,都在强调全球转型。他们认为,国际一片纷乱的重要原因,是由于对全球转型、全球性缺乏重视。全球性质的一些现象跟趋势,是否需要纳入我们区域国别研究的重点,也值得思考。

作者简介:冯绍雷,华东师范大学国际关系与地区发展研究院院长,终身教授。

# 论中国国别区域研究新平台①

## 郝雨凡

我自 20 世纪 80 年代到美国学习和工作，其实就一直在做区域国别研究。区域国别研究在美国也不是新东西，其实就是"Area Study"，或者叫"Regional Study"。这大概也是因为"二战"以后，美国作为"Global Power"，需要更好地了解外部世界，去巩固自己的霸权地位，故国别区域研究成为美国学术界里相对普遍且相对成熟的一个领域。但这个"Area Study"的特点是不太重视理论，所以在学界、特别是学院派的眼中比较受歧视。

我们国家发展到今天，已经接近世界舞台的中央，如何和世界"接轨"，全面地了解外部世界，的确急需加强对国别区域的研究，因此，中国已经到了需要大力推动国别区域研究学科建设的时候。近年来，我一直觉得国内的国别区域研究是有发展的，但似乎都很分散。比如说我们在高校里面有欧洲研究中心、日本研究中心、美国研究中心，现在决策层提出要做好国别区域研究，这非常好，相信对此会有巨大推动。现在我们需要思考的是怎样建设，是否应该深入整合，而不是"另起炉灶"或者在原有的基础上"架床叠屋"，其中涉及如何做好一个学科的升级。我把一些想法跟大家分享一下。

第一，国别区域研究现在都是分散在各个现有学科里面。比如说历史系里面有国别史，政治学系里边有比较政治，经济系里面也有相当一批经济学家是在研究别国的经济，有研究美国经济的，也有研究日本经济的。社会学专业

---

① 本文系郝雨凡教授在"国别区域学科建设会议"上的演讲稿整理而成。

也一样,语言的就更不用说了。我们各个语言院校里边的主要课程,除了语言以外,大都也学那个国家的社会、文化、历史等方面,问题是如何整合,又如何打通?

我今天上午听了一些学者的发言很有启发,怎么统一协调现有研究国别区域的力量,使之融入我们现在希望建立的这个一级学科里面?是把他们都召集到一个新的平台上?还是只建立一个虚拟的平台?上午听到乘旦兄讲到北大,他现在主要任务之一是协调北京大学60多个研究中心的一些工作,他所做的努力让我觉得很不容易,这里的确涉及这样一个问题,就是怎么去协调这个关系。对国别研究,我们非常强调它的跨学科性和交叉研究方法。但国别研究也不是一个筐,什么都可以往里装,也就是说,在这个国别研究里面,我们到底有没有一个学科属性、有没有一个共同的学术目标,抑或是一个大家都接受的学术"范式"(Paradigm);甚至像托马斯·库恩(Thomas Samuel Kuhn)在其《科学革命的结构》书中所论述的,即科学发展除了渐进式的日积月累之外,还能有风起水涌的研究范式之转移(paradigm shift)。我们的国别区域学术平台要不要进行一场"范式转移",可以让我们发起一场变革并将现有学科里边的那些智慧资源都汇集起来,而不是继续"碎片化""零散化"地发展。

这里就牵扯到我想讲的第二个问题,决策层开始提出重视国别研究,虽然希望它是问题导向的,能帮助国家解决具体问题,但是这仍然需要基础研究做底。现今的情况是我们对国别的基础研究水平远远不够。我以美国为例,按理来说,我们学界对美国应该比对其他国家更了解一些,但我们并没有准确地判断出2016年特朗普能够上台,而且也没有准确地判断中美关系会恶化到今天这个样子。在一定程度上讲,我们国别研究需要重视美国,但是对于美国的文化或者美国的文明等基础研究显然不够,深层次融在美国文化的那些东西,我们到底研究到怎么样一个程度?坦率地说,现在学界的国别研究水平,我个人觉得的确是有待提升。

我们的国别研究要怎样赶上并超过美国的"Area Study"?实际上,在美国并没有"一级学科",但其受重视的程度相当于一个一级学科,从上到下都很重视,是专题型的,比如说某一个大学研究中心里边有"National Security Program",是专门研究别国国家安全和军队的;内部细分科学研究到专门研究别国的腐败问题,比较国与国之间腐败的成因和特征;从宏观和微观角度切入研究经济问题;或是从可持续发展方向来探讨环保问题;又或许是国内政治当中一些可比较的东西。那么,我们在设计这个大框架的时候应该思考怎样既能帮助国家解决具体问题,同时又能对整个人类的知识体系有一点贡献? 从问题导向这个方面来看,那应该是以中国国家利益为出发点去思考那些问题,主要研究特性的东西。但学术界应该更加注重研究共性的问题。其实要研究某一个具体的国家,我个人觉得从问题导向上看大概特性的研究更重要。但若想把它提升、概念化,形成一种对人类有贡献的知识,我们应该去关注那些具有共性的东西。

总的说来,我想讲的第二点是搞一个一级学科的时候,如何将现有分布在各个不同领域、不同系、不同专业、不同学院的一些学者捏合在一起,我们怎么样建立一个国别研究的知识共同体,这样才能在一个有共识的标准下去评估他们的成果。我们都知道,在高校晋升评比当中,学术发表很重要。国内也不是没有国别研究的学术刊物,但是怎么样能让一些学术刊物重点放在国别区域学术研究上,并能够引领这个大方向? 要使现在分布在各个学科的那些老师们都开始向某一个方向努力,我觉得学术刊物的作用还是非常大的。

第三点,现在也有这样一个趋势,就是国内媒体和舆论界经常会弥漫着一些民族主义的情绪。我很希望在这个国别区域研究过程当中,能够允许不同观点的讨论,这个很重要。如果说我们都先假定哪些东西是正确的、哪些东西是可以谈的,这恐怕会对我们的国别区域研究、特别是对外部世界的准确把握形成一个障碍。

最后一点,我想说的是,建设国别区域这个一级学科应该开哪些课? 我可以稍微提一点的就是借鉴美国现在的区域研究,就是这个"Area study",他们比较重视的是比较研究,叫作"Comparative Study"。这个"Comparative Study"在美国已经是一个比较成熟的领域。基本上他们觉得,如果你不比较,就看不清楚事物,只有比较了,才能看得很清楚。这在美国已经是一个比较成熟的学科领域,不管是研究哪一个国家的政治,总是把它放到一个比较的大视角里研究才显得更清楚。20世纪80年代,我在哈佛大学做 McArthur Fellow

时上过相关的课，很受启发，比如加布里埃尔·阿尔蒙德（Gabrial A. Almond）和西德尼·维巴（Sidney Verba），他们的《公民文化：五个国家的政治态度和民主制度》是研究政治文化的经典之作。通过运用各种经验方法，从不同角度和立场对 20 年来一些国家的政治文化变迁进行了分析和评论。他们编的那本教材里边有很多东西都是现成的一些理论，比如说比较意大利的选举政治和美国代议制度的区别。从一定程度上讲，我们要是从比较的视角去研究别的国家，可能会更具有历史感、科学性和清晰性。

香港中文大学（深圳）有一个全球研究项目，分为硕士项目和博士项目。我们在研究全球治理的同时，也在研究当代中国的政治、经济、可持续发展。为对国际形势、国内政策等具备更深层次的理解和更加精准的把握，我们又成立了以政策咨询为导向的全球与当代中国高等研究院（The Advanced Institute of Global and Contemporary China Studies），横跨粤港澳大湾区发展研究、中国的政治经济政策分析、国际格局的演变与追踪，从一定程度上讲，也可以说它是一个国别研究。未来一段时间里，我们也会重点在两个领域里面有所关注，一个是欧洲研究，一个是美国研究，因为我们觉得这两个领域对中国的国家利益很重要。当下，我国已有强大的学术资源、人才资源，但是我们还是想多多少少在拓展国别研究方向做出一点自己的努力。

作者简介：郝雨凡，香港中文大学（深圳）人文社科学院常务副院长，校长讲席教授。

# 区域国别研究多学科交叉融合
# 人才培养体系的探索与思考

范祚军

近年来,随着"一带一路"倡议持续推进,区域国别研究日益活跃,国内部分高校先后开展区域国别研究,探索建设区域国别研究学科体系和人才培养模式。自 2016 年起,广西大学创办"金融学国际金融方向拔尖创新人才实验班",进行面向东盟的国际金融拔尖创新人才培养体系建设。经过五年的探索和努力,广西大学在面向东盟的区域国别研究多学科交叉融合人才培养方面积累了经验。

## 一、创办广西大学"金融学国际金融方向拔尖创新人才实验班"的背景

党的十八大以来,中国对外开放与国际交往逐步扩大深化,国际经贸投资规模持续增长,共建"一带一路"倡议与人类命运共同体理念稳步推进,中国在走向世界的同时与世界互动共融。为深刻认识世界大变局与中国大发展,服务国家战略和外交大局,2012 年教育部在部分高校和研究机构启动了区域和国别研究基地培育与建设工作,首批获得立项建设的培育基地共 37 个;2017年教育部进一步出台《国别和区域研究中心建设指引》,鼓励高校深入开展国别和区域研究工作,推动高校设立国别和区域研究中心的进程,区域国别研究随之进入繁荣发展新阶段。

立足面向东盟的区域国别研究特色和优势,广西大学先后成立中国—东

盟研究院(2005年),组建中国—东盟区域发展省部共建协同创新中心(2013年),形成具有东盟特色的区域国别研究体系,开展从单纯研究东南亚民族和地缘政治关系到基于服务中国—东盟博览会全面研究中国—东盟政治、经济关系的区域国别研究工作。广西大学在开展面向东盟的区域国别研究工作中牢记服务面向东盟开放合作的初心使命,在科学研究、智库建设等方面取得显著的成绩,中国—东盟研究院于2017年成为教育部国别和区域研究中心(备案)。同时,我们也意识到要深入开展面向东盟的区域国别研究工作,服务中国—东盟命运共同体建设,推进"一带一路"高质量发展,有必要改革目前的区域国别研究人才培养模式,以解决当前精通东盟国家语言、熟知东盟国家情况的复合型创新人才缺乏难题。因此,广西大学结合应用经济学学科特色,依托中国—东盟区域发展省部共建协同创新中心,创办"金融学国际金融方向拔尖创新人才实验班",从已入学的广西大学一年级本科新生中选拔,采取搭建平台、本硕博贯通、个性培养、加强指导等方式培养面向东盟的国际金融拔尖创新人才,构建全程互动、协同育人、资源共享、实践创新的人才培养体系。2016年,首届"金融学国际金融方向拔尖创新人才实验班"招生。

## 二、面向东盟的国际金融拔尖
## 创新人才培养的范式探索

人才培养对于推动区域国别研究发展而言意义重大。围绕中国—东盟合作发展需求,增强面向东盟的国际金融拔尖创新人才储备,广西大学依托中国—东盟区域发展省部共建协同创新中心,通过创办"金融学国际金融方向拔尖创新人才实验班"的方式推进人才培养工作,培养具有独立思考、崇尚科学、追求创新、具备开阔的国际视野、富有社会责任感和政治敏锐性、熟悉中国—东盟区域合作、在国际金融市场上"跨界行走"、具有良好合作精神的研究实践复合型国际金融领军人才,采用多元化、灵活化的管理模式和个性化的培养方案,大力挖掘优秀学生的创新素质和科研能力。

一是科学制定面向东盟的国际金融拔尖创新人才培养目标。广西大学按照"以人为本、自主发展、夯实基础、拓展方向"的原则,倡导以学生为主体的人才培养和研究型教学人才改革,提出"金融学国际金融方向拔尖创新人才实验班"的培养目标,即培养具有扎实的英语和东盟国家小语种基础,同时具备国际政治、国际经济和金融学专业知识,能够对中国—东盟金融合作领域做出贡献的研究实践复合型人才,打造一批从事中国—东盟区域合作和金融合作的学术精英和高素质创新型人才。

二是创新设计面向东盟的国际金融拔尖创新人才培养模式。广西大学"金融学国际金融方向拔尖创新人才实验班"按照个人意愿和阶段考核结果,采用"1+2+1(本科)"模式、"1+2+3(本硕衔接)"模式以及"1+2+2+3(本硕博衔接)"模式等不同培养模式,分国际国内金融市场跨境联动(证券与期货)、国际资本流动与人民币东盟化专题、国际投融资与国际金融机构体系、国际信用评价与跨国信用管理4个方向进行精细化、精英化培养,培养国内一流、"应用经济学+国际关系+东盟小语种"跨学科、复合型拔尖创新人才。

三是有序组建面向东盟的国际金融拔尖创新人才培养师资队伍。为满足"金融学国际金融方向拔尖创新人才实验班"人才培养目标,广西大学充分利用中国—东盟省部共建协同创新中心的专职优质师资队伍,并从协同单位以及国外大学选派一流师资,师资采取"专、兼、聘"结合的模式打造"校内师资+协同创新单位师资+国外师资"的组合形式,强化师资队伍立德树人职责意识与行为规范,确保师资队伍教育教学工作规范与培训质量,力争把"金融学国际金融方向拔尖创新人才实验班"做大做强。

四是合理搭建面向东盟的国际金融拔尖创新人才培养组织架构。广西大学"金融学国际金融方向拔尖创新人才实验班"依托中国—东盟区域发展省部共建协同创新中心,以协同创新方式培养面向东盟的国际金融拔尖创新人才。中国—东盟区域发展省部共建协同创新中心由广西壮族自治区人民政府主导联合中联部、外交部、商务部、中国农业银行,由广西大学牵头协调南京大学、中国人民大学、中央财经大学、外交学院等国内外重点高校、科研院所共同组建。在中国—东盟区域发展省部共建协同创新中心主管下,广西大学国际学院负责"金融学国际金融方向拔尖创新人才实验班"的教学管理工作,中心建设载体以中国—东盟研究院、中国—东盟信息港大数据研究院作为创新支撑，南京大学、中国人民大学、中央财经大学、外交学院等主要协同创新单位承担联合培养作用，中心主管的中国—东盟大学智库联盟作为与东盟国家重点大学、科研院所的联系机构。

五是规范运用面向东盟的国际金融拔尖创新人才培养建设经费。广西大学"金融学国际金融方向拔尖创新人才实验班"建设经费主要来源于广西壮族自治区教育厅等有关部门、中国—东盟区域发展省部共建协同创新中心、广西大学等渠道，主要用于"金融学国际金融方向拔尖创新人才实验班"学生完成学业、开展创新创业等方面。

## 三、面向东盟的国际金融拔尖
## 创新人才培养的初步成效

经过五年的探索和努力，广西大学"金融学国际金融方向拔尖创新人才实验班"通过加强学术引导、导向式培养模式、开展学术报告或专题讲座、安排学生赴东南亚进行实地调研以及参与各类国际学术会议等方式，培养国内一流、"应用经济学＋国际关系＋东盟小语种"跨学科、复合型拔尖创新人才。截至目前，已培养"金融学国际金融方向拔尖创新人才实验班"本科生合计 54 人，其中 15 人在读，39 人已顺利毕业且有 26 人进入硕士研究生（本硕衔接）阶段学习；已培养硕士研究生即"1＋2＋3（本硕衔接）"模式合计 26 人，其中 18 人在读，4 人已顺利毕业，4 人进入博士研究生（本硕博衔接）阶段学习；已培养博士研究生即"1＋2＋2＋3（本硕博衔接）"模式合计 4 人，其中 4 人在读。"金融学国际金融方向拔尖创新人才实验班"已毕业学生或考取国内重点高校研究生，或出国留学深造，或任职于国内金融机构或企事业单位，在面向东盟的国际金融拔尖创新人才培养方面成效初显。

在学期间，"金融学国际金融方向拔尖创新人才实验班"学生在科研立项、学术论文、竞赛获奖等方面取得不错的成绩，曾获得广西大学"大创计划"自治区级创新训练项目、广西研究生教育创新计划项目等科研立项 11 项，发表多篇涉东盟贸易、涉东盟投融资等主题学术论文 13 篇,参与中国"互联网+"大学生创新创业大赛、"挑战杯"启迪控股广西大学生课外学术科技作品竞赛等科研竞赛并获奖 20 项,参与国际企业管理挑战赛、东盟与中日韩教育论坛、全国大学生数学竞赛等学科各类竞赛并获奖 36 项。为提升"金融学国际金融方向拔尖创新人才实验班"学生的语言运用能力,广西大学曾于 2017—2019 年组织学生赴英国斯旺西大学进行暑期英语学习,于 2019 年组织学生赴印度尼西亚加扎马达大学、泰国朱拉隆功大学进行暑期印尼语和泰语学习。此外,为提升学生们的学术理论与实践能力,广西大学曾多次邀请来自南开大学、上海财经大学、中南财经政法大学等高校的专家学者到访广西大学开展学术讲座,通过组织参与中国—东盟大学(国别与区域研究)智库联盟年度论坛等国际国内学术会议的方式开拓学生们的学术视野,通过组织学生赴中国出口信用保险公司、中国海外控股集团有限公司、亚洲金融合作协会、中国期货业协会、中国保险资产管理业协会、中国银行业协会等单位开展暑期实习的方式提高学生们的实践认知。

## 四、推进区域国别研究多学科交叉融合人才培养的思考

　　广西大学"金融学国际金融方向拔尖创新人才实验班"作为面向东盟的区域国别研究多学科交叉融合人才培养体系建设的先行先试,积累了丰富的理论和实践经验。但在高质量建设"一带一路"和构建人类命运共同体的当下,以广西大学"金融学国际金融方向拔尖创新人才实验班"为代表的区域国别研究多学科交叉融合人才培养体系建设需要进一步创新、实践和融合。

　　一是创新区域国别研究人才培养的学科支撑体系。"国别和区域研究"于2013 年被国务院学位委员会正式列为外国语言文学一级学科的五大研究对象之一,其定义为"借助历史学、哲学、人类学、社会学、政治学、法学、经济学等学科的理论和方法,探讨语言对象国家和区域的历史文化、政治经济社会制度和中外关系,注重全球与区域发展进程的理论和实践,提倡与国际政治、国际经

济、国际法等相关学科的交叉渗透"。当前外国语言文学一级学科下设区域国别研究二级学科已经形成主流,而从事区域国别研究人才培养的机构较为著名的有中国社会科学院下设的国际研究学部,在国际关系和区域国别研究方面有着较为悠久的历史和浓厚的学术底蕴,外国语类院校、综合类院校等高校也先后成立区域国别研究机构。但从目前来看,外国语类院校侧重于"重语言、轻专业"的培养模式,综合类院校则侧重于"重专业、轻语言"的培养模式,且学科方向偏向国际关系、政治学等单一学科,进而培养出各有侧重的区域国别研究人才,具有一定的局限性。从目前广西大学"金融学国际金融方向拔尖创新人才实验班"来看,其人才培养主要是在应用经济学单一学科框架之下进行,其创办初衷是培养通晓东盟小语种的国际金融复合型拔尖创新人才。但从长远发展来看,有必要创新区域国别研究人才培养的学科支撑体系,从国家需求、地方需要等角度开展统筹规划,尝试设置"区域国别研究"一级学科,推动现有的单一学科模式向交叉学科纵深发展,为区域国别研究多学科交叉融合人才培养体系建设奠定学科支撑基础。

二是完善对区域国别研究人才培养的模式构建。从目前国内各高校区域国别研究人才培养情况来看,在本科、硕士以及博士培养体系建设方面均有涉及。但从人才培养成效来看,由于目前高校对于区域国别人才的培养模式较为单一,现有区域国别研究人才在服务中国企业"走出去"以及参与"一带一路"建设仍存在较大的距离。然而,真正的区域国别研究人才必须是对对象国或区域全面精通的综合性人才,即在精通对象国语言的同时精通专业学科知识。广西大学"金融学国际金融方向拔尖创新人才实验班"学生培养方面进行了创新性尝试,从本科模式到本硕衔接模式再到本硕博衔接模式培养,从东盟小语种等非通用语言的学习到应用经济学、国际关系等学科的研究,激发学生在区域国别研究上的创造性。为服务中国对外开放的大局和"一带一路"高质量发展,有必要对区域国别研究人才培养模式进行革新,通过"语言＋专业"、"本硕博衔接"、联合培养、国际合作交流等创新方式,加大区域国别研究多学科交叉融合人才的培养力度。

三是建立对区域国别研究人才培养的支持机制。从 2012 年首批教育部区域和国别研究培育基地启动到 2017 年《国别和区域研究中心建设指引》的出台,教育部通过加强统筹、建立中心、开展备案、课题支持等方式推进高校开展国别和区域研究工作。《国别和区域研究中心建设指引》中关于人才培养的要求为"制定实施覆盖本科和研究生阶段的国别和区域研究人才培养方案,培养能熟练掌握对象国语言、具有复合型专业背景的人才"。而包括广西大学"金融学国际金融方向拔尖创新人才实验班"在内的区域国别研究人才培养属于长期的系统工程,需要不断的投入和长期的积累。为推进区域国别研究多学科交叉融合人才培养体系建设,希望从国家层面联合教育部、外交部、中联部等部门,加大对区域和国别研究中心的建设力度以及对区域国别研究机构多学科交叉融合人才培养的支持力度。

作者简介:范祚军,广西大学副校长。

# 国别区域学科建设中的实然与应然<sup>①</sup>

张振江

无论是作为一个研究领域，还是一门可能的专业或学科，国别区域目前都是国内学术界和高等教育界的一个热门话题。其实原因并不复杂，那就是伴随着中国日益走近世界舞台中央，加之世界正处于百年未有之大变局及由此带来的不确定性剧增，中国急需了解世界，就像世界上也有越来越多的人和国家想了解中国一样。就此而言，国别区域的热门便应运而生。本文梳理了国别区域的实然状况，并讨论了应然问题。

## 国别区域研究的现状

第一，国别区域研究的兴起是中国崛起的产物。改革开放以来，中国经济蓬勃发展，成为名副其实的"世界工厂"。特别是 2010 年中国成为世界第二大经济体后，借助经济全球化的浪潮，中国的人员、技术与资本伴随着中国的商品，也开始迅速和大规模地走向全球。与此相伴，中国对世界的兴趣和需求也同步增长。在此背景下，泛指世界各国和各地区的国别区域研究可谓应需而生。回顾世界历史，这似乎也是一个基本规律。地理大发现后欧洲各国相继设立包括非洲学、东方学和汉学在内的外国问题研究和人才培养机构。崛起于两次世界大战的美国，在与苏联争夺世界的冷战背景下，通过提供大量的经

---

① 本文首发于《中国社会科学报》2021 年 11 月 11 日第 4 版。

费支持和制度保障,几乎实现了区域研究领域的全球覆盖,形成了至今仍处于世界领先水平的区域学。有些学者因此称国别区域研究为"大国之学"。但实际上,只要对外部世界有需求的国家,不分大小,都会积极投身于此类研究机构的设立,例如在新加坡设立的东南亚研究院(ISEAS - Yusof Ishak Institute)就属全世界东南亚研究的翘楚。

第二,国别区域研究已经受到了国内官产学研各界的重视。首先,在政府层面,教育部在20多年前就启动了普通高等学校人文社会科学重点研究基地建设计划,其中专门设有10多个国际领域的基地。2012年又在部分高校和研究机构启动了区域和国别研究以及国际教育研究基地遴选与培育建设,首批批准了包括北京大学在内的37个区域和国别研究培育基地。2017年,为深入开展国别和区域研究工作,全面覆盖世界各个国家和地区,教育部再次鼓励高校设立国别和区域研究备案中心。到目前为止,近200所高校共设立超过400家专门的国别与区域研究机构。除此之外,教育部还通过诸如冷门"绝学"等课题招标,鼓励大学和研究机构加强国别区域研究。其次,在产业层面,随着中国企业"走出去",特别是"一带一路"倡议的快速推进,走向世界的中国企业对外国情况的了解不仅仅是兴趣,更是一种刚性需求。很多公司不但主动求计于大学与科研机构,更是直接设立了公司内部的国际合作与研究中心。最后,科研院所和大学本身就是研究的承担主体,它们对国别区域研究的重视自不待言。

第三,国别区域研究在中国有着雄厚的积累和坚实的基础。在机构方面,20世纪50年代,中央层面有1956年成立的中国国际问题研究所、1959年中国科学院历史研究所设立的世界历史研究组;地方层面有厦门大学1956年成立的南洋研究所等。20世纪60年代,北京大学、中国人民大学和复旦大学先后成立政治学系,至今仍是国际政治学科的领头羊。改革开放后,20世纪80年代起,中国社会科学院开设了包括美国研究所、欧洲研究所在内一批专门从事外国问题研究的机构,至今也都是从事国别区域研究的主力军。在学术成果方面,除了翻译引进的多种外国研究丛书,大批中国学者的研究专著也可谓汗牛充栋。包括《世界经济与政治》《国际问题研究》《外交评论》《美国研究》

《欧洲研究》《东南亚研究》《东北亚研究》在内的学术刊物,每年都会刊登关于国别区域研究的大量学术论文。而诸如清华大学国际关系研究院创办的《中国国际政治季刊》(*The Chinese Journal of International Politics*)更成为此类研究的国际平台。在研究队伍方面,尽管目前没有权威的人数统计,但有人对过去10年来全国181所高校建立的国别区域研究队伍简单估算,显示已经涵盖了十多个一级学科,人数超过1万人。在每年国家社科基金项目的申报中,国际问题常被列为等同于一级学科的类别,也从侧面反映了申报者的数量之多。

## 以人才培养为核心

上述三点反映了国别区域研究的天时与地利,那该领域未来应如何发展？在笔者看来,人才培养在国别区域的未来谋篇布局和发展中应当成为核心任务。

首先,任何一项事业,无论创建者做得多么好,如果没有下一代的继承和发展,这项事业最多是昙花一现。就此而言,无论目前积累了多少国别区域的知识和理论、出版了多少国别区域的研究成果,如果没有年轻一代投身国别区域研究,如果缺乏有兴趣、有能力也有意志接续研究的后来者,国别区域研究很难有未来。因此,培养出从事国别区域研究的后继人才,才是国别区域事业持续向前的基本保证。可喜的是,目前有些大学已经开始了这方面的尝试,例如广西大学的东盟学院、山东大学的东北亚学院等。

其次,如果要成规模地培养国别区域研究专门人才,那就要设立国别区域的学科,让国别区域研究变成国别区域学,而且应该是一级学科。尽管教育部鼓励高校创新,不少学校也通过自主设置二级学科的方式进行尝试,但对照目前中国高等教育学科设置的标准和要求,学科建设的难度还很大。以暨南大学为例,多年前该校专门设置了一个针对外国学生的"中国学"全英硕士项目,性质是交叉学科,该项目综合了政治学、历史学、文学、经济学、法学五个一级学科硕士授权点,目的在于让外国学生了解和研究当代中国。但在最终颁发学位时却碰到了学位归口的问题,因为该项目不是一级学科,无法设置"中国学"的学科组和分委会,最终只能选择政治学一级学科的法学学位,这与外国学生希望颁发的"中国学硕士"(Master of China Studies)学位相去甚远。更重要的是,一旦归口为一个学科,后续的论文抽审和学科评估,以及学生学位论文的选题、写作、理论范式等都得限定在该学科领域内,这与当初交叉学科的追求有所差别。该案例显示,如果国别区域不能成为一个一级学科,甚至一个学科门类,未来在学生的培养中就会遭遇上述难题。因此,要想把国别区域作为一个长久的事业做下去,就一定得有国别区域学。

最后,从事国别区域研究和人才培养的教学与科研人员应当自强与合作。一方面,目前国别区域研究和教学涉及的一级学科有十多个,其中外语、国际关系、世界历史等学科较为积极。但因为单个学科所限,很多的交流还是局限在各自学科领域内部,因此应当主动打破学科藩篱,增加跨学科与多学科的协作。另一方面,为了让国别区域研究成为国别区域学,相关学科的人员需通力合作,设计出该学科的四梁八柱。现有的一级学科都有明晰的学科概况、学科内涵、学科范围、培养目标、相关学科等,只有如此,才能说服其他学科和相关机构同意设立国别区域学。

国别区域研究的春天已经到来,只有把国别区域研究提升为国别区域学,才能确保这项事业的持续发展。

作者简介:张振江,暨南大学国际关系学院/华侨华人研究院院长、教授。

# 在中国体验东南亚研究：
# 一次逆向文化冲击[①]

谢侃侃

**摘要**：近 20 年来，中国的东南亚研究经历了重大变化。随着中国政治、经济实力的增强，人们认识世界的需求也越来越强烈，客观上推动了区域国别研究的迅速发展。尽管中国东南亚研究的出现远早于"区域研究"，但后者近年来的蓬勃发展已经对前者产生了深刻的影响，集中体现为大量学者投身于东南亚相关的政策类研究。"政策研究转向"反映了中国东南亚研究范式的转变，也与中国高教事业的发展和社会大趋势的变化相呼应。当前，中国东南亚研究领域出现了一定的失衡，表现为语言项目的快速增长、短期政策研究的绝对主导，以及基础研究、特别是人文学科的进一步边缘化。基于各自独特的学科基础、语言项目覆盖、研究人员学术方向和地方政府政策偏好，中国各大学采用了截然不同的新路径来开展东南亚研究。通过与国外相关领域近半个世纪的发展进行对比，本次报告试对这些路径的成效进行探讨。

**关键词**：东南亚研究　政策研究转向　知识生产

---

① 笔者感谢国家社会科学基金(20CSS020)对本文研究的支持和北京大学区域与国别研究院"燕南 66 学者沙龙"参会者提出的修改意见。本文英文版发表于《东南亚研究学刊》，参见 Kankan Xie, "Experiencing Southeast Asian Studies in China：A Reverse Culture Shock," *Journal of Southeast Asian Studies* 52, no. 2 (2021)：170 – 187。

2010 年起,笔者赴美国攻读东南亚研究方向的硕博学位期间在印度尼西亚、新加坡和荷兰进行了两年的田野调查和档案研究,最终于 2019 年学成归国,任教于北京大学外国语学院。虽然回国计划并不像十多年前的出国一般令人畏惧,但这一决定也绝非"拍脑袋"做出的——为了适应国内的学术环境,笔者也尝试进行了各种调整。在国外留学期间,笔者与许多中国的同行们保持着联系,从他们那里获取了许多关于中国东南亚研究发展现状的信息,也因此了解到国内学术生态的变化。但直到正式开始工作,笔者才恍然意识到,相比十年前,东南亚研究已经发生了翻天覆地的变化。对笔者来说,需要努力适应的不仅仅是一个全新的工作环境。更重要的是,国外到国内的转换促使笔者去思考一系列较为根本的问题:中国东南亚研究的现状如何? 在中国学界的语境下,成为一名东南亚研究学者意味着什么?

笔者发现自己夹在国内外两种不同的学术传统之间,也常常因为自己对西方学术体系更熟悉而感到尴尬。与此同时,笔者也注意到一些令自己惊讶,却被同行们认为是理所应当的趋势和争论。这种认识论上的不安非常像人类学学者在海外多地进行长期田野调查回到本土环境中后感受到的"逆向文化冲击"(reverse culture shock),对我个人产生了极大的冲击与挑战。但从积极的角度看,这也促使我对这个领域进行批判性的思考。虽然我受到的系统学术训练是历史学,但本文将不再过多赘述中国东南亚研究的发展历程,因为国内外关于相关历史脉络的梳理和研究已足够成熟。① 本文试图借鉴人类学视角,通过笔者的"参与式观察",反思最近二十余年东南亚研究在中国的发展。

---

① Wang Gungwu, "Two perspectives of Southeast Asian Studies: Singapore and China", in *Locating Southeast Asia: Geographies of knowledge and politics of space*, ed. Paul H. Kratoska, Remco Raben and Henk Schulte Nordholt (Singapore: Singapore University Press, 2005); Saw Swee-Hock, "A review of Southeast Asian Studies in China", in *Southeast Asian Studies in China*, ed. Saw Swee-Hock and John Wong (Singapore: ISEAS-Yusof Ishak Institute, 2006); Liu Hong, "Sino-Southeast Asian Studies: Towards an alternative paradigm", *Asian Studies Review* 25, 3 (2001): 259-83; Park Sa-Myung, "Southeast Asian Studies in China: Progress and problems", in *The historical construction of Southeast Asian Studies: Korea and beyond*, ed. Park Seung Woo and Victor T. King (Singapore: ISEAS-Yusof Ishak Institute, 2013).

# 一、"区域研究"的兴起

我国现代意义的东南亚研究可以追溯到 20 世纪 20 年代，最早被称为"南洋研究"。受政府处理侨务工作的需求驱动，华人华侨问题一直是中国东南亚研究学者的主要关注点。[①] 在中华人民共和国和东南亚各民族国家成立后，南洋研究逐渐发展成为今天的东南亚研究，而政策需求仍然是推动和塑造该研究领域发展的最重要动力之一。[②] 尽管东南亚研究项目由来已久，但区域研究的兴起在中国却是一个相对晚近的现象。直到 21 世纪，中国学界才大量出现关于区域研究的严肃学术讨论，而大多数区域研究中心的活跃时间尚不足十年。换句话说，东南亚研究的创立比"区域研究"早了至少半个世纪。通常来说，东南亚是中国区域研究中备受关注的重要组成部分。许多区域研究项目是在东南亚研究的基础上发展而来；因中国与东南亚国家相互毗邻，该地区的进入门槛相对较低，很多新建区域研究中心也将东南亚地区作为主要的研究对象。本节将探讨在当代中国语境下东南亚研究与区域研究的关系，特别是东南亚研究在新兴的区域研究中所扮演的角色，以及近年来我国区域研究的兴起对东南亚研究产生了怎样的重塑作用。

中国综合国力的增强是区域研究兴起的重要背景。经过几十年的快速发展，中国成为全球经济的有机组成部分，国际格局也发生了重大变化。随着 21 世纪初"走出去"战略的实施，越来越多的中国企业开始向海外投资。2013 年，该战略扩展为更具雄心的"一带一路"合作倡议，旨在促进全球近 70 个经济体的基础设施建设与发展。随着我国政治实力的不断增强、与世界经济的联系日益紧密，保护我国在海外利益的诉求也日益迫切。与此同时，国际环境发生重大变化，不仅要求中国在处理全球性问题上发挥更积极的作用，在应对领土争端、贸

① Leander Seah, "Between East Asia and Southeast Asia: Nanyang studies, Chinese migration, and National Jinan University, 1927-1940", *Translocal Chinese: East Asian Perspectives* 11, 1 (2017): 31-3.

② 唐世平，张洁：《中国东南亚研究现状：制度化阐释》，《当代亚太》2006 年第 4 期，第 5 页。

易战、疫情等挑战时也能够及时调整。中国政府逐渐意识到增强对世界了解的必要性和紧迫性。但是,现行体制下的政策和学术研究成果常常难以满足政府及各利益相关方的需要。区域研究的出现与发展即是对这种需求的回应。

该回应最直接的结果是,政府开始对区域研究提供前所未有的支持,并且明显倾向于与政策制定相关的研究。在过去几年中,许多政府机构大力扶持区域研究,经费投入和相关机会不断增多。这些政府机构不仅包括国家社会科学基金和教育部等传统的学术基金管理单位,还包括从事外交、新闻传播、移民、产业发展、国家安全以及宗教和民族事务的职能机构。由于缺乏特定地区的相关专业知识,政府部门难以进行深入调查研究,因此经常将研究项目外包给各种专业智库。过去,社科院系统的机构是开展此类研究的主要单位。但随着相关研究的需求不断增长,中国社科院和一般政府智库的工作已无法全面覆盖,高校学者开始在政策导向的研究项目中发挥更突出的作用。

进行区域研究可获得的充裕经费与发声机会也引起了高校管理者的注意。为了得到上级部门的政策和资金支持,越来越多的高校以区域研究的名义成立智库。截至 2019 年,全国已有 400 多个区域研究中心在教育部注册。①同时还有许多未被官方认证、正在筹备建设的研究中心。值得注意的是,这些中心大多数都是所谓的"虚体机构",即没有专门的工作空间,也不聘用全职研究人员。西方国家高校的区域研究项目吸引着来自不同学科和领域的学者,而中国的区域研究中心更像是一个特定学科(其中最突出的是国际政治)的兴趣共同体或研究群组。因此,高校的区域研究中心聚集了一批具有相似学术兴趣或政策关怀的学者和研究人员。甚至在这些研究中心建立之前,成员们就已经在他们的任职院校中有过密切接触和交流。但建立新研究中心对高校学者而言通常是有益的,因为它证明了特定研究领域存在的合理性,这使得学者能够从高校内部以及外部基金机构获得用于发展区域研究的额外经费支持。

中国的区域研究从一开始就具有明显政策研究导向的特点。尽管出现时

---

① 李晨阳:《关于新时代中国特色国别与区域研究范式的思考》,《世界经济与政治》2019 年第 10 期,第 146 页。

间较晚，但这种对政策研究的强调对东南亚研究的发展产生了深远的影响。与世界其他地区相比，东南亚地区不仅与中国地理毗邻，在政治经济方面交流密切，在语言、文化、历史方面也有着紧密联系，因此东南亚研究对于中国学者而言具有较强的可操作性。近年来，南海等涉及中国国家核心利益，以及与东盟建立互信、与具体国家建立战略伙伴关系等问题对中国的长远发展至关重要，保护该地区贸易及海外投资等议题也不断涌现。① 与此同时，东南亚也成为不断加剧的中美竞争中最具战略意义的地区之一。② 由于该地区在地缘政治中的重要性，中国的政策制定部门对更及时、更深入、更全面的区域研究产生了迫切的需求。因此，政策研究导向的东南亚研究、特别是与广义国际政治相关的东南亚政策研究，成为中国区域研究中最活跃的分支领域之一。

这一趋势最直接的结果是中国研究东南亚问题的学者迅速增加，近年来相关学术会议、研讨会、讲座和网络研讨会的数量激增。虽然很难统计具体人数，但从中国在东南亚地区研究学术活动的规模和频率中，可见该领域的繁荣。例如，2019 年 6 月，来自全国各地的 242 名学者在广州举行的中国东南亚研究会年会上展示了他们的研究成果，会期三天，参会者大多数是全职的高校教师。同年，北京、上海、厦门、昆明、南宁等地也举办了与东南亚直接相关的学术活动。值得注意的是，活跃的会议参与者只代表了该学术共同体中的一小部分，除此以外还有研究东南亚地区的大批学生。

由于举办学术会议需要政府及高校相关部门的长时间审核，为避免在举办"国际会议"时遇到不必要的行政障碍，导致活动推迟或取消，此类会议的组织者往往特意将参会范围限定为国内学者。因此，各大学都热衷于举办主题宽泛、涵盖多种议题的大型"国内会议"。这类活动不仅风险低、会务组织压力

---

① 中国政府通常将五大"核心利益"定义为：维护国家根本制度和国家安全；国家主权和领土完整；经济社会可持续发展的基本保障；和平发展；国家统一。参见 Jinghan Zeng, Yuefan Xiao and Shaun Breslin, "Securing China's core interests：The state of the debate in China", *International Affairs* 91, 2（2015）：259-62；Jinghao Zhou, "China's core interests and dilemma in foreign policy practice", *Pacific Focus* 34, 1（2019）：33

② David Shambaugh, "U. S.-China rivalry in Southeast Asia：Power shift or competitive coexistence?", International Security 42, 4（2018）：86-7.

小,而且因为能够吸引大批学者,也比较容易向资助机构交代。如果会议主题太过宽泛,该如何保证区域研究会议的吸引力?为确保学者报名,最有效的方法是通过业已存在"互惠网络",即在该领域的主要高校或机构之间建立非正式的伙伴关系,必要时互相支持。学者们热衷于参加兄弟院校组织的会议,即使这些活动与他们研究兴趣的关联度有限。参会者通常希望将来在自己的机构举办类似活动时,之前所参加会议的组织者们能应邀参会。

客观来说,频繁的学术活动有利于促成一个兼具活力和凝聚力的中国东南亚研究学术共同体。然而,笔者将在下文指出,这种会议文化反映了中国区域研究学界一些令人担忧的现象。最值得关注的是,区域研究的学术共同体逐渐发展成为一个日益独立甚至孤立的系统。尽管中国高等教育在整体上具有推进"国际化"的强大动力,但讽刺的是,各高校的区域研究项目大多立足国内,对国际合作交流往往不够重视。

## 二、东南亚研究的"政策研究转向"

近年来,中国学界对于东南亚问题的兴趣给这一领域带来了巨大变化,其中两个重要的发展趋势尤其值得关注。首先是逐渐显著的"政策研究转向"——针对当代政治和经济问题的研究在东南亚研究中开始占据主导地位,而与之相对的是人文研究的逐渐衰落和边缘化。下文将对这两种趋势展开详细阐述。

上文讨论了中国区域研究兴起的基本逻辑,以此为背景,东南亚研究的"政策研究转向"也就不足为奇了——为满足日益增长的政策研究需求,经费提供机构将大量经费投入到那些具有"现实意义"的研究项目中,使政策类研究逐渐在东南亚研究中占据主流。2007—2017年,国内12本聚焦国际问题的主流学术期刊上共刊登了1470篇与东南亚相关的研究论文,约占总数的16%。[①] 在这12

---

① 2000年,南京大学中国社会科学研究评价中心开发了中文社会科学引文索引(英文全称为"Chinese Social Sciences Citation Index",缩写为CSSCI),用来检索中文社会科学领域的论文收录和文献引用情况。大学管理者普遍以该指标作为评估学者个人工作和评定学科知名期刊的标准。CSSCI将区域研究归为"国际问题研究"类,尤其强调国际政治研究,而这种分类方式本身是存在问题的。

本国际问题研究刊物中,《东南亚研究》和《南洋问题研究》主要聚焦东南亚问题,其内容涵盖了国别研究（38.3%）、东盟问题（15.31%）、南海问题(12.59%)、双边关系(11.22%)、次区域合作(2.11%)、海外华人(7.14%)和其他（13.33%）。在国别研究一类中,政治类研究数量最多,占总数的40%,其次是关于经济问题、广义上的社会问题和文化问题的研究,分别占总数的17%、17%和15%。其中,越南、泰国和印度尼西亚因其国土面积大、人口数量多、经济体量大,通常被认为更具有地缘政治影响力和研究价值,因此备受学界和政界的关注。其次,学者们也对马来西亚、缅甸、新加坡和菲律宾等国进行了较为深入研究,对其国内政治、经济发展、民主化治理等问题予以不同程度的关注。相较之下,柬埔寨、文莱、老挝和东帝汶在地区和全球事务中的影响力相对有限,研究这些国家的学者也较少。①

　　除期刊文章之外,在社科院的推动下,社会科学文献出版社在过去十年里出版了大量的政策导向型丛书,即"皮书"。"皮书"的想法源自"白皮书"。在西方国家,"白皮书"指的是由政府发表的官方指南、技术报告和重要文件,传统的白皮书侧重于表明官方态度和立场,而社会科学文献出版社发布的"皮书"在意涵上更加广泛,囊括了学界学者、产业技术专家和智库研究人员的调查评估和分析报告。其中,涉及国际事务的皮书通常使用蓝色或黄色封面,其内容主要聚焦于某一特定国家或地区的最新政治、经济和社会问题。这类皮书旨在为政府决策者、企业领导人和相关领域的专业人员提供最新信息和权威性解读。

　　至今,社会科学文献出版社已经出版了几十本与东南亚问题有关的皮书,其话题包括但不限于东盟发展、东南亚文化和大湄公河次区域合作等公共性议题,还聚焦于印度尼西亚、马来西亚、缅甸、泰国和越南等国的政治经济发展。"皮书"强调内容的时效性,要求相关领域的专家学者定期贡献其研究成果,进行较为频繁的更新。为此,社会科学文献出版社也常常将"皮书"项目

---

① 罗仪馥:《中国的东南亚研究现状（2007—2017年）——基于国内主要国际关系期刊论文的分析》,《战略决策研究》2018年9月第5期,第74—101页。

"外包"给区域研究专家。但事实上,任何一个机构都难以在有限的时间内独立完成"皮书"项目,因此"皮书"的编写往往需要专家学者们的通力合作。同时,"皮书"类成果的出现也产生了一定的"副作用"——此类出版物鼓励学者从事政策性研究,而那些需要长期实地考察和档案研究的课题则经常被忽略。此外,"皮书"的时效性强,出版周期短,严谨性有限,相关信息比较容易过时。但必须要承认的是,以"皮书"为代表的研究成果不仅满足了政府及相关部门的政策需求,也为从事区域研究的学者提供了更多的项目经费和资源支持。此外,皮书还将分散在全国各地的学者连接起来,增进了东南亚研究学术共同体的交流与凝聚力——这也算是"皮书"为学界带来的意外收获。

不仅如此,网络技术的高速发展也为从事东南亚研究的学者们提供了丰富的信息资源,一定程度上强化了"政策研究转向"。互联网时代,中国学者能够利用丰富的网络资料开展研究(尤其是现当代议题的研究);日益完善的互联网基础设施也能帮助中国学者克服语言障碍、迅速掌握东南亚地区的最新动态。其副作用是,很多从事东南亚研究的学者缺乏必备的对象国语言技能,其研究严重依赖二手的中英文资料。

对于东南亚研究学者而言,语言技能本应是需要特别强调的,但现有的学术体系并没有将语言训练看作是不可或缺的,原因主要包含以下几个方面:首先,聚焦政策的区域研究并不强调使用一手资料。即使没有使用当地语言编写的一手材料,学者们也可以在主流期刊上发表研究成果。不仅如此,东南亚小语种的语言课程仅在少数有相关本科专业的院校开设。相比于学术训练,这些院校更注重培养学生的语言技能。在学术研究方面,这些学生们既没有充足的知识储备,也没有专业老师的正向鼓励和积极引导;而那些在本科阶段接受过一定学术训练的学生却鲜有机会能系统性地学习对象国语言。由于语言习得需要大量时间和精力的投入,就中国目前学术环境而言,这种投入的回报效率较低,因此学科任课老师也不鼓励学生学习对象国语言。相反,在"国际化"需求的推动下,英语能力在当下中国的学术环境中受到高度重视,相比于参考借鉴当地语言编写的一手资料,阅读、引用英文文献或是用英文写作、发表论文常常被认为是更具权威性和影响力的学术工作。

许多学者都逐渐意识到了二手资料和"闭门造车式学术研究"（armchair scholarship）的局限性。但在中国现有的学术生态中，长期的田野调查和语言强化训练依旧难以实现，有限的经费投入更是让这一情况变本加厉——尽管投入区域研究的经费越来越多，但是大部分仅用于国际政治和经济发展相关的研究。机构和高校难以为想要出国访学、调研的学者（尤其是年轻学者）提供充足的经费支持。另一方面，在注重数量而非质量的评价体系中，学者们不得不在有限的时间内发表学术成果。在良好同行评审制度尚未形成的大背景下，区域研究学者们的声誉、收入、晋升和工作稳定性与所收到的"领导批示"和在 SSCI、CSSCI 等索引期刊上发表的研究文章的数量密切相关。① 在"政策研究转向"的影响下，与政策性研究相关的期刊有更高的的影响因子，吸引了许多试图在现行学术评价体系中立足的区域研究学者积极投稿。

准确来说，因为聚焦政策的区域研究有着源源不断的经费支持和大量的发表机会，许多从未接触过东南亚研究的学者决定投身这一领域。经过多年的发展，他们的频繁出现、影响力的持续增加和特殊的学术奖励机制深刻地改变了中国东南亚研究领域，也使得许多传统的东南亚研究机构和学者们纷纷效仿。

# 三、东南亚人文研究的边缘化

东南亚研究的政策转向也为长期专注于这一领域的院校和机构带来了深刻的变化。2000 年后，中国南方东南亚研究的重镇，即厦门大学、暨南大学、中山大学，在原有东南亚研究机构的基础上创建了国际关系学院。这一转变不仅仅体现在学院名称的变更上，更重要的是，它反映了三所院校在学科关注和核心议题上的转变。

这三所院校均位于福建和广东的沿海城市，与东南亚各国有着较深的历

---

① 与 CSSCI 类似，中国大学的管理者将科睿唯安的商业产品社会科学引文索引（英文全称为 Social Sciences Citation Index，缩写为 SCCI）作为评判国际知名期刊（尤其是英语期刊）和评估学者学术产出的重要标准。

史渊源,尤其是在海外华侨华人方面。这三所大学在 20 世纪 50 年代先后开设了东南亚研究机构,初衷是研究该地区的华侨华人问题和社会政治转型。十年"文革"后,三所院校重建了东南亚研究所,并在随后的几十年中引领了中国东南亚研究的复兴和发展。由于冷战期间的出国限制和经费问题,直至 20 世纪 90 年代,大部分研究该区域的中国学者都鲜有与国际学界交流的机会。

中国东南亚研究的一个显著特点是,21 世纪以前,归国华侨在建立和开展东南亚研究方面发挥了重要作用。[①] 许多归国华侨在东南亚国家接受了基础教育,对当地情况有较为深入的了解,同时也熟练掌握对象国语言。20 世纪 60 年代中至 70 年代末,国内政治动荡,东南亚研究的发展也举步维艰。这一时期,归侨学者们一方面努力培养为数不多的学生,另一方面也与东南亚各国的亲友保持了一定程度的私人联系。改革开放后,国家还没有完全意识到开展区域研究的必要性和紧迫性,而归侨们却在振兴东南亚研究方面继续发挥重要作用,包括引入海外华人社团的经费支持。然而,出入境限制和获得最新研究资料的困难使得归侨学者和他们早期的学生们不得不依赖于时效性较弱的文献资料开展学术研究。因此,包括历史和文学在内的人文研究在归侨的推动下得到了充分发展。

2000 年之后,中国的东南亚研究出现了"政策研究转向";与此同时,整个中国学术界也在高等教育的迅速普及下发生了重要转变。2000 年之前,硕士研究生往往在攻读博士学位之前就可以在母校获得稳定的教职。但随着我国研究生教育的迅速发展,这种情况并没有持续多久。1994 年至 2007 年间,中国国内培养的博士数量平均每年增长 25%,2008 年至 2015 年,每年增长 4%,此后稳定在每年 6 万人左右。换句话说,近十年来,中国高校授予的博士学位远超美国,位列世界第一。[②] 其中,理工科培养了绝大多数的博士毕业生,但同

---

① 廖建裕将第一代定义为出生在中国大陆并且在中国大陆完成基础教育的华侨学者,而归国华侨属于二代华侨学者。参见廖建裕,代帆:《近三十年来研究东南亚的中国学者:一个初探性的研究》,《东南亚研究》2006 年第 4 期,第 4—15 页。

② 《近四十年来,我国累计招收近 130 万名博士研究生》,2019 年 9 月 24 日,https://kaoyan.eol.cn/nnews/201909/t20190924_1684506.shtml,2020－12－28。

期人文社科的毕业生数量也出现了稳定却不均衡的增长。由于各类企事业单位旺盛的用人需求，人们通常认为法律、经济学、政治学等更加"实用"的社会科学学科就业前景较好。相比之下，历史、文学、艺术和文化研究等学位则被认为是"若不在相关领域从事研究工作则用处不大"的。① 为响应政府"培养符合我国迫切战略需要的专门人才"之号召，大学管理者们也逐渐将资源向应用领域，特别是与政策制定相关的学术领域倾斜，进一步加重了学科偏见。② 因此，大量学生舍弃了自己对于特定知识领域的追求与好奇心，涌向了那些强调就业与实用性的学科中，许多以政策研究为导向的国际关系学院和智库如雨后春笋般在中国高校中迅速发展起来。

在东南亚研究领域，这种趋势与大批归侨学者的退休几乎同时发生，具体表现为过去 20 年间，该领域出现大量的职位空缺。几十年来，归侨们所培养的学生数量有限，不足以填补如此多的空缺，少量毕业于人文研究方向的学生也远不能满足东南亚研究（广义）的实际人才需求。此外，许多人认为归侨学者们的研究和教学方法过时，不能适应改革开放后，尤其是进入 21 世纪以来中国学术的快速发展。同一时期，强调使用西式"科学方法"的学术范式开始在各个领域中大行其道。越来越多的中国学者认为定量研究优于定性研究，认为数据比文本更可靠。许多年轻学者轻视归侨学者及其学生所从事的人文研究，认为这类研究"重描述轻分析性"且缺乏"科学性"。随着越来越多应用社会科学背景的人才填补了传统东南亚研究的教学科研岗位，中国东南亚研究领域出现了重大变化，"政策研究转向"进一步增强。

实际上，这一趋势与过去 20 年中国高等教育的根本性转变密切相关。随着中国的崛起，越来越多的政府决策者和有影响力的教育工作者致力于推动中国高等教育的"国际化"，以增强中国大学的全球竞争力。在实践中，大学管理者通常会将这一号召理解为在加强高校思政建设的基础上，学习效仿西方

---

① 《文科生太多了：中国央行论文意外引发文科无用论之争》，2021 年 4 月 20 日，https://www.bbc.com/zhongwen/simp/chinese－news－56800291，2021－05－21。

② 宁琦：《社会需求与新文科建设的核心任务》，《上海交通大学学报（哲学社会科学版）》2020 年第 2 期，第 13—17 页。

模式(尤其是美国模式),以此来提升大学的国内、国际排名。在这一过程中,理工科受到的转型阻碍较小:一方面输送大量学生到西方留学、聘请大量接受过西方系统学术训练的学者来华任教,另一方面鼓励学者在有较高影响力的英文期刊发表文章,并与西方大学建立密切合作关系,在"国际化"转型中始终处于领导地位。而这样的努力也使得大量中国高校在不同的排名体系中尝到了甜头,"国际化水平"也成为衡量学术项目优劣的关键指标。

经济学、政治学和社会学等社会科学学科也顺势而为。在西方国家获得博士学位的中国人不断增多,而中国高校也越来越倾向于聘用具有一定海外留学背景的年轻学者。相反,受日益激烈的大学排名和国际竞争压力的影响,中国高校对东南亚国家(除新加坡之外)授予的学位认可度较低,甚至年轻学者自己也看不上这样的学历。近年来,在财政的大力支持下,顶尖中国大学的排名全方位超过了东南亚国家的大学。许多人因此认为,如果能够就读于国内名校,那么在发展中国家排名较低的大学中攻读研究生学位是毫无意义的。从学生视角来看尤其如此,因为这样做对就业没有实际帮助且需要付出巨大的时间成本。

相较之下,人文学科反应相对"冷淡",并没有积极顺应"国际化"趋势,受西方模式的影响较小。但令人欣喜的是:越来越多的大学,尤其是南部高校开设了东南亚国家语言的本科专业。这些专业既满足了商贸、媒体、旅游及政府部门日益增长的用人需求,也与地方政府进一步加强与该地区的政治、经贸合作的战略方针一致。而这些专业的毕业生在就业时往往可以获得比相同学校其他专业更高的薪酬。依照小语种专业的培养计划,本科生需要接受为期四年的高强度语言训练,其中包括在对象国合作院校进行一学期至一学年的学习。毕业时,这些学生可获得较好的语言水平,对对象国也具有较为全面、丰富的认识,这样的学术训练使得他们在进入研究生阶段后具备从事各种原创性研究的能力。

然而,受各种因素的影响,小语种毕业生中仅有一小部分人选择继续进行东南亚研究。一方面是受中国大学研究生录取机制的限制。我国的研究生录取一般是通过考试而非申请,这样一来,相比接受专业学科训练的学生,接受四年语言训练的学生竞争力较弱。其次，对于小语种毕业生来说，研究生学位并不意味着更好的就业前景——很多东南亚小语种专业的毕业生在本科结束时就能轻松地找到高薪工作，而研究生学历对就业的价值加成并不明显。尽管中国高等院校源源不断地引进高学历人才，但是东南亚人文学科的就业市场却是有限且充满不确定性的，这让很多年轻学生从一开始就不愿意进入这个研究领域。

此外，在国内独特的社会、政治和学术环境的影响下，人文学科的学者们逐渐发展出一套独有的兴趣、偏好、写作风格和学术传统。近年来，社会科学学者开始强调学术工作的普适性，并致力于在国际学术界贡献"中国声音"。但是，人文学科的学者却有所不同。他们首要关注的仍然是国内学术共同体的需求，鲜少参与国际交流。因此，相比社会科学学科，人文学科的转变较小。

尽管有越来越多的东南亚研究学者通过海外留学、访学、工作等经历接触西方学界，但是相比理工科，他们仅占据其中很小的一部分。此外，值得注意的是，绝大多数来自中国的人文社科学者在海外学习工作时都更倾向于从事与中国直接相关的课题研究。这样一来，研究其他国家和地区的学者不仅数量少，且研究关切也多与广义上的"中国影响"相关。毋庸置疑，中国学者的确比其他国家的学者更了解他们的祖国，这样的知识背景也构成了他们在西方国家研究中国问题的独特优势。事实上，很多中国学生之所以能够被国外高校录取，也正是因为这些院校重视"中国视角"，且看重中国学生所具备的多语技能（中英文＋X）。

但这样的趋势也带来了意想不到的结果：为了能够在西方学术界立足，中国学者只能很局限地选择那些与中国相关的课题。为抗衡更为普遍的西方中心主义，他们的学术导师也会有意无意地鼓励他们从事与中国有关的课题。为数不多接受西方学术训练的中国东南亚研究者，包括笔者本人在内，都在研究中或多或少涉及了中国和华侨华人问题。而这正是矛盾所在——想要"走出去""国际化"的初衷反而在一定程度上强化了"具体情境中的中国中心主义"（situational Sino－centrism）。从中国和华侨视角出发研究东南亚问题，许多在西方国家学习工作的中国学者都感到动力与压力并存，似乎这是与国际学界形成学术对话,为世界东南亚研究做出贡献的唯一可行路径。与印尼学者贺严多(Ariel Heryanto)的经典论述"东南亚研究中是否存在东南亚人"相呼应,中国学者是否能够摆脱其固有的"中国视角"来谈论东南亚问题?① 鉴于目前西方国家的学术生态,笔者认为要实现这一目标还是非常困难的。对笔者而言,回到中国之后似乎开启了更多意想不到的可能性。尽管中国中心主义无疑在中国国内更为普遍,但很多学者都认识到了这种视角偏见的存在并经常性地批判其缺陷。

## 四、机构建设路径的新尝试

尽管中国的东南亚研究存在诸多问题,但一个积极的趋势是:随着区域研究在全国范围内的兴起,近年来东南亚研究也发展迅速。许多学者不再将东南亚研究视为一个"狭窄、边缘且无足轻重"的领域,经费投入的增加、新机构的成立、现有基础设施的改善以及公众和学界的关注度增加都有力地印证了这一点。

与改革开放初期邓小平提出的建设"有中国特色的社会主义"号召相呼应,关于建设"具有中国特色的区域研究"的学术争论也十分激烈。② 毫不意外的是,中国学界普遍把美国区域研究的发展作为参考框架。许多中国学者撰文探讨"二战"后美国区域研究的兴起,认为中国应该效仿美国的模式,建立必要的基础设施,推动区域研究的发展。具体来说,中国学者参考借鉴了美国在 1958 年发布的《国防教育法》(National Defense Education Act,NEDA),敦促中央和地方政府增加对区域研究的财政支持,并致力于实现区域研究在多个层面上服务国家利益和战略需要的目标。③ 此外,区域研究的倡导者通过讨论

---

① Ariel Heryanto, "Can there be Southeast Asians in Southeast Asian Studies?", *Moussons* 5 (2002):5-7.

② 钱乘旦:《建设中国风格的区域与国别研究》,载《区域国别研究学刊(第 1 辑)》,北京:商务印书馆,2019 年,第 i—v 页。

③ 任晓:《再论区域国别研究》,《世界经济与政治》2019 年第 1 期,第 59—77 页。

福特基金会、洛克菲勒基金会、卡内基基金会和社会科学研究理事会（SSRC）在美国区域研究的整体发展中发挥的重要作用，不断强调私营机构参与的必要性。① 此外，中国大学在建立区域研究中心方面也热衷于学习美国同行的经验。许多中国学者将哈佛燕京学社（HYI）、芝加哥南亚研究委员会（COSAS）和康奈尔大学东南亚项目（SEAP）等机构视为最具学术权威的示范性区域研究中心。②

除真诚的赞赏和学习之外，中国学界也指出了美国区域研究的不足之处。有的批评者认为区域研究是冷战产物，主要为美国政府的政治议程服务。这种批评受意识形态影响较大，认为区域研究是美国扩张主义和帝国主义不可分割的一部分。承此逻辑，许多中国学者认为，区域研究在本质上是一种特殊的知识生产模式，促进了美国霸权在世界范围内的扩张。③ 因此，尽管中国学者在学习和借鉴美国区域研究模式方面表现出极大的热情，仍有人对此表示担忧，认为如果只是简单地移植美国模式，可能会像中国在其他领域的改革一样，出现严重的"水土不服"问题。因此，区域研究的倡导者们强调，中国的区域研究必须包含"中国特色"以适应截然不同的国际和国内环境。

当下，中国的区域研究面临着一个棘手的问题，即如何在中国现有的学术体系中定位区域研究，尤其是如何平衡区域研究与现有的学科之间的关系。④ 这个问题对西方学者而言并不陌生，自第二次世界大战结束、区域研究出现以来，对区域研究和现有学科之间关系的争论层出不穷。对此，美国的普遍做法是将区域研究中心建设为跨学科枢纽，将来自不同院系的、拥有相似区域关注的学者联系起来。尽管如此，相比于其他项目，一些区域研究项目在聘用研究员、授予学位、运行出版项目和管理图书馆馆藏方面享有更多的独立性。大学

① 牛可：《地区研究创生史十年：知识构建、学术规划和政治－学术关系》，《北京大学教育评论》2016年第1期，第31—61页。

② 高子牛：《作为跨学科组织的研究中心：以康奈尔大学东南亚研究中心为例（1950—1975）》，《北京大学教育评论》2018年第2期，第116—133页。

③ 张杨：《冷战与学术：美国的中国学 1949—1972》，北京：中国社会科学出版社，2019年，第156—163页。

④ 王缉思：《浅谈区域与国别研究的学科基础》，载《区域国别研究学刊（第1辑）》，第1—5页。

进行区域研究的方法可能因教师专业方向、学生兴趣、行政结构、财政资源和项目发展轨迹而异。总的来说，美国大学可以相对自由地建立新的学科体系和区域研究中心，也可以决定是否对旧的项目架构进行重组以满足不断变化的需求。

然而，在中国，重组现存学科或建立新的区域研究中心并不容易，主要是因为中国的高等教育以公立大学为主且资源配置高度集中。一方面，大学享有依托学科或院系资源，组建"虚体"研究中心的自主权。这样的虚体通常是单一学科的延伸，而非跨学科的交流平台。由于学科是大学最重要的组成部分，因此与拥有牌匾、网页和少数教职员工的兴趣共同体相比，虚体机构所发挥的作用有限。另一方面，建立所谓的"实体"机构，即独立于现有学科的跨学科研究中心，要复杂得多。高校开设具有实体地位的区域研究项目，必须严格遵守国务院学位委员会和教育部联合发布的官方指导方针《学位授予与人才培养学科目录》。官方认可是获取稳定的财政支持、为教职员工提供薪酬以及招收学生的必要条件。因为只有这样，区域研究中心才能真正独立运作。值得注意的是，区域研究在学科目录中还不是官方认可的一级学科。因此，大学需要将区域研究确定为现有一级学科的"子学科"，例如政治学（国际问题研究）、世界历史或外国语言文学等。[1]

与其他区域研究项目相比，中国的东南亚研究具有较长的历史和独特的发展轨迹。近年来，随着区域研究的兴起，大学东南亚研究的路径受制于多方因素，包括现有学科设置、财政资源的多寡、政府支持，以及来自各方面的竞争。在此，笔者将介绍以下三种主要的机构建设路径。

### （一）路径一：综合性大学的区域研究院

第一种路径是建立覆盖世界各地区的独立实体区域研究中心。只有北京和上海的少数几所重点研究型大学有能力建设这样的综合中心，因为其具备良好的学科基础，可靠的资金支持，研究世界特定区域的悠久传统，并且与高

---

① 张忞煜：《国别和区域研究学科史》，工作论文，北京大学外国语学院，2020 年，第 4—9 页。

层决策者的关系密切。由于东南亚研究具有良好的历史积淀和巨大的发展潜力，此类大学通常将东南亚研究视为其建立覆盖全球的区域研究项目的重要组成部分。

例如，早在 2018 年成立区域与国别研究院（区研院）之前，北京大学就已有研究东南亚地区的悠久传统。外国语学院在本科和研究生阶段开设缅甸语、菲律宾语、印度尼西亚语、泰语和越南语语言文学专业。至少有两名历史系教员进行东南亚相关研究，聚焦环境史和华侨华人史。国际关系学院合并了冷战期间成立的亚非研究所和世界社会主义研究所，其师生的研究大多关注东南亚国际关系和国内政治。与西方地区研究中心一样，区研院的主要目标是建设一个跨学科平台，将不同学科背景的学者联系起来，组织吸引区域研究专家的学术活动，并将校内资源汇集到一个更为高效的机构中。然而，与大多数美国同行不同的是，区研院还兼具大学智库功能，定期发布政策研究报告，以满足政、商、学界不断增长的需求。区研院成立后不久就开始招收研究生。为了符合《学位授予与人才培养学科目录》的要求，区研院目前暂时通过外国语学院"外国语言文学"一级学科下的"国别与区域研究"二级学科进行招生。虽然区研院和外国语学院通过相同的二级学科招生，但这两个项目的跨学科研究路径略有不同。前者弱化注册学籍，为学生进行跨院系学习提供了更大的灵活性；相比之下，后者更强调高阶的语言训练和人文学科内的跨学科性。①

与北大区研院相对应的是清华大学的国际与地区研究院（地区院），其前身为 2011 成立的发展中国家研究博士项目。与北大不同，清华热衷于将自己定位为"中国的麻省理工学院"，其主要优势在于科学技术领域。然而，自 20 世纪 90 年代以来，清华通过聘请和招收在西方和中国高校培养的顶尖学者，在人文社会科学领域建立了几个规模不大但实力雄厚的院系。尽管这些顶尖学者中几乎没有专门从事区域研究的专家，也没有教师从事与东南亚直接相

---

① 宁琦：《区域与国别研究人才培养的理论与实践——以北京大学为例》，《外语界》2020 年第 3 期，第 36—42 页。

关的研究,但清华却通过发展中国家研究博士项目招收了一大批受过外语训练或具备东南亚研究背景的学生。该项目期望学生在入学前已经具备良好的语言能力,并以此为基础,在入学后接受扎实的历史学、法学、人类学或政治学的学科训练,从而获得进行原创性研究的能力。依靠充裕的经费支持,发展中国家研究博士项目的学生通常会在对象国学习一年,之后在西方一流大学交换一年。自 2017 年重组以来,清华地区院为发展中国家项目的毕业生提供了在该研究所担任助理研究员的就业机会。在继续从事现有研究项目的同时,留任的助理研究员们还可以向低年级博士生们提供相关领域的专业知识。通过这种方式,具有一定实验性质的发展中国家研究项目逐步发展为一个成熟的区域研究机构。

同样,上海的复旦大学也成立了国际问题研究院,其中的中国与周边国家关系研究中心对东南亚展开的政策研究可圈可点。然而,与北大和清华不同的是,复旦的国际问题研究院与外交部建立了密切的合作关系,致力于成为"世界级大学智库"。因此,其学科交叉的概念更集中体现在政治学领域。

## (二)路径二:外国语大学的"学科化"尝试

进行区域研究的第二种路径是外语专业的所谓"学科化"尝试。效仿苏联模式,中国在 20 世纪 40 年代至 60 年代在北京、上海、广州、重庆、天津、西安和大连建立了许多专门教授外语的大学(外语院校)。这类大学最初的目的是培养从事外交和情报工作的人员,促进社会主义阵营内部以及与全球第三世界国家间的合作。由于东南亚地区与中国地理毗邻且历史上联系紧密,许多外国语大学在成立之初便开设了东南亚语言专业。改革开放后,随着政府和企业需求的不断增长,外国语大学又设立经济、传播、法学、政治学等学科。学科类目虽不断丰富,但大多数学科仍然十分薄弱。同时,"外国语言文学"一级学科在经费分配、教师聘用、招生和学位授予等方面仍然占据着学校的主导地位。近年来,区域研究的兴起为外国语大学的发展提供了前所未有的机遇。许多外语院校在增设学科的同时,也开始在"外国语言文学"一级学科下设立"国别和区域研究"课程,希望区域研究和语言教学相互促进。

例如，北京外国语大学的亚洲学院进一步扩大了教授语种的数量，开设了覆盖东南亚各国的本科专业。此外，亚洲学院还设立了一个区域研究项目，聘用了历史学、人类学、法学、政治学等学科背景的学者。他们本身未必是语言专家，却采用不同的学科方法对亚洲不同地区进行教学和研究。同样，北京语言大学和广东外语外贸大学也利用其"外国语言文学"的基础，结合其他学科的优势，开设了区域研究项目。上海外国语大学采取的路径略有不同，在一级学科"政治学"下创建了"区域国别研究"二级学科，同时整合了其语种专业的资源。尽管存在一定区别，人们可以很容易地观察到其中的共同点：中国各地的外语院校通过双向的"学科化"尝试积极推动区域研究的发展。具体而言，一种方式是在语言教学与科研的基础上进行跨学科的尝试，另一种则是利用强势的语言项目来培育孵化新的学科。

### （三）路径三：具有地方特色的东南亚研究

区域研究的第三种路径，笔者称之为"具有地方特色的区域研究"。与北京和上海经费充沛的重点研究型大学和语言课程覆盖面极广的外国语大学不同，地方大学能够投入到区域研究中的资源十分有限，无法建立学科门类齐全、地理区域全覆盖的研究机构。因此，地方大学的区域研究项目往往聚焦于少数几个可以反映其竞争优势、符合当地政策需要的地区。对于中国南方的大学来说，发展东南亚研究具有合理性且优先级较高。广东和福建的高校有研究东南亚地区的悠久传统，这是因为这两个省份与东南亚（尤其海岛地区）的历史联系密切，华侨华人在其中发挥了重要作用。同时，广西和云南的大学则优先发展与中南半岛国家相关的研究，因为邻近的地理位置和历史上宽松的边界为地区间的人员和商品流动提供了有利条件。

如上所述，区域研究的兴起加速了南方省份东南亚研究的"政策研究转向"，对从事东南亚研究的传统机构产生了一定的影响。厦门大学、暨南大学、中山大学的东南亚研究机构最初以研究东南亚侨务为中心。不过，上述三校已逐渐将重点转向该地区的国际政治和经济问题。尽管上述研究机构在转型后仍然聘用着大量历史学、人类学、经济学学者，但都更名为国际关系学院，隶属于"政治学"(国际问题研究)一级学科之下。厦门和暨南的相关机构在更名为"国际关系学院"后仍然保留了"南洋研究院"和"华侨华人研究院"的别称,以展示其历史渊源。中山大学的国际关系学院则完全摒弃了"东南亚研究所"的称呼。

　　此外,值得一提的是,南方各省区域研究的"分工"并非中央集中规划的结果,实际上与路径依赖和激烈的省际竞争密不可分。二十多年来,广西和云南一直在争夺"中国—东南亚交流门户"的地位。云南吸引了六个东南亚国家在省会昆明设立领事馆,而广西南宁也旗鼓相当。此外,南宁还获得了中国-东盟博览会永久会址的殊荣。① 各省政府大力扶持东南亚研究(特别是非通用语和国际关系研究)项目,希望进一步巩固其门户地位。在其影响下,广西的多所大学建立了东南亚研究中心,特别关注东盟和越南。云南的高校也纷纷建立了类似的机构,聚焦于大湄公次区域和缅甸。近年来,云南将自身的战略定位调整为"我国面向西南开放重要桥头堡",推动了南亚研究在云南的高速发展。反映这一转变的最生动案例也许是云南省社科院频繁而不必要的期刊更名:在短短十年内,该刊由《东南亚》更名为《东南亚南亚研究》,随后又调整为《南亚东南亚研究》。

# 五、结　语

　　21世纪,中国的东南亚研究经历了重大的变化。中国在政治和经济方面的崛起促使人们对世界其他地区进行深入了解的需求增加,从而推动了区域研究的快速发展。尽管中国东南亚研究的出现比区域研究早了至少半个世纪,但后者的蓬勃发展深刻影响了前者,其中最显著的变化是吸引了大批学者进行政策导向的研究。"政策研究转向"不仅反映了东南亚研究范式的转变,也与中国高等教育和社会转型中普遍存在的大趋势相一致。

---

　　① 李秀中:《广西和云南"较劲"20年,谁将是面向东南亚的门户?》,2019年8月29日,https://www.yicai.com/news/100313388.html,2020-12-17。

一方面,改革开放和高等教育的全面扩张为学者研究东南亚问题创造了前所未有的机遇,使他们的专业知识与各个领域和行业的需求相契合。而另一方面,东南亚研究面临着来自学术界内外的巨大压力。这些压力包括但不限于高校重视数量而忽视质量的评价体系,在继续推动国际化的同时加强思政建设的矛盾,对排名、声望、经费支持的盲目追求等。此外,东南亚研究还深受当下中国社会日益浓厚的功利主义氛围影响,这种氛围强调实用主义、投资回报和特殊的政治正确。语言专业的快速增长、短期政策研究的绝对主导、人文学科的进一步边缘化同时发生,使得东南亚研究的发展更加不平衡。在此背景下,各高校根据各自的学科基础、语种覆盖、教师专长和地方政府的政策偏好,探索了新的区域研究机构建设路径。

笔者在思考中国东南亚研究的现状时,不禁将其与20世纪五六十年代美国区域研究的黄金时代进行对比,当时该领域在美国蓬勃发展,充满机遇、资源丰富。本尼迪克特·安德森(Benedict Anderson)在他的回忆录中写道:"东南亚研究在1950年代和1960年代的主要魅力在于它似乎是某种全新的东西,其结果是使学生们觉得自己像是考察未知社会和领域的探索者。"[1]与美国的发展轨迹类似,中国的东南亚研究也从过去20年不断变化的国内和国际环境中受益。也正因如此,该领域目前充斥着喧嚣和希望。然而,中国与美国东南亚研究最重要的区别是,该领域对中国而言并不是一个真正"全新"的领域。也就是说,中国东南亚研究在继承既有学术传统的同时,也经历着很多根本性的新变化。中国东南亚研究是否也会像该领域在美国那样,在越南战争后走向衰落?还是说,考虑到中国与东南亚互为近邻并且有着深厚的历史联系,东南亚对中国的重要性永远不会消退? 这些问题尚无定论,但中国学者们应该且有必要勇敢地走出去,更加积极地为世界东南亚研究学术共同体的发展贡献力量。

作者简介:谢侃侃,北京大学外国语学院助理教授。

---

① 〔美〕本尼迪克特·安德森:《椰壳碗外的人生》,徐德林译,上海:上海人民出版社,2018年,第61页。

# 从冲突的焦点到被边缘化①
## ——浅析巴以问题的历史演进

昝　涛

**摘要**：2021 年 5 月巴以之间发生了严重冲突，这既是历史上长期悬而未决的巴以问题的延续，也有双方选举政治的内政因素。历史地看，巴以问题在中东地区的重要性呈不断下降趋势。埃及总统萨达特开启了阿拉伯国家与以色列的和解。"阿拉伯之春"后，巴以问题在中东的政治格局中已经被边缘化。2020 年，在美国的斡旋下，阿联酋和巴林与以色列签署了"亚伯拉罕协议"。

**关键词**：巴以问题　中东　阿拉伯　以色列

2021 年 5 月中旬，控制加沙地带的哈马斯与以色列国防军之间发生了激烈的冲突②，造成了大量的平民伤亡，以及数十亿美元的经济损失。③ 据报道，引发这次冲突的一个重要导火索，是在东耶路撒冷的某个区，一些犹太人和巴勒斯坦人争夺房产所有权，法院判的是房产归犹太人，强行让巴勒斯坦人搬出去；另一个导火索是，斋月期间，以色列警察不让穆斯林进入清真寺，引发了激烈的警民冲突。其实，东耶路撒冷问题，首先是主权问题。按照联合国决议，

---

① 本文是根据作者在 2021 年 5 月所做的一次线上讲座整理而成。
② 哈马斯与以色列国防军之间，是"不对称战争"。以色列技术水平高，哈马斯的火箭弹既便宜、水平又低。高科技的参与、精准打击等预示了未来战争的残酷性和非人化。
③ https://baike.baidu.com/item/2021 年巴以冲突/56993074？fr＝aladdin,2022 - 01 - 31.

东耶路撒冷是巴勒斯坦国的首都,但实际控制权是在以色列人的手里。

近百年来,提到中东,最重要的就是巴以问题,也就是巴勒斯坦的阿拉伯人与以色列的犹太人之间的冲突。但实际上,目前看,如此激烈的巴以冲突,也并未引发多大的影响,作为中东地区核心问题的巴以问题,已经被边缘化了。而这一切,又是怎么发生的呢? 本文将简要分析巴以问题的历史、现状及其特征。

# 一、历史与宗教

巴勒斯坦这块地方只有 2 万多平方公里,却承载着历史上最深重的宗教、族群和政治恩怨。犹太民族非常古老,他们很早就生活巴勒斯坦地区。古犹太教有 3 000 年的历史。阿拉伯人也是历史悠久的民族。7 世纪初阿拉伯穆斯林崛起后,耶路撒冷在 7 世纪中叶就被穆斯林控制了[①],之后虽然有过短暂的十字军王国,但到 20 世纪初的大部分时间里,耶路撒冷都处在伊斯兰帝国的控制之下。犹太人说他们是巴勒斯坦最早的主人;而穆斯林对此的观点是,犹太人的主体早就在外边离散了数千年,1 000 多年来是阿拉伯人住在这里。这两个主张很难协调。

耶路撒冷是犹太教、基督教和伊斯兰教共同的圣城。宗教差异并不必然导致冲突。在奥斯曼帝国,犹太人没有遭到迫害,反而是欧洲有长期反犹排犹的传统。在 15 世纪,犹太人宁愿移民到奥斯曼帝国。[②] 当时影响比较大的犹太人定居地,不在巴勒斯坦,而是马其顿的萨洛尼卡(Thessaloniki)[③]和奥斯曼帝国首都伊斯坦布尔。在奥斯曼帝国时代,萨洛尼卡成为一个犹太人口超过半数的港口城市,而且很发达。犹太人往奥斯曼帝国移民,没有出现阿拉伯人和犹太人之间的冲突。

---

① 〔英〕西蒙·蒙蒂菲奥里:《耶路撒冷三千年》,张倩红、马丹静译,北京:民主与建设出版社,2014 年,第 17 章。

② A. L. Sachar, *History of Jews* (New York: Alfred A. Knopf, 1967), p. 221.

③ 又称塞萨洛尼基。

# 二、犹太复国主义

真正造成问题并引发冲突的,是犹太复国主义(Zionism,也译作锡安主义)。

犹太复国主义在 19 世纪出现,是世俗民族主义。对犹太人而言,要建立一个独立的犹太国家,单从思想上接受起来也不容易。一部分犹太人认为,面对不断被迫害的局面,要想有所改变,就要建立自己的国家,要想安全,就得有自己的国家。犹太复国主义者考虑建立犹太国家的时候,并不是必须选择巴勒斯坦,他们也曾经考虑过阿根廷等地。① 还有另外一部分人持相反的主张,这是犹太人中长期流行的观念,即认为犹太人在全世界的大离散和遭受的苦难,是上帝对他们作为上帝选民的考验,犹太人之所以是犹太人,就是要接受这种命运,就是要安于流放,等待救赎,如果人为地去建立一个犹太国家,相当于是"僭越",是违反了神的旨意。②

由于现实形势所迫,犹太复国主义日益壮大,越来越多的人支持回到以色列。1917 年 11 月,英国外交大臣阿瑟•贝尔福(Arthur James Balfour,1848—1930)致函英国犹太复国主义者联盟副主席罗思柴尔德,信中说:"英王陛下政府赞成在巴勒斯坦建立一个犹太人的民族之家,并愿尽最大努力促其实现;但应明确理解,不得做任何事情去损害目前巴勒斯坦非犹太人的公民权利和宗教权利,或者损害其他国家犹太人所享有的权利和政治地位。"这封信后来被称为"贝尔福宣言"。③ 宣言得到包括美国在内的协约国主要国家的赞成。"一战"后,巴勒斯坦成为英国的委任统治地。

"贝尔福宣言"为犹太复国主义者在巴勒斯坦建国提供了依据,也埋下了

---

① Kevin Reilly, *Worlds of History: A Comparative Reader*, 3rd Edition(Boston: Bedford/St. Martin's, 2007), p. 425.

② 〔美〕迈克尔•沃尔泽:《解放的悖论:世俗革命与宗教反革命》,赵宇哲译,北京:商务印书馆,2017 年,第 37 页。

③ Marvin E. Gettleman and Stuart Schaar, eds., *The Middle East and Islamic World Reader* (New York: Grove Press, 2003), pp. 170-171.

犹太人和阿拉伯人之间的纠纷和冲突的祸根,对中东局势产生了深远影响。越来越多的犹太人来到巴勒斯坦购买和开垦土地。在以色列建国前,两个族群就已经发生过多次冲突。[①] 英国在 1939 年停止犹太人移民,限制犹太人购买阿拉伯人的土地,考虑建立阿拉伯国家,犹太人可以高度自治。[②] 但犹太人仍不断到来(偷渡)。"二战"后,犹太人移民更多。到此时,矛盾已经很难解决。英国人把问题交给了联合国。1947 年 11 月,联合国通过 181 号决议,决议规定在巴勒斯坦建立两个国家,一个是犹太人的国家,一个是阿拉伯人的国家,[③]就面积来说,犹太人的国家相对大一点点,是 1.5 万平方公里,而阿拉伯人的国家是 1.1 万平方公里。

# 三、中东战争

1948 年 5 月 14 号,以色列宣布建国。但是,广大阿拉伯国家不同意。在以色列宣布建国的第二天,第一次中东战争就爆发了。结果,以色列战胜。以色列当时非常破败,人口也少,但竟然战胜了阿拉伯联军。1956 年,第二次中东战争爆发,以色列总理本-古里安采取措施先发制人的手段,以极小代价取得了巨大胜利。1967 年的"六日战争"是第三次中东战争,阿拉伯国家联盟通过了对以色列的"不承认、不谈判、不和解"的原则;以色列实施"先发制人"的打击,取得了重大胜利,几乎占领了 181 号决议分给阿拉伯人的全部领土。1974 年的第四次中东战争中,以色列先是遭受埃及和叙利亚联合先发制人的打击,损失较大,而后情况发生逆转,以色列进行了有效反击,后来双方根据联合国的停火协议终战,第四次中东战争以平局结束。在第四次中东战争期间,为了打击以色列及其支持者,石油输出国组织的多个伊斯兰国家采取提价、减

---

① 〔英〕伊恩·布莱克:《邻居与敌人——阿拉伯人和犹太人在巴勒斯坦和以色列,1917—2017》,王利莘译,北京:中信出版集团,2019 年,第 39—40、55—66 页。

② 〔英〕伊恩·布莱克:《邻居与敌人——阿拉伯人和犹太人在巴勒斯坦和以色列,1917—2017》,第 96 页。

③ 〔英〕伊恩·布莱克:《邻居与敌人——阿拉伯人和犹太人在巴勒斯坦和以色列,1917—2017》,第 119—120 页;Kevin Reilly, *Worlds of History: A Comparative Reader*, 3<sup>rd</sup> Edition, pp. 442-443.

产乃至禁运等手段,将石油作为打击对手的武器,短期内世界石油价格猛涨,触发了"二战"后最严重的全球经济危机,也就是第一次石油危机,危机持续了三年,对发达国家造成了严重冲击。①

第四次中东战争影响深远,双方都意识到冲突和战争无法解决问题。1977 年 11 月,作为阿拉伯国家领袖的埃及做出了惊人之举,总统萨达特前往以色列访问(这等于承认了以色列的存在),他成为第一个访以的阿拉伯国家领导人。② 1978 年 9 月,在美国总统卡特的撮合下,埃及与以色列达成"戴维营协议"(Camp David Accords)③,1979 年双方正式签订了和平条约。1982 年,以色列正式把西奈半岛归还给埃及。埃及的举动被其他阿拉伯国家视为背叛,阿拉伯联盟发生严重分裂,埃及一度被驱逐出阿盟。不过,"戴维营协议"最终是推动了中东和平的发展。此后,阿拉伯国家同以色列的关系开始由对抗转向对话。1994 年,约旦与以色列签署和平协议。

## 四、巴以和谈④

1967 年的第三次中东战争后,以色列基本上占领了巴勒斯坦的全部阿拉伯人地区。1988 年,巴勒斯坦全国委员会宣布成立巴勒斯坦国,可是巴勒斯坦国没有疆界,没有领土,只是形式上单方面宣布建国,相当于成立了一个流亡政府。当我们谈论作为一个国家的巴勒斯坦时,它虽然是个国家,但没有领土和疆域。中国以及世界上 100 多个国家(包括联合国)都承认巴勒斯坦国。在这个意义上说,巴勒斯坦建国问题,实际上,就是如何把已经宣布成立的国家予以实体化的问题。在实体化实现之前,巴勒斯坦就只是一个有部分管辖地

---

① 陈建民编著:《当代中东》,北京:北京大学出版社,2002 年,第 107—112 页。

② 〔英〕伊恩·布莱克:《邻居与敌人——阿拉伯人和犹太人在巴勒斯坦和以色列,1917—2017》,第 279 页。

③ 〔英〕伊恩·布莱克:《邻居与敌人——阿拉伯人和犹太人在巴勒斯坦和以色列,1917—2017》,第 284—285 页。

④ 本节的时间线参考了 https://en. wikipedia. org/wiki/Israeli － Palestinian_peace_process,2022－01－31。

的、形式上的国家。宣布成立巴勒斯坦国后,阿拉法特(Yasser Arafat,1929—2004)决定与以色列进行和谈。

从1991年开始,巴以双方开始了断断续续的和平谈判,先是确定了谈判的基本原则——"土地换和平",即以色列通过归还它在历次中东战争中占领的阿拉伯人领土,来换取与阿拉伯人的和平相处。1993年,双方达成了"奥斯陆协议",以色列允许巴勒斯坦阿拉伯人在两个地方实现一定的自治,一是加沙(Gaza),二是杰里科(Jericho)。1994年,阿拉法特与以色列总理拉宾(Yitzhak Rabin,1922—1995)和外交部部长佩雷斯获得诺贝尔和平奖。此后,巴勒斯坦自治范围逐渐扩大,以军陆续从约旦河西岸包括希伯伦在内的7座主要城市撤出,将它们交由巴勒斯坦控制。1995年,主张巴以和平的以色列总理拉宾被犹太激进派刺杀身亡,和平进程被打断。

到2000年,巴勒斯坦人的实际控制区是约旦河西岸与加沙地带(靠近埃及西奈的一块飞地),巴勒斯坦人实际控制的地区只有2 000多平方公里。

拉宾之后,以色列激进派长期掌权。最重要的以色列激进派是利库德集团(Likud)的领导人沙龙(Ariel Sharon,1928—2014),他做过以色列国防部长,后当选为总理。沙龙进过阿克萨清真寺(Masjid Aqsa),引发了穆斯林的不满,他还做过其他类似的事情。2000年,东耶路撒冷的圣殿山(Temple Mount)出现了巨大冲突。

由于在耶路撒冷的归属、犹太人定居点、巴勒斯坦难民回归、巴以边界划定等关键问题上分歧太大,至今巴以双方仍然没有达成永久性和平协议。

# 五、隔离与封锁

1967年以后,以色列开始在被占领的阿拉伯土地上修建犹太人定居点。开始时,定居点集中在约旦河西岸,内政部统计数据显示,从1972年至2008年,约旦河西岸地区的犹太人定居点人口从1 182人增加到了28.58万人,东耶路撒冷定居点的人口已达到将近20万人。加沙地带也是以色列修建犹太人定居点的主要地区之一。犹太人定居点一般都有以色列军队保护。犹太人定居点当然威胁到了巴勒斯坦人的利益。①

2005年,以强硬闻名的沙龙实施了一项"单边行动计划",就是主动拆除加沙地带的定居点,将以色列人全部撤出,结束了对加沙地带38年的占领,另外,以色列也从约旦河西岸的4个地方撤出,这些地方只保留了一些大型犹太人定居点。②乍一看,以色列的这一举动令人费解,在没有遭遇什么挫败的情况下,它为什么会主动撤出呢?

据研究,这主要是因为以色列出现了一种担忧,简单说,就是在人口统计学上,大面积的实际控制区也造成了一个负担,以色列实际上控制了大量的阿拉伯人口,而被占领土上的巴勒斯坦人口增长迅速。以色列担心,假以时日,以色列的人口中,阿拉伯人将超过犹太人,以色列非常担心自己成为下一个南非。根据统计,在2005年以色列撤离加沙地带之前,在以色列控制的土地上约有1 050万人口,其中51％为犹太人,49％为阿拉伯人。而考虑到巴勒斯坦人的出生率高于犹太人,以色列人口的结构不久后将发生改变。这才是沙龙提出并实施单边行动计划的原因。③

出于同样的原因,以色列还采取了另外一项措施,就是修建隔离墙,把巴勒斯坦人与犹太人分离开来。2002年6月,以色列决定沿"绿线"(即1967年第三次中东战争前的实际控制线)修建一段长约600公里的"安全隔离墙",隔离墙将约旦河西岸的大约10％巴勒斯坦被占领土圈入以色列一侧。

2007年,哈马斯全面控制加沙地带。以色列与哈马斯是死敌。为打击哈马斯,以色列对加沙地带进行了全面封锁。其方式是在加沙地带外围修建10米高的厚重水泥墙,每隔十几米就建一座岗楼,隔离墙以外300米是安全隔离区,凡闯入者就会被无情射杀。对加沙地带靠地中海一侧,以色列仅允许当地渔民在距海岸线3公里的范围内打渔,相比于国际标准,这一范围非常小,以

①　《背景资料:犹太人定居点问题》,https://news.ifeng.com/c/7fYvRY99x2c,2022-01-31。
②　《以制定完单边行动计划,年底之前撤出加沙定居点》,http://news.sohu.com/20050112/n223910394.shtml,2022-01-31。
③　《人口统计学让沙龙改变主意》,https://news.sina.com.cn/w/2006-01-14/04297978513s.shtml,2022-01-31。

军舰可以对越线的渔船开火。以色列的封锁造成加沙地带严重的人道主义灾
难,巴民族权力机构主席阿巴斯将加沙地带形容为一所巨大的"监狱"。①

## 六、各自的"内政"

巴以问题为什么难解?关键是,巴以问题已经成为哈马斯和法塔赫之间
政治斗争的一部分,也成为以色列内部政治斗争的问题。

阿拉法特的巴勒斯坦民族解放运动(简称法塔赫,Palestine National
Liberation Movement)②实际上承认了 1947 年的联合国决议。1987 年,亚辛
(Ahmed Yassin,1937—2004)创立了伊斯兰抵抗运动(简称哈马斯,Islamic
Resistance Movement),它不承认联合国决议,不承认以色列的存在以及以色
列建国的权利,要让以色列从地球上消失,认为阿拉伯人应该在地中海东岸一
直到约旦河西岸的土地上建立一个完全独立的、推行伊斯兰教法的阿拉伯伊
斯兰国家。③ 哈马斯代表了巴勒斯坦对以色列强硬的一派。亚辛曾经有一句
名言,他说以色列人只能够听得懂人肉炸弹。同情巴勒斯坦的人特别是很多
穆斯林往往认为哈马斯是反以英雄,亲以色列的西方人士往往认为哈马斯是
恐怖组织。

2000 年,哈马斯在以色列实施的"定点清除"中遭到重创。此后,哈马斯在
表示不放弃武装斗争的同时,开始参与政治。2006 年 1 月,哈马斯在选举中一
举击败主导巴政坛将近半个世纪的法塔赫,获得多数席位。哈马斯单独组建
的政府遭到以色列和一些西方国家的抵制,陷入危机。尽管哈马斯与法塔赫
曾短暂联合组阁,但彼此的分歧和冲突不断。尤其是哈马斯一直保持着准军

---

① 《隔离墙延伸到内心深处,成巴勒斯坦人"心头之痛"》,https://news.sina.com.cn/w/2004 -
07 - 12/15193062633s.shtml,2022 - 01 - 31。
② 1959 年,法塔赫成立于科威特。1965 年,法塔赫开始武装反对以色列占领。法塔赫主张在整
个"巴勒斯坦土地上建立一个以耶路撒冷为首都的民主国家"。法塔赫在巴勒斯坦的影响力越来越大。
1969 年,阿拉法特当选为巴解组织执委会主席。20 世纪 80 年代后,随着局势的发展,法塔赫的立场逐
渐趋于温和、务实,主张承认以色列的存在,并在"以土地换和平"的原则基础上和平解决阿以冲突。
③ https://en.wikipedia.org/wiki/Hamas,2021 - 12 - 31;〔英〕伊恩·布莱克:《邻居与敌人——
阿拉伯人和犹太人在巴勒斯坦和以色列,1917—2017》,第 337—340 页。

事力量,并经常与法塔赫领导的安全部队发生冲突。

2007 年 6 月,哈马斯夺取了加沙控制权。民族联合政府被解散,阿巴斯领导法塔赫在约旦河西岸组建了过渡政府。法塔赫对加沙基本没有了控制力和影响力。此后,双方关系长期处于紧张状态。哈马斯和法塔赫的政治理想不同,美国、以色列等又将哈马斯列为恐怖组织。哈马斯控制下的加沙地带,大概有 360 多平方公里,人口有 200 多万。哈马斯有自己独立的军事民兵组织,在外援上深受伊朗的支持和影响。不过,哈马斯与法塔赫在反对以色列吞并上有共同目标,因此,双方十多年来也多次接触,寻求和解,只是,因为政治理想和政治利益的分歧,在政治上彼此仍然是竞争对手。所以,今天的巴以问题不是巴以两方的冲突,而是哈马斯、法塔赫和以色列三方之间的关系。

在 2021 年巴以冲突前,以色列两年内搞了四次选举,内塔尼亚胡(Benjamin Netanyahu,1949—　)组阁失败,还面临腐败案指控。无论是内塔尼亚胡个人,还是右翼的利库德集团,在政治上都非常有危机感。另外,在 20 世纪 80 年代以后。尤其是拉宾被刺杀以来,凡是想在以色列政界有所作为,能被以色列老百姓所接受的政党和政治人物,只能在巴以问题上采取强硬态度。以色列除了用技术手段确保自身的安全、扩大定居点、加强对阿拉伯人的控制之外,在相关问题上越来越强硬已经成为一种政治文化。巴以问题,对双方来说,既是国际问题,又是内政问题,还是涉及双方情感的历史、民族和宗教问题。

对 2021 年巴以冲突的升级,除了警民冲突、房产纠纷,我们需要进一步考虑其他因素:首先是双方政局,以色列的强硬文化加上利库德集团尤其是内塔尼亚胡个人的和政党的问题,他们亟须摆脱政治危机,而比较好的方式,就是在巴以之间发生冲突的时候,对巴勒斯坦人采取强硬态度,这是内塔尼亚胡在政治上得分的一个便捷方式,虽然内塔尼亚胡后来还是没有成功组阁。① 2021 年,巴勒斯坦本来也要选举,哈马斯和法塔赫之间的逻辑也是一样的,尤其是

---

① 《"告别"内塔尼亚胡时代 以色列外交政策难有新突破》,https://baijiahao.baidu.com/s? id=1703136520898507002&wfr=spider&for=pc,2021-12-31。

哈马斯需要摆脱困局,需要争取更多支持,方式之一就是刺激以色列对其进行更多的打击,换取在阿拉伯人、巴勒斯坦人中的更多支持。不过,巴勒斯坦大选最终被推迟了。

2020 年,在美国的主持下,阿联酋和巴林与以色列签署了"亚伯拉罕协议"(Abraham Accords)①,与以色列化敌为友,巴以问题再次被搁置。进入 2021 年,中东地区正在出现多个和解迹象:沙特和伊朗表达了缓和关系的迹象,土耳其和埃及,沙特和卡塔尔也在进行和解。普遍的看法是,在 2011 年"阿拉伯之春"后,巴以问题已经不再是阿拉伯国家重点关心的问题,也不是中东问题的核心了。"阿拉伯之春"后,阿拉伯国家各有各的麻烦,巴以问题在中东的政治格局里已经被边缘化了。

作者简介:昝涛,北京大学土耳其研究中心主任,北京大学历史学系长聘副教授。

---

① https://www.state.gov/the-abraham-accords/, 2022-01-31.

# 博望论天下，多元看世界

## ——北京大学区域与国别研究院举办第一届博士生论坛

2021年4月11日，为庆祝北京大学区域与国别研究院成立三周年，第一届区域与国别研究博士生学术论坛在北京大学静园一院101顺利举行。本次论坛以"博望天下：跨学科视角下的区域与国别研究"为主题，由区域与国别研究院博士生自筹自办、全程参与，来自北京大学区域与国别研究院、法学院、历史学系和中国人民大学、中国社会科学院等多所高校院系和科研机构的博士生参与本次论坛。

本次论坛重点关注研究地区的历史与现实，突出问题意识与跨学科交流，强调学术对话与学术共同体建设，论坛共设中东与俄罗斯中亚两个分论坛。中东分论坛以"复杂形势下中东地区历史、政治、经济与社会现实"为主题；俄罗斯中亚分论坛以"理论与问题视野下的俄欧亚研究"为主题。

北京大学区域与国别研究院院长钱乘旦教授进行了论坛开幕致辞。钱乘旦教授对论坛的顺利召开表示祝贺，希望与会博士生抓住本次机会展示自身的学习与研究成果，以本次论坛为契机，为之后全国性博士生论坛的筹办继续努力。他强调，区域与国别研究最大的特点是实证性，博士生应以问题为导向，提升自身学术水平。

中东分论坛由北京大学哲学系宗教学系副教授沙宗平与北京大学区域与国别研究院副院长、北京大学国际关系学院副教授王锁劳担任评议人。中东分论坛的同学就纳卡问题中的大国干预、中国-摩洛哥新冠疫苗合作、日本-伊朗能源外交、土耳其货币危机、犹太复国主义、以色列定居点问题、印尼在海湾国家的劳务输出、土耳其阿列维问题等内容依次做了报告。研究议题覆盖了政治学、金融学、历史学、社会学等多个学科，充分体现了国别与区域研究的跨学科性。王锁劳老师鼓励同学们在现有研究的基础上从横向与纵向两方面扩大视野，增加跨地区与跨时空的比较维度，从而让现有研究更扎实、更完整。沙宗平老师在明确定义与细化论述方面给同学提出了许多建议，并希望同学们充分发挥创造力，在既有研究中发现新视角，把握新趋势。

俄罗斯中亚分论坛由北京大学历史学系助理教授庄宇与王锁劳副院长担任评议人。中亚分论坛的同学就吉尔吉斯斯坦政治社会困境、中国-乌兹别克斯坦公共外交、哈萨克斯坦人口老龄化等问题展开论述，俄罗斯分论坛的同学则主要关注中俄教育合作、中医在俄传播、俄罗斯疫苗外交、俄罗斯政党政治、俄罗斯城市治理、俄罗斯与独联体经济联系及华沙条约成立始末等问题，体现了区域与国别研究涵盖内容的多样性与丰富性。庄宇老师从文章的学术性出发，既肯定了同学们已经取得的研究成果，又对尚存的不足之处给出了专业化的修改建议。王锁劳老师则从文章的完成度与发表着手，分享了许多关于选题与论述的实用技巧。

闭幕式上，王锁劳副院长对同学们的进步成长表示由衷的祝贺。他鼓励同学在未来的学习中勤于思考，勤于写作，希望同学们再接再厉，争取在明年拿出更高质量的作品。

志合者，不以山海为远。本次博士生论坛促进了各高校区域与国别研究领域博士生之间的交流，给广大博士生提供了一个讨论与展示的平台，在思想的碰撞中激发出灿烂的学术之花，对区域与国别研究人才培养与学术共同体建设具有重要意义。

（整理人：王耀正、何则锐）

# 博雅工作坊第 45 工作间

## ——"'九一八事变'与东亚世界、百年变局"

　　2021 年 9 月 18 日,是日本帝国主义发动侵华战争、中国人民开始十四年抗日战争的 90 周年纪念日。在北京大学中外关系史研究所、东北亚研究所的组织下,北京大学区域与国别研究院举办了主题为"'九一八事变'与东亚世界、百年变局"的博雅工作坊。来自中国社会科学院、北京大学、复旦大学、南京大学、南开大学、武汉大学、东北师范大学与首都师范大学的国内著名历史学及国际关系与国际政治学者 20 余人,围绕"九一八事变"与东亚世界与百年变局等主要课题,进行了深入的专题研讨。

　　北京大学区域与国别与研究院院长钱乘旦教授在致辞中指出,今天是"九一八事变"90 周年的日子,它对于中国与世界都是很有纪念意义的;"九一八事变"不仅改变了当时的东亚与世界格局,也改变了中国命运的走向;本次工作坊不仅是一场学术研讨,也是学者们对百年来中国历史发展变化的总结。在当前我国面临百年未有之大变局的内外情势之下,继续深入研讨"九一八事变"及其对于百年变局的历史关系与影响,具有非常重要的学术意义与现实借鉴之价值。

　　关于"九一八事变与中国",韩东育教授全面介绍了东北地区的抗战情况,包括马占山将军及其部队一直坚持抗日,以及中国共产党领导的东北抗联磐石游击队与杨靖宇将军的抗战历史,并就有关资料问题提出了建议。彭敦文教授关注"九一八事变"对于南京国民政府政治体制的影响,论述了所谓"虚位元首制"从设计到实施的过程。张生教授报告了李顿调查团上海南京北平之行的真相，并论析了国民政府接待过程中体现的"弱国外交"的特性。侯中军研究员通过对于英美等国外交文献的分析，展现了"九一八事变"后国民政府采取的国联与大国外交的应对。

关于"'九一八事变'与日本"，陈谦平教授认为"九一八事变"不仅是日本侵华战争的开端，也是列强瓜分中国边疆的第二次高潮的开始，并以法国侵占中国南沙群岛为例进行了详细报告。徐勇教授论述了"九一八事变"以后日本军政关系的演变过程，认为军部法西斯主义是日本法西斯主义的最恰当概括，也是日本发动并扩大侵华战争的体制原因。宋志勇教授报告了日本发动"九一八事变"的另一个重要目的——防共反苏，并从日本统治集团的意识形态与实用主义双重特征出发，分析了从"九一八事变"到战败期间防共反苏政策的实施过程。

关于"'九一八事变'与东亚世界"，马建标教授将"九一八事变"的发生与华盛顿体系的崩溃相联系，展现了美国资本与国际政治的复杂关系以及个人情感因素对美国外交策略的影响。于铁军教授结合日本战后七十年的历史认识，论述了"九一八事变"发生的国际背景以及产生的国际影响。张俊义研究员讲述了美国官方对于"九一八事变"的反应以及美国外交官组成的东北调查小组的活动情况，以此分析了美国对华政策的特性。吴景平教授认为"二战"时期的中美关系是近代以来最好的时期，基于战胜法西斯的共同目标，双方的合作是主流和趋势，而博弈则最终都得到了管控。

关于"'九一八事变'与百年变局"，徐蓝教授从国际关系史视角，指出"九一八事变"是欧洲列强从远东撤退的历史节点，英国的对日妥协是对日本绥靖政策的先声。汪朝光研究员从国际体系因素、经济因素、民族主义因素三个方面，分析"九一八事变"后东亚国际格局的变化。杨伯江研究员认为"九一八事变"推动了全球性集体安全思想的发展、开启了百年大变局的起点，论述了百年大变局中资本主义生产方式与观念的转变。唐利国教授认为"九一八事变"爆发前一百年是日本主导下的东亚近代化的变局，事变爆发后的近百年则是中国逐步走上崛起、实现民族复兴之路的时代。关于"九一八事变"的学术研究，高士华研究员认为国内学界还需要加强研究的全面性与深入性，克服系统性、连续性方面的不足；他还提出了中国抗战史研究需要加强的若干环节。

　　通过专题与综合讨论，与会专家一致认为："九一八事变"虽已过去 90 周年，但历史仍然是最好的教科书和清醒剂；"以史为鉴，开创未来"，中华民族在伟大复兴的征途中，面临百年未有之变局，我们要继续加强学理性探究，并从学术、学科与话语三大体系方面，努力提高和树立我国对于包括"九一八事变"在内的中日历史问题的研究水平与国际话语权。

　　　　　　　　　　　　　　　　　　（整理人：臧运祜、朱丁睿）

# 博雅工作坊第 47 工作间
## ——巨变时代的欧洲与中欧关系

  2021 年 10 月 15 日,北京大学区域与国别研究院在英杰交流中心星光厅成功举办主题为"巨变时代的欧洲与中欧关系"的博雅工作坊。来自北京大学、中国社会科学院、中国人民大学、武汉大学、中国国际问题研究院、国际关系学院、湖南大学等多所院校和科研院所的专家学者们济济一堂,从政治学、国际关系、法学、区域与国别研究等专业视角分享了各自的研究成果,并展开深入讨论。

  北京大学政府管理学院李强教授为会议致辞。他指出,欧洲自近代以来取得了辉煌的成就,但目前也面临三百年未有之大变局,欧洲研究不仅对于国家战略意义重大,还对于思考人类社会的根本问题具有启示。

  会议的主旨演讲环节由北京大学历史学系牛大勇教授主持。

  中国社会科学院欧洲研究所所长、中国欧洲学会会长冯仲平研究员认为,由于冷战之后美国战略中心转移、欧洲对北约依赖程度降低等因素,美欧关系面临重大挑战。在未来,美欧关系的发展会面临诸多可能性,"中美欧关系"三边关系的概念也会随之兴起。

  中国国际问题研究院欧洲研究所所长、中国欧洲学会副会长崔洪建研究员从时代认识视角来解读欧洲的战略选择。他认为,欧洲的时代判断一是其世界地位下降,二是国际秩序、话语价值的转变。从这些判断出发,欧洲从 2016 年开始一系列战略策划,但其实施也受到诸多现实条件约束,欧盟仍然处于战略试错和选择的过程当中。

中国社会科学院欧洲研究所副所长、中国欧洲学会副会长陈新研究员聚焦欧盟对外经贸关系的调整,分析了 20 世纪来美国和欧洲的贸易政策,对欧洲当前的产业政策做出了评述。欧盟贸易政策的调整、内涵扩大等变化会对中欧经贸关系产生深远影响。

第一场发言的主题为"中欧关系与欧洲区域",由陈新研究员主持。

北京大学经济学院吴侨玲教授以欧洲议会冻结批准《中欧投资协定》为切入点,分析了中欧关系中的变与不变。目前双边关系遇到困难,表现为"政冷经热"。经贸关系一直是双边关系的压舱石,这一性质不变,未来中欧关系也会像过去一样在不断矫正中重回正轨的。

中国现代国际关系研究院欧洲所曲兵副研究员分析了英国对华政策的蛋糕主义(cakeism)思维。英国有意在对华外交中分割政治和经济领域,以实现收益最大化,这代表了除美国外的西方国家的普遍心理特征。

北京大学政府管理学院费海汀助理教授从中东欧国家的政治强人现象出发,以精英和组织之间的关系为框架,对政党寡头化问题做出了研究。他认为,逆民主化的原因是注重政党竞争制度建设,而忽略了政党内部的组织建设。

国际关系学院徐晓红讲师认为,英国脱欧激发了苏格兰的民族主义情绪。苏格兰独立具有一定合法性,具有必要性和可能性,但也面临诸多障碍。

第二场发言的主题为"欧洲整合与欧洲一体化",由曲兵副研究员主持。

武汉大学法学院翟晗副研究员认为,欧洲一体化曲折进程的表现之一在于成员国宪法秩序对于欧盟法优越地位的排斥,宪法审查构成了国家主权和欧盟权力的冲突。

中国社会科学院欧洲研究所张磊副研究员指出,2019 年来的本届欧洲议会既做出了一些有利于中欧关系的决议,又有大量的决议涉及敏感领域,并从议会主义、党团结构、美欧关系等角度分析了这种现象,对中欧未来关系做出了展望。

中国人民大学国际关系学院梁雪村副教授对欧洲一体化做出理论反思,考察了当前欧盟世界主义和民族主义的两个面向。她认为,欧洲一体化认同一定程度上需要保留原有的民族国家框架。

北京大学政府管理学院段德敏长聘副教授从政治学理论的视角,分析了欧洲整合前景中的民主赤字问题。他指出,民主赤字的主要原因之一是欧盟当前缺乏一种"欧洲人民"的集体认同。这种认同和传统的民族国家的认同有所不同,但它到底是什么以及如何实现,在欧洲内部仍存在很多争议。

第三场发言的主题为"欧洲研究方法与问题",由段德敏长聘副教授主持。

北京大学国际关系学院吕晓宇助理教授从规范性和治理两个层面对欧盟面临的内部、外部危机做出了考察。他认为,欧洲需要探索更加集中化或更加分权化的模式以应对相应的问题。

湖南大学岳麓书院 Luís Cordeiro Rodrigues 副教授以 17、18 世纪圣方济各会托钵修会传教士对葡萄牙人在安哥拉的殖民主义辩护为例,指出了宗教的善恶概念被应用在非洲女性上以为殖民合法化。欧洲许多歧视和这种宗教观有历史渊源。

北京大学历史学系法恩瑞(Enrico Fardella)长聘副教授分析了意大利近年来的外交转向。德拉吉政府围绕北约、欧盟、大地中海地区,加强法、德、美的外交关系,增强了意大利在国际事务中的话语。这可能会让中欧关系往更加务实的方向发展。

与会的专家学者还就区域研究方法论、西欧政治现状、中东欧政治转型、中国外交的应对等议题进行了探讨,并与现场听众进行了互动。会议在热烈的讨论中完满收官。

（整理人：张开）

# 新芽沙龙第 35 期

## ——"土耳其历史研究的回顾与展望"博士生学术论坛

中国与土耳其建交 50 周年之际，北京大学区域与国别研究院、北京大学土耳其研究中心于 2021 年 10 月 22 日举办"土耳其历史研究的回顾与展望"博士生学术论坛。来自北京大学、清华大学、剑桥大学、普林斯顿大学、北京外国语大学、厦门大学、上海大学的十余名博士生通过线上线下结合方式相聚，共话国内外土耳其研究的学术传统与积淀，展望相关研究领域的新趋势、新范式、新成果，围绕学术热点问题进行深入交流研讨。

北京大学历史学系长聘副教授、区域与国别研究院副院长、土耳其研究中心主任昝涛在致辞中表示，近年来中国的土耳其研究发展迅速，研究人员的语言和学术水平逐步提高，研究领域包括了历史、语言、经济、国际关系、政治、宗教、社会等多方向。特别是一批有志于土耳其研究的中国青年学子，正在国内外高等学府求学深造，未来将成为我国土耳其研究的生力军，肩负起在国际上提高相关研究质量、水平和声望的重任。北京大学土耳其研究中心致力于搭建博士生学术交流的平台，帮助青年学子建立学缘、互相了解彼此志向和研究兴趣，为年轻一代学子的成长提供助力。

与会博士生用一整天时间进行研讨。上午的讨论中，普林斯顿大学近东研究系陈功、北京大学历史学系博士研究生乌昵尔主要关注第一次世界大战时期的奥斯曼帝国，前者对西方学界有关研究做了学术史回顾，后者讨论了英国外交部《德·邦森报告书》的历史影响。上海大学历史系梁莹莹、北京大学区域与国别研究院张楠都聚焦 20 世纪上半叶的土耳其社会，梁莹莹探讨了

1908 年至 1960 年间土耳其现代民粹主义的形成,张楠对 1923 年至 1950 年间土耳其宗教教育的兴衰沉浮进行梳理。北京大学区域与国别研究院赵馨宇以语言改革为切入,探讨了奥斯曼因素在当代土耳其文化政策和认同政治中的作用。北京大学历史学系吴奇俊关注土耳其第二大宗教派别——阿列维派,对阿列维派的历史与现状进行回顾。

下午的讨论中,清华大学国际与地区研究院朱珈熠对土耳其左翼思想与社会主义史研究进行了回顾与展望。厦门大学教育研究院王亚克重点介绍 21 世纪以来土耳其高等教育国际化战略,分析了土耳其打造高等教育强国的政策举措。上海大学历史系辛思思关注土耳其宗教事务委员会,对国内外相关研究进行了梳理回顾。北京大学历史学系丁雨婷关注土耳其女性主义问题,报告题为《土耳其女性史不同叙事范式下的凯末尔主义女性解放》。剑桥大学历史系蔡雨玹以"奥斯曼的国族鉴"为题,介绍土耳其历史学家法蒂玛·阿丽叶女士的著作《奥斯曼历史上的重要时期:从科索沃大捷到安卡拉惨败》。北京外国语大学亚洲学院王艺涵以《何处是吾乡:土耳其的安纳托利亚家园叙事与文化身份》为题,探讨当代土耳其人的身份认同问题。北京大学哲学系肖京发言主题为《克服东方主义:论休谟政治视野中的土耳其》。

北京大学博士研究生卢宇嘉、阿迪、秦彦洋,硕士研究生茹诗瑶等列席会议并参加讨论。

北京大学历史学系博雅博士后董雨在总结发言时表示,今年是中土建交 50 周年,在北京大学举办全国首届土耳其研究领域博士生论坛,可谓适逢其时、别具意义。为期一整天的论坛上,来自国内外知名大学的博士生踊跃发言,既反映出国内外土耳其研究的最新学术成果,也彰显了我国土耳其研究"后浪"的蓬勃生机。海内存知己,天涯若比邻,希望以此次学术论坛为契机,进一步增进土耳其研究博士生的交流互鉴。

(整理人:秦彦洋)

# 悖论何解?[①]

## ——评述《解放的悖论：世俗革命与宗教反革命》

詹丹妮

世俗化趋势似乎已成历史的主流，但是随着 20 世纪中后期宗教复兴力量在全球范围内的兴起以及"9·11"事件的发生，越来越多的学者开始关注到宗教复兴正在世俗政治中崛起。世俗化理论的代表学者彼得·伯格（Peter Berger）在 20 世纪 90 年代末修正了自己先前的世俗化理论。他认为"世俗化理论"的所有著述，本质上都是错误的。世界正处于"非世俗化"（Desecularization）的趋势之中。针对这一现象，不同学者试图从不同的角度展开分析。彼得·伯格从现代化的角度对此进行思考，认为导致这种现象出现的原因有两点，一是现代性带来太多不确定性，而宗教声称能给予的明确性具有很大吸引力。二是现代化和世俗化的精英观点"被很多不属于精英文化，但又受其影响的人所反感"，他们转向宗教来表达不满。[②] 全球化理论家罗兰·罗伯逊（Roland Robertson）则认为应当从全球化的整体视角来考察宗教在世界范围内的复兴。他指出，全球化至少在短期内增强了宗教信仰。一方面，全球化将人们从社会生活的"安全"中释放出来，引发了有关世界社会秩序

---

① 本文在修改过程中得到昝涛老师和张忞煜老师的指导和宝贵意见，在此向两位老师表示衷心的感谢。

② 〔美〕彼得·伯格等：《世界的非世俗化》，李骏康译，上海：上海古籍出版社，2005 年，第 14 页。

合法性的讨论和人类本身前景的关注。另一方面，全球化进程加剧了社会内部的紧张和不满，社会中的个人面临着定义社会身份的压力。[1] 而宗教政治学者马克·尤尔根斯迈耶（Mark Juergensmeyer）则从政治学的视角进行分析，他指出，世俗政体与宗教传统之所以产生激烈矛盾，是由各国国内深层的反西方因素以及世俗政体的治理失败导致的。[2] 这与本文评述的书目《解放的悖论：世俗革命与宗教反革命》(The Paradox of Liberation：Secular Revolutions and Religious Counterrevolutions)的观点有相似之处。该书是美国政治思想家迈克尔·沃尔泽（Michael Walzer）于 2017 年出版的著作。作者从世俗左派的视角出发，对印度、以色列和阿尔及利亚这 3 个国家进行比较研究，将宗教复兴这一现象置于民族解放运动的进程中进行考察，并对民族解放的未来提出展望。

## 解放者与被解放的民众之间的张力

作者迈克尔·沃尔泽是美国当代著名的政治哲学家，毕业于哈佛大学政治学系，任职于普林斯顿高级研究院，是一名坚定的西方左派，同时被认为是政治学领域社群主义（Communitarianism）的主要支持者。《解放的悖论：世俗革命与宗教反革命》一书中涉及了印度、以色列和阿尔及利亚 3 个国家。这些国家都在 20 世纪中期经历了一场民族解放运动，建立了现代世俗国家。但是在这场解放运动发生的 20—30 年后，又出现了挑战这一成就的宗教复兴运动，也就是国内政治中出现了世俗主义和宗教势力对立的局面，因此作者开始思考"民族解放到底怎么了"以及"世俗的民主左派到底怎么了"。

该书短小精悍，论证有序。在该书的开头，作者主要简述了印度国大党（Indian National Congress）、劳工犹太复国主义（Labor Zionism）和阿尔及利

---

[1]　Roland Robertson and JoAnn Chirico, "Humanity, Globalization, and Worldwide Religious Resurgence: A Theoretical Exploration," *Sociological Analysis*, vol. 46, no. 23 (Autumn, 1985), pp. 219 - 242.

[2]　张凤梅、郭长刚：《马克·尤尔根斯迈耶全球宗教政治理论述评》，《宗教学研究》2011 年第 3 期。

亚的民族解放阵线(National Liberation Front)领导的 3 场解放运动。沃尔泽认为,"民族解放"既需要推翻压迫者的统治,建立独立的民族国家,也需要摒除被压迫者为适应统治而形成的"消极、静默和消沉"的思想习惯。① 解放者们发现,宗教宣扬一种"服从主流社会秩序,安于现状的哲学",正是宗教思想促使民众顺应压迫者的统治。因此他们将斗争的矛头指向了宗教传统,以提升人民的意识。而传统宗教的支持者则认为,民族解放是在西方影响下产生的世俗化思想,应该对其进行抵制,双方由此展开了博弈。最终,世俗的民族主义者取得了暂时性胜利,推翻了压迫者的统治,根据原有的设想建立了世俗国家,并将传统的宗教力量边缘化。解放者相信世俗化是大势所趋。然而实际上,宗教对民众的日常生活和思想习惯影响深远。相反,世俗的现代精英和他们的思想观念、行为话语以及执政之后的腐败则让遵循传统生活方式的民众反感。受到民众支持的宗教传统势力逐渐回到主流政治舞台,在民主体制下不断进化。世俗派由于"解放的文化太过单薄,无法自力更生,发展壮大,对传统的激进排斥又使得可用于文化建设的材料少之又少"②,因而无法有效动员民众。而宗教思想则在社会的各个阶层中发挥持久的吸引力。因此在几代人之后,民众大多投向宗教复兴主义的怀抱。随后,作者以以色列为例子,具体阐释了犹太复国主义与犹太教的对抗,展现了世俗解放者成功建国以及随后宗教反革命兴起的整个过程。

在之后的章节,作者反驳了马克思主义与后殖民主义对"解放的悖论"的质疑。马克思主义与后殖民主义均认为民族解放与宗教复兴是同根同源的,二者具有很强的相似性,而且相互间存在紧密的联系。马克思主义者强调:"宗教信仰(以及由此产生的身份认同)和民族主义一样,都是伪意识。"③因为二者都无法在阶级斗争中为受压迫的人民服务。因此,宗教和民族主义的对立是虚假的。马克思主义者认为不同民族本质上都是受压迫的人民,是全球

---

① 〔美〕迈克尔·沃尔泽:《解放的悖论:世俗革命与宗教反革命》,赵宇哲译,北京:商务印书馆,2017 年,第 9 页。
② 〔美〕迈克尔·沃尔泽:《解放的悖论:世俗革命与宗教反革命》,第 29 页。
③ 〔美〕迈克尔·沃尔泽:《解放的悖论:世俗革命与宗教反革命》,第 64 页。

无产阶级的一部分。因此不应该将其解放运动视为单一民族的解放。作者对此进行了反驳。他认为，马克思主义者主张全世界劳动者的解放，仅具有理论上的可行性，实践中都失败了。这是因为各地人民都将异族统治的经历视为民族压迫，苦难由各个阶层共同分担，这是超越阶级界限的。作者强调，民族解放与宗教复兴主义的思想源流和未来构想完全不同，两者本质上是对立的。而后殖民主义学者则将二者视为西方殖民现代性的特殊产物，都需要被批判。他们认为："世俗民族解放运动引发了一种病态的反动，二者共享着同一种现代主义。解放运动和宗教复兴运动的支持者都运用西方的治国之术，利用现代国家的力量来对付反对者。"①此外，后殖民主义学者还认为世俗主义者的问题在于意识形态太过僵化，片面否定宗教传统。世俗主义者从根本上否认了宗教群体和群体信念的存在。沃尔泽虽然坚持民族主义与宗教复兴是完全对立的，但并没有否认世俗民族主义者对宗教的漠视。作者还指出，世俗政府着手改革宗教法律与习惯，但这些改革都没有和宗教群体协商。这种自上而下的独断政策加剧了各个群体的不满，反而增强了宗教反革命势力。

该书名为《解放的悖论》，所谓的"悖论"即是解放者与他们想要解放的民众之间的"紧张关系"。② 解放者试图将广大民众从殖民者的压迫中解放出来，因此"希望通过改造、克服或者革新传统宗教信仰和习俗来帮助他们的人民"③，因为这些宗教传统让民众落后无知，顺从压迫者的统治。但是这些信仰和习惯已经深深嵌入在大多数人民的日常行为和精神生活之中，一时间难以消除。民族解放者希望借助西方的现代世俗思想来开启民智，然而这些外来思想对殖民地广大民众的吸引力有限。解放者与被解放者之间的张力造就了世俗政权建立后的宗教复兴。该书将印度作为个案之一进行研究，但或是由于论述的重点和篇幅所限，未能很好地展现印度民族解放和国家建设的过程中，世俗解放者与宗教力量错综复杂的互动过程。下文将聚焦印度的案例，针对民族解放运动时期、独立建国后以及未来三个阶段展开分析，试图对本书的

---

① 〔美〕迈克尔·沃尔泽：《解放的悖论：世俗革命与宗教反革命》，第93页。
② 〔美〕迈克尔·沃尔泽：《解放的悖论：世俗革命与宗教反革命》，第62页。
③ 〔美〕迈克尔·沃尔泽：《解放的悖论：世俗革命与宗教反革命》，第62页。

观点进行补充和修正。

## 民族解放运动中世俗解放者与宗教力量的互动

作者认为世俗民族解放和宗教复兴主义之间"存在尖锐的对立","否认二者之间的秘密联系"①,强调解放运动领导者为了提升人民的意志,实现民主和现代化,不得不进行"反宗教的斗争"。然而书中却未充分关注宗教力量与世俗解放力量的合作。换言之,双方并非存在绝对的对立,在争取民族独立的过程中,两者之间存在着相互对抗又合作共生的关系。一方面,世俗解放者攻击传统宗教以宗教神性来蒙蔽民众,使其屈从于外来殖民者的统治,把希望寄托于来世。另一方面,宗教复兴势力则攻击世俗民族主义者用西方的思想观念和话语体系来推翻殖民统治,解放民众,实际上是"西方殖民者"的代言人。然而,他们都有共同的敌人——外来的压迫者。在推翻异族统治的过程中,为了尽可能动员民众,解放运动的领导人也曾利用民众熟知的宗教话语进行政治宣传,双方也曾组成统一战线,共同抗击外来统治者。这或许是因为在推动民族解放的过程中,世俗派的力量相对有限,为了集合更多力量来推翻殖民统治,与宗教力量展开合作成为必然的选择。

在建立主权国家的二三十年后,世俗民族解放者面临着宗教复兴力量在国家政治中的挑战,作为该书的核心问题,沃尔泽试图用"解放的悖论"来解释上述现象。他认为,解放者和被解放的民众在行为话语、思想观念和意识形态方面的差异,以及世俗派对宗教的"激进否定"导致世俗力量衰落,宗教势力抬头。在作者的论述中,似乎存在着二分法:即解放者必然是世俗的、西方的和现代的;而民众则是传统的,是宗教力量的拥护者。但在印度的案例中,情况却可能并非那么泾渭分明,民族解放领导人本身很可能带有宗教倾向。有学者指出,1937 年进行选举时,国大党中有 97％的议员是印度教徒。② 在书中,

---

① 〔美〕迈克尔·沃尔泽:《解放的悖论:世俗革命与宗教反革命》,第 92 页。

② Perry Anderson, *The Indian Ideology* (London: Verso, 2013), pp. 52.

作者曾道："甘地成功地将传统的被动消极转化成了一种现代的政治武器……他在公开反对印度教信仰和习惯时，使用一种宗教的语言与人民交流。"①意在说明甘地借用宗教话语来反对印度教。然而很难仅凭这点便将甘地视为印度教的反对者。实际上，甘地本人出生和成长在一个虔诚的印度教家庭，并广泛阅读《摩诃婆罗多》《罗摩衍那》等印度教经典，由此启发了他对真理和非暴力的追求，形成了其政治思想的内在基础。② 而他主张禁欲节食的宗教实践，也是典型的印度教圣人的行为。③ 正是世俗民族解放和宗教复兴主义之间这种紧密的联系，造就了民族解放领导者与宗教力量的张力。解放斗士们既批判宗教力量，又不得不与宗教力量展开合作，甚至他们本身就深受宗教的影响。这些因素都使得这场民族解放运动必然成为"不彻底的革命"。正如作者所说，解放者想要革除过去的适应性举动，创造独立的、能够管理自己事务的民众。这项任务理应在民族解放之前完成，但是书中提及的 3 个国家都没有做到。可以说，解放者的建设性项目从一开始就遇到了困难。解放运动的领导者从殖民者手中接过印度，在法律体系、行政制度等方面沿袭了英国殖民时期的做法，但却未能实现思想和意识形态上的革新，这也为之后的宗教复兴埋下伏笔。

## 宗教复兴主义在世俗政治中的崛起

如前文所述，该书的核心关切是考察宗教复兴主义在世俗政治中崛起的原因。在书中，作者认为，这是由民族解放斗士对宗教传统文化进行"激进否定"而造成的。执政党以"一种外在的视角"，没有"经过社会内部论证和协商"便自上而下推行改革政策。这种解释或许有一定道理。但在印度的案例中，印度教民族主义（Hindu Nationalism）兴起的原因更为复杂，除了世俗政治力量与宗教势力的互动之外，还有夹杂着穆斯林和印度教徒等不同宗教群体之

①　〔美〕迈克尔·沃尔泽：《解放的悖论：世俗革命与宗教反革命》，第 22—23 页。
②　尚劝余：《圣雄甘地宗教思想探源》，《重庆工学院学报》2004 年第 5 期。
③　〔荷〕范笔德：《宗教民族主义：印度教徒与穆斯林在印度》，张伟东译，北京：民族出版社，2018年，"序言"，第 94 页。

间的博弈。本节尝试在前辈学者研究的基础上，根据印度世俗化进程受挫与印度教民族主义兴起的情况对书中的相关论点进行补充和修正。

20 世纪 20—30 年代，印度教大斋会(Hindu Mahasabha)的领袖 V. D. 萨瓦卡尔(Vinayak Damodar Savarkar)首先提出了"印度教特性"(Hindutva)的概念，阐述了一种以复兴印度教文化、建立印度教国家为主要宗旨的印度教民族主义理论，这被认为是印度教民族主义思潮的开端。[1] 在印度独立的初期，发生了因教派主义导致的印巴分治以及甘地被刺身亡等事件。因此，国大党执政政府决定实行世俗主义路线。然而，值得注意的是，国大党的世俗主义与西方国家的世俗主义不同。实际上，印度并没有实现政治和宗教的彻底分离，而是在国家建设的过程中重构了政治与宗教的关系。[2] 宗教平等是印度世俗主义政策中明显不同于西方的特征之一。因为印度的宗教平等并不是针对所有宗教实行均一化的政策，而是根据印度教、锡克教、伊斯兰教各宗教群体的历史发展和现实状况，实行区别对待的政策。[3] 一方面，独立后的印度通过国家立法废除了印度教中的社会陋习，却没有要求伊斯兰教进行类似的改革；另一方面，法律规定表列种姓(scheduled castes)和表列部落(scheduled tribes)可以在议会和教育、就业等公共领域获得保留席位，却将穆斯林排除在外，理由是此举将"违背世俗主义的原则，将宗教引入国家事务中"。[4] 可以想见，这种区别对待的政策导致了各宗教族群的不满，印度教民族主义者宣称这是一种"伪世俗主义"，它偏袒了穆斯林和其他少数群体。[5] 而穆斯林则发现国家无法支持本社群的发展。相关调查表明，印度穆斯林在教育、收入和就业方面比其他宗教社群、表列种姓以及表列部落更加落后。84.5％的印度穆斯林家庭

---

[1] 陈小萍：《印度教民族主义与独立后印度政治发展研究》，北京：时事出版社，2015 年，第 32—34 页。

[2] 陈金英：《'世俗主义'变迁与印度人民党的印度教国家》，《南亚研究》2021 年第 1 期。

[3] 宋丽萍：《印度人民党的崛起与执政》，北京：中国社会科学出版社，2020 年，第 10 页。

[4] Perry Anderson, *The Indian Ideology*, p. 118.

[5] Paul R Brass, *The New Cambridge History of India* IV - 1: *The politics of India since Independence* (Cambridge: Cambridge University Press, 1994), p. 229.

属于极度贫困人口。①

　　从国大党实行的世俗主义路线可以看出，问题的关键或许不在于对宗教传统进行"激进否定"，而是在于思想理念与政治实践存在错位。作者在书中提到，在国大党斗士最初的设想中，"印度"这个国家只包含"一个印度民族"，即印度教徒和穆斯林同属于一个民族。实际上，在争取印度独立的解放斗争中，国大党一直高举世俗民族主义的旗帜，标榜自己是南亚次大陆所有不同信仰的人民的代言人。国大党宣称自身代表着印度整个国家，借此抹杀了穆斯林所支持的全印穆斯林联盟（All‐India Muslim League）的政治代表性。佩里·安德森（Perry Anderson）认为，在解放运动时期，国大党无视穆斯林群体诉求，否认向穆斯林政党协商的必要性，最终导致了印巴分治。而在印度独立之后，国大党所领导的政府也从未努力改善穆斯林群体的政治经济地位。这是因为国大党的政治根基是印度教的种姓社会，国大党并非真正的"世俗主义"政党。② 作者指出，尼赫鲁太轻视宗教了，认为一切宗教最终都会走向衰落，因此导致了印度世俗主义事业的失败。这可能并不十分准确。在印度独立之初，一系列教派冲突导致的政治事件或许已经让尼赫鲁感到了宗教力量的威胁，因此希望推行世俗主义路线来压制宗教力量，但是在具体的政策实施中，这种差别对待的政策却更加激发各个群体的不满，反而促进了宗教势力的反弹。从这一角度来看，尼赫鲁政府的政策路线无法妥善处理各宗教群体的关系，尤其是未能在印度教徒和穆斯林之间取得平衡或是印度世俗化进程受阻的重要原因之一。

　　另外，还有一点书中也尚未提及：在 20 世纪 70—80 年代，国大党开始偏离其原定的世俗主义路线，这一转变也促进了印度教民族主义在国内政治的兴起。英迪拉·甘地（Indira Gandhi）执政之后，为了争取更多选民支持，开始动摇原定的世俗主义原则，不断助长印度社会中的宗教意识。一方面，英迪拉·甘地开始主动与印度教政治势力拉近关系，争取其支持。例如国大党曾

---

　　① 　Maidul Islam, *Indian Muslim(s) after Liberalization* (New Delhi: Oxford University Press, 2018), p. 68.

　　② 　Perry Anderson, *The Indian Ideology*, pp. 115‐121.

与印度教民族主义政党湿婆军建立紧密联系,此举助长了湿婆军势力的上升。又以强硬态度对待锡克教政党阿卡利党的自治要求,下令攻打锡克教圣地金庙,以争取北印度地区印度教徒的支持。另一方面,国大党为了在宗教少数派占多数的地区赢得选举,在挑选候选人时有意识地取悦本地区主体社群。例如,在穆斯林占多数的选区,国大党的候选人则多为穆斯林。这些举措致使印度社会的教派意识不断上升。①

此外,印度教民族主义的崛起与国内外的总体环境也不无关系。国际上,政治伊斯兰主义在全球范围内的复兴,伊朗、阿富汗、巴基斯坦等印度周边国家伊斯兰复兴势头强劲,都引起印度国内印度教徒的危机意识,加剧了印穆之间的对立情绪。② 在印度国内,90 年代拉奥领导的国大党政府进行了自由化经济改革,致使贫富差距不断拉大,各类社会问题日益显现,社群矛盾不断激化。③ 这些也是促进了印度教民族主义兴起的重要因素之一。综上可见,印度世俗化之路的失败和宗教民族主义的崛起不仅仅是由于世俗左翼分子对待宗教的错误态度和做法,同时也是国内外各种力量互动之下的结果。国内外环境的变化、执政党的政策实践和路线转向、印度教徒和穆斯林长期以来的矛盾,都是导致印度国内宗教复兴力量上升的重要因素,而这些要素在沃尔泽的书中并未得到充分关注。

## 民族解放的未来由谁主导?

对于民族解放的未来,沃尔泽试图从世俗左派的视角切入,指出"世俗的自由派和民主派面对的问题是……如何重振政治主导权"④。作者认为,世俗主义的失败在于他们未能领会想要解放的人民的实际信仰和习惯,并且不与之进行沟通。只有在制定世俗法律不再有效,并激起宗教反动时,双方的协商

---

① 邱永辉:《印度世俗化研究》,成都:巴蜀书社,2003 年,第 211—214 页。
② 陈小萍:《印度教民族主义与独立后印度政治发展研究》,第 89—94 页。
③ 宋丽萍:《印度人民党的崛起与执政》,第 61—68 页。
④ 〔美〕迈克尔·沃尔泽:《解放的悖论:世俗革命与宗教反革命》,第 107 页。

才会开始。然而，此时矛盾已经激化，协商阻力重重。因此，民族解放的未来，除了进行否定传统的工作外，还需要承认传统及其不同的组成部分，将其搜集、翻译，并使其融入新的文化，即"必须在激烈反对传统形式的一切消极和压迫的同时，与本民族的传统保持密切接触"①。可以看到，沃尔泽在一定程度上，默认了民族解放的主导者应当是世俗左派，只要他们采取适当的方式来对待传统宗教复兴力量，"力图用批判性的方式接触旧文化，而非对其全面抨击……结果可能会有所不同"②。他坚决否认宗教复兴力量是"解放者当然的继承人"③。然而，在印度的案例中，似乎宗教传统才是主流，而世俗主义只是支线。荷兰人类学者范笔德（Peter van der Veer）认为："宗教是印度民族主义的核心。"④从民族解放运动的初期开始，宗教就扮演了重要的角色，而并非处于边缘的位置。相反，印度的世俗化进程则是由英国殖民主义强行启动的，其原动力是来自英国的资本主义文明的输入。⑤ 这种并非内生于印度本土的世俗化没有强大的群众基础，因此将其视为印度发展进程中的支线或许更为恰当。

　　尽管作者在回应后殖民主义学者时否认了宗教复兴势力的现代性，认为他们所提倡的"婆罗门的霸权、种姓制的舒适、传统对妇女生活的限制等，更接近前现代宗教的核心"⑥。这或许并不十分准确，实际上，自20世纪70年代以来，印度教民族主义逐步在全球性的现代化进程中展现了新型的民族国家建设思路。⑦ 在1989年和1991年接连举行的两次全国选举中，印度教右翼政党印度人民党（Bharatiya Janata Party）利用阿约迪亚庙寺之争的问题，获得了许多印度教徒的支持，成功整合起印度北部的印度教徒。⑧ 印度教教派组织国民

---

① 〔美〕迈克尔·沃尔泽：《解放的悖论：世俗革命与宗教反革命》，第114页。
② 〔美〕迈克尔·沃尔泽：《解放的悖论：世俗革命与宗教反革命》，第32页。
③ 〔美〕迈克尔·沃尔泽：《解放的悖论：世俗革命与宗教反革命》，第92页。
④ 〔荷〕范笔德：《宗教民族主义：印度教徒与穆斯林在印度》，"序言"，第1页。
⑤ 吴宏阳：《殖民地时期印度社会世俗化进程研究》，《郑州大学学报（哲学社会科学版）》2001年1月。
⑥ 〔美〕迈克尔·沃尔泽：《解放的悖论：世俗革命与宗教反革命》，第94页。
⑦ 周陈：《国外印度教民族主义研究述评》，《南亚研究季刊》2005年第2期。
⑧ Paul R Brass, *The New Cambridge History of India* IV - 1: *The politics of India since Independence*, p. 16.

志愿服务团（Rashtriya Swayamsevak Sangh）通过发动"战车游行"（Rath Yatra），推进罗摩神庙重建等各种举措，仿效西方的民族国家建设来构建印度教国家认同。对于执政的莫迪政府来说，其目标不仅是构建一个定义明确的印度教国家，同时也希望通过全球化实现现代化和工业化，推动印度成为一个新兴的世界大国。[①] 在 2019 年的选举中，印度人民党再次取得执政地位，民族解放的主导权似乎已然掌握在印度教民族主义者的手中，民族解放的未来或许也将由他们来创造，而这点与沃尔泽的设想大相径庭。世俗左派或许需要重新审视自己在未来的民族解放进程中所扮演的角色。

　　随着宗教民族主义在世界范围内的兴起，被视为现代化主流趋势的世俗政治似乎已岌岌可危。左翼学者迈克尔·沃尔泽认为世俗解放力量和宗教复兴力量存在本质不同，世俗派激进否定宗教传统的做法引起了宗教力量的崛起。而本文则聚焦于印度的案例，试图说明世俗民族解放和宗教复兴主义两者之间也存在密切的联系，印度教民族主义的兴起是国内外各种力量互动之下的结果。国内执政党政策路线的失当、不同宗教社群之间的矛盾以及外部环境的影响也是促进宗教复兴主义势力兴起的重要因素。如今，印度教民族主义的势力仍在不断上升，印度民族解放的未来仍充满不确定性。

　　作者简介：詹丹妮，北京大学外国语学院国别和区域研究专业硕士研究生。

---

① Angana P. Chatterji, Thomas Blom Hansen, Christophe Jaffrelot, *Majoritarian State: How Hindu Nationalism is Changing India* (New York: Oxford University Press, 2019), p. 10.

# 一碰就倒的纸牌屋？[①]

## ——评瓦利《伊朗库尔德民族主义被遗忘的年代》

陈　功

如果一个人对伊朗的库尔德人感兴趣，那么他一定听说过伊朗社会学家阿巴斯·瓦利(Abbas Vali)的大名。瓦利于 1949 年出生在伊朗西阿塞拜疆省的库尔德重镇马哈巴德(Mahabad)，在伊朗和英国完成学业后，他在英国、伊拉克、伊朗、土耳其等多国任教，并出版了一系列关于伊朗库尔德人的作品，其中，《伊朗的库尔德人与国家》(*Kurds and the State in Iran*)一书详细描述了 20 世纪 40 年代伊朗库尔德民族主义兴起的过程，并分析了库尔德人在现代历史上建立的唯一一个独立国家——1946 年建立的马哈巴德共和国的官方话语，是一本翔实的历史社会学研究著作。瓦利主编的论文集《论库尔德民族主义的来源》(*Essays on the Origins of Kurdish Nationalism*)收集了研究 19 世纪末到 20 世纪初库尔德民族主义思想和民族主义运动的多篇精彩论文，是库尔德研究领域最重要的作品之一。2020 年，瓦利教授出版了他的新书《伊朗库尔德民族主义被遗忘的年代》(*The Forgotten Years of Kurdish Nationalism in Iran*)。本书研究的主题是 1946 年底马哈巴德共和国灭亡到 1979 年伊朗伊斯兰革命之间的伊朗库尔德民族主义。这是一个重要的问题：马哈巴德共和国是现代史上唯一一个以库尔德人为主体的国家，为库尔德民族主义留下

---

① 感谢北京大学历史学系昝涛副教授，以及普林斯顿大学近东研究系马克思·魏斯(Max Weiss)副教授对本文的帮助。

了重要的精神遗产,而伊朗库尔德人在 1979 年伊斯兰革命期间表现活跃,在伊朗西部开展了大量活动,如果想真正理解伊朗库尔德人在这两个时间点里进行的民族主义运动,自然就要了解两个时间点中间的伊朗库尔德民族主义。但这一问题长期以来却被学术圈忽视了,据瓦利教授所言,目前在英文和波斯文学术界中还没有一本研究 1946—1979 年间库尔德民族主义的专题作品。[①]学术大师研究被忽视的重要学术问题,这当然是一件令人感到兴奋的事情。在本书出版后不久,笔者就入手了此书并认真阅读。笔者认为,瓦利教授在书中确实做出了重要的学术贡献,但是本书在史料使用方面的问题严重影响了这本书的可信度和学术质量。

　　全书大致可以分为四个部分。第一部分是前言和导论章,作者简单介绍了本书的结构和内容。导论章主要介绍了本书的理论分析框架,本章标题为"现代性与伊朗库尔德斯坦的大众政治的兴起"(Modernity and the Emergence of Popular Politics in Iranian Kurdistan)。作者在本章中指出,马哈巴德共和国是伊朗库尔德地区大众政治的开始,大众政治的主体是人民(people)即库尔德民族(nation),"人民"和"民族"是两个不同的概念,但在库尔德民众的话语中,两个概念的边界是模糊的。自上而下推动现代化的巴列维政权打压库尔德人的民族身份,于是在伊朗库尔德地区,"现代性"(modernity)和伊朗的主权权力(sovereign power)[②]是一体的,并与对库尔德身份的打压紧密联系在一起,在库尔德人进行抗争之时,作为大众政治主体的库尔德"人民"诞生了,库尔德知识分子阶层也同时诞生。但伊朗库尔德地区的特殊之处在于,大众政治是在合法的政治领域(domain)之外诞生的,库尔德

---

　　① 　Abbas Vali, *The Forgotten Years of Kurdish Nationalism in Iran* (London: Palgrave McMillan, 2020), viii.

　　② 　Sovereign 一词有"君主""国家主权"等不同的意思,作者在本书中混用这两种意思,如本书第 190 页称伊朗、土耳其、伊拉克和叙利亚为 "four sovereign states",这里 sovereign 应为"主权",但在第 195 页 "between the reinstated sovereign and his backers"这一表达中 sovereign 明显指伊朗国王。瓦利教授在使用 sovereign power, sovereign domination 等概念时,借用了德里达的 sovereign violence 这一概念,而德里达所用 sovereign 一词一般被翻译为"主权"或"主权者",因此笔者在本书评里将 sovereign 翻译为"主权"。

人的大众政治是"违宪并违法"（unconstitutional，illegal，and illegitimate）①
的政治形式。

第二章到第五章是第二部分，作者在这一部分中介绍了马哈巴德共和国
灭亡后伊朗库尔德地区（Rojhelat）的局势，以及库尔德民族主义组织的重建。
第二章标题为"主权秩序的恢复与库尔德人的反抗"（The Restoration of
Sovereign Order and the Kurdish Resistance）。1946 年底马哈巴德共和国灭
亡后，主导民族主义运动的伊朗库尔德斯坦民主党（Kurdistan Democracy
Party - Iran，以下简称 KDPI）崩溃。巴列维政权控制了地区局势，强化对主要
城市的管控，试图通过改变城市官僚的民族成分以及在农村拉拢部分库尔德
地主和部落领袖来恢复对本地区的主权。然而由于合法性缺失等原因，真正
有效的手段只有暴力镇压。因为暴力镇压是唯一有效的统治方式，所以暴力
反抗就成了唯一有效的反抗方式。在这一背景下，库尔德斯坦民主党在伊拉
克库尔德人和苏东集团的帮助下重建起来。第三章为"民族主义运动的复兴"
（The Revival of Nationalist Movement），本章主要讲述伊拉克库尔德人领袖
毛拉穆斯塔法·巴尔扎尼（Molla Mustafa Barzani）和伊朗人民党（Tudeh）在
伊朗库尔德民族主义运动复兴中起到的作用。马哈巴德共和国时期，巴尔扎
尼来到伊朗并提供了援助。共和国灭亡后，流亡苏联的巴尔扎尼主张"族群平
民主义"（ethnic populism），认为库尔德民族生活的领土构成了一个"大库尔
德斯坦"（Great Kurdistan）国家的边界。巴尔扎尼认为阶级关系从属于民族关
系，希望建立一个没有阶级斗争、各个阶级共存的库尔德民族国家，他的计划
里也没有土地改革这个重要问题。除了巴尔扎尼以外，人民党也对伊朗库尔
德人产生了重要的影响。人民党派出阿卜杜拉赫曼·加塞姆卢（Abdul
Rahman Ghassemlou）到伊朗库尔德地区进行重建组织的工作。1948 年，《道
路》（Rega）杂志诞生，这是马哈巴德共和国灭亡后出版的第一本库尔德语刊物
（当然是地下刊物）。在这一时期，新一代库尔德民族主义者诞生，他们宣称自
己是共和国的继承人，倾向苏联，此时重建的 KDPI 内部也兴起了一股亲人民

---

① Abbas Vali, *The Forgotten Years of Kurdish Nationalism in Iran*, p. 6.

党的左翼势力。不过伊朗库尔德民族主义者在这一时期爆发的农民起义中没有发挥多少作用，作者认为他们错失了良机。第四章为"政变与流亡"（Coup and Exile），主要讲述摩萨台事件后的伊朗库尔德民族主义。反摩萨台政变的成功是对刚重建没多久的 KDPI 的一次重大打击，KDPI 被迫把活动中心从伊朗转移到伊拉克。这一时期的党首艾哈迈德·陶菲克（Ahmed Towfiq）依附于巴尔扎尼，让 KDPI 失去了独立性。1963 年，伊朗开始实行包括土地改革在内的一系列自上而下的改革措施，被称为"白色革命"，陶菲克也没有对新局势进行回应。KDPI 内部的左翼力量对陶菲克进行了激烈的批判，党内斗争愈演愈烈。1964 年 KDPI 二大要求进行武装斗争和激进的土地革命，强调农村斗争。陶菲克的势力遭受了严重的打击。第五章标题为"伊朗库尔德地区的武装斗争"（Armed Action in Rojhelat），本章讲述了 1967—1968 年间失败的库尔德起义。起义缺乏统一的政治目标和有效的军事组织，也没有争取到伊朗内外的支持——起义者的宣传对伊朗库尔德农民没有吸引力，而巴尔扎尼也明确要求 KDPI 放弃武装斗争。起义在一年多之后就被彻底镇压了。

第六到第八章是全书的第三部分，这部分主要讲述 70 年代以来伊朗库尔德左翼的活动。第六章标题为"左翼的兴起与对新身份的探索"（The Rise of the Left and the Search for a New Identity），本章主要讲述 KDPI 内部左翼势力的胜利及其影响。1973 年 KDPI 三大标志着马克思主义一派战胜了传统的强调族群身份的一派。艾哈迈德·陶菲克退出政治舞台，阿卜杜拉赫曼·加塞姆卢领导下的 KDPI 把宣传重心从争取民族权利转移到反帝斗争。在伊朗库尔德人的地下公共空间中，"阶级"代替了"族群"和"民族"。这些话语自然受到了人民党和苏东集团的强烈影响，虽然加塞姆卢试图让 KDPI 与人民党及苏东集团划清界限，但并不成功。第七章标题为"伊朗库尔德斯坦劳动者革命协会的建立及其结构"（The Formation and Structure of Komalay Shoreshgri Zahmakteshani Kurdistan），本章的主角是 1979 年伊斯兰革命前夕兴起的组织——伊朗库尔德斯坦劳动者革命协会（The Revolutionary Association of the Toilers of Iranian Kurdistan，以下简称 KSZKI）。KSZKI 认为解决伊朗库尔德问题的方法是一场社会主义革命。他们一方面希望建立一个真正的伊朗劳动阶层的革命性质的共产主义组织，一方面又希望为库尔德人建立一个自治政府。阶级身份和民族身份存在着张力，而 KSZKI 并没有成功地平衡好阶级和民族两个概念的权重，他们试图给民族权利斗争加上阶级斗争的性质，但并不成功。KSZKI 是一个缺乏成熟政治纲领的组织，他们在伊斯兰革命后先是背弃了平民主义主张，后来又回到了平民主义的道路上，先是在 1983 年与伊朗共产主义斗士联盟（Etehad – e Mobarezan – e Komonist）合并，让阶级取代民族成为纲领的核心，后来又重新成立独立组织。总的来说，KSZKI 试图在"阶级"和"民族"两个概念中实现危险的平衡，但并不成功。第八章标题为"浅析革命的断裂与库尔德斯坦的政治领域"（The Revolutionary Rupture and the Political Field in Kurdistan；A Brief Survey），本章主要分析 1979 年革命后的伊朗库尔德地区。在革命后，伊朗库尔德地区成为抵抗伊斯兰政权的力量的主要根据地之一，但是 KDPI 和 KSZKI 都没能在本地区获取足够的支持，另外两个左翼组织——人民党和人民牺牲者组织（Feda'i）得到了库尔德青年更多的支持，究其原因，伊朗库尔德民族主义是一个智识贫乏的意识形态。许多库尔德青年决定跨过民族的界限，支持拥有更广泛基础的其他左翼组织。在革命中，KDPI 和 KSZKI 只发挥了有限的作用。

最后一章"暴力的谱系"（Genealogy of Violence）是全书的总结。作者指出，在 1946—1979 这段时期里，伊朗国家统治的形式和策略发生了变化，而伊朗库尔德民族主义背后的社会结构也发生了变化。民族主义的重心从伊朗转移到海外，于是形成了伊朗库尔德人的"流亡民族主义"（exilic nationalism），长期脱离本土社会给伊朗库尔德民族主义带来了消极的影响。在 2003 年以后，KDPI 和 KSZKI 都成为伊拉克库尔德斯坦自治区政府（KRG）的傀儡。伊朗库尔德民族主义的困境在于，伊朗库尔德地区是一个在政治和意识形态上都附属于外界的地区，前资本主义的力量支持伊朗国家统治，巴列维时期伊朗国家的统治又反过来进一步塑造这些力量，最终导致了本地区的政治碎片化、民众阶层（popular class）弱小以及缺乏自洽的意识形态。

瓦利教授在书中所做出的学术贡献值得肯定。正如前文所述，伊朗库尔德问题是一个重要的问题，但是也是一个被忽视的问题，1946 和 1979 两次大事件之间的伊朗库尔德民族主义更是如此,本书标题《伊朗库尔德民族主义被遗忘的年代》说的便是这一点。但研究这个问题并不是一件容易的事情,最大的问题是缺乏材料:伊朗的许多官方档案仍然不对外开放,库尔德语出版物多为地下出版物,难以收集,而伊朗库尔德民族主义组织也没有足够发达的内部档案系统,寻找波斯语/库尔德语的原始材料显然是研究者面临的最大问题。笔者猜测,或许在伊拉克、俄罗斯和其他东欧前社会主义国家有一些相关的阿拉伯文或俄文材料,但这些材料对研究者的语言能力和档案收集能力提出了极高的要求,而瓦利教授本人似乎并不懂俄文和阿拉伯文(至少他在本书中没有使用过这两门语言的材料)。在如此困难的情况下,瓦利教授仍然成功地收集了相当数量的口述材料和出版材料,相对清晰地梳理了1946—1979年间伊朗库尔德民族主义的发展变迁,并进行了详细的理论分析,这填补了中东研究学术界的重要空白,是不容忽视的巨大贡献。

但是,瓦利教授并没有完全解决史料缺乏的问题,而这一问题严重影响了本书的质量,这是不可否认的。瓦利教授在本书的前言部分宣称,过去关于这一问题的研究大多使用政治人物的自传,以及政党和其他组织出版的官方记录,这些史料是不可靠的,而他本人在这本书里主要使用的是访谈材料,政治人物和政党在伊拉克和欧洲出版的材料,广播的文字记录,以及巴列维时期出版的英文和波斯文的研究著作。[①] 不过,过去的研究所用的史料和本书所用的史料之间似乎并没有多大的差别。两种研究都使用了政治组织和政治人物在海外出版的材料,在这一点上双方没有差别。广播本身就是政治在海外的宣传工具,广播文字记录在本质上和其他政党出版材料之间没有区别。瓦利教授成功找到了当年参加运动的伊朗库尔德民族主义者,对他们进行了访谈,留下了口述史材料,这确实是一大贡献。然而问题是,KDPI和KSZKI都不是规模庞大的组织,真正活跃的只有一小群伊朗库尔德民族主义者,这就意味着,之前研究所使用的自传的作者,以及瓦利教授的访谈对象,很有可能是同一群人,或者是有极大交集的两群人。至于用波斯文和英文写作的研究著作,这些

---

① Abbas Vali, *The Forgotten Years of Kurdish Nationalism in Iran*, pp. viii-ix.

属于二手材料，并不能算真正的史料。这么一来，本书和瓦利教授所批判的作品事实上是在用几乎相同的一批史料进行研究。《伊朗库尔德民族主义被遗忘的年代》一书中不存在作者瓦利教授所宣称的史料创新。如果瓦利教授真的需要进行创新，那么他的着力点应该是史料分析和史料批判。或许瓦利教授在选择使用哪些史料进行研究时已经做了分析和批判的工作，但他的工作并没有展现在书中，本书正文部分几乎没有对所引史料的评判。甚至本书没有进行哪怕一次对原始史料的直接引用：在叙述 KDPI 的历次大会时，本书没有引用过一次会议决议；在叙述党内斗争时，本书没有附上一份访谈记录；在叙述 KDPI 展开的地下活动时，本书也没有使用广播文字记录。在一本接近200 页的历史学（或历史社会学）著作中，无论是正文还是附录都没有任何大段的原始材料引用，这几乎是不可想象的，然而这确实发生在著名社会学家瓦利教授的新书中。

瓦利教授在书中进行了大量的判断，但是因为缺乏史料引用，他的判断往往缺乏证据的支持。笔者以第五章为例。如前文所述，第五章的主要内容是KDPI 在 60 年代发动的起义。瓦利教授表示，虽然伊朗政府"似乎满足于通过支持巴尔扎尼来侵蚀伊拉克的政治和军事基础，但也想利用伊拉克的力量来消灭伊朗库尔德斯坦民主党在伊拉克库尔德斯坦的组织"，并且，虽然巴尔扎尼"在当时被公认为民族英雄"，他的领导风格仍然"基本是传统的"。[①] 这段话出自本书第 102 页，然而第 102 页里没有任何的史料引用，本书的下一个注释出现在第 104 页，并且该注释是关于苏联-伊朗关系的，与第 102 页的内容无关。在没有史料支撑的情况下，第 102 页的论点就显得十分可疑。瓦利教授分析了伊朗政府对伊拉克的外交策略，但是他没有使用伊朗或伊拉克的外交档案，那么他是怎么看出伊朗的策略呢？这是否只是他个人根据当时局势进行的判断？除非瓦利教授能给出引用，否则这句话是没有根据的。另外，瓦利教授宣称巴尔扎尼"被公认"为民族英雄，那么笔者就要问一句："谁公认的？"

---

[①]　Abbas Vali, *The Forgotten Years of Kurdish Nationalism in Iran*, p. 102.

其实正是在 60 年代,巴尔扎尼在伊拉克库尔德斯坦民主党(Kurdistan Democratic Party)内部遭到以易卜拉欣·艾哈迈德(Ibrahim Ahmed)和贾拉勒·塔拉巴尼(Jalal Talabani)为代表的左派的猛烈攻击,双方的矛盾演变为 1964 年的党内大冲突。这种情况下,何来"公认"? 笔者判断,应该是瓦利教授所访谈的对象赞颂巴尔扎尼为民族英雄,然而这些访谈对象只是库尔德人中很少的一部分,似乎并不具有足够的代表性。令人遗憾的是,与所引段落类似的内容几乎遍布全书:瓦利教授的判断和分析并没有足够的史料进行支撑。尽管书中单个尾注的质量相当高,往往包含了瓦利教授不方便写在正文的长篇分析,但是本书注释之少却令人震惊,比如正文内容有 21 页的第五章只有 14 个注,平均每页不到一个注。这样一本缺乏注释引用和证据支持的历史学作品是难以让人信服的。

　　笔者认为,1946—1979 年伊朗库尔德问题的复杂性质是造成瓦利教授新书出现严重问题的原因。这一问题的性质是,一方面,伊朗库尔德民族主义者的势力并不强大,严重依赖外部支持,无论是 KDPI 还是 KSZKI 都没有发达的内部组织,他们的成员多在伊拉克和苏东国家流亡,另一方面,无论是伊朗巴列维政权、伊朗人民党、伊拉克、巴尔扎尼还是苏东集团都没有忽视伊朗库尔德问题,巴列维政权一直否认库尔德民族的独立身份,禁止库尔德语出版物,而其他势力则努力将自己的影响力扩展到伊朗库尔德地区,尤其是巴尔扎尼和伊朗人民党。于是,伊朗库尔德问题在政治上和叙事话语上都不是一个有自主性(autonomy)的问题①,而是反帝反专制的伊朗左翼运动抑或是跨国的整个库尔德民族问题的一部分,并且一定不是最重要的一部分。《东方学》一书在开篇引用了马克思《路易·波拿巴的雾月十八》里的一句话"他们没有办法叙述自己,他们只能被别人叙述",弱小的伊朗库尔德民族主义者同样没有办法叙述自己,他们只能把自己的问题嵌入到反帝或是民族解放的框架之

---

　　①　瓦利教授在论述苏联对伊朗库尔德人的政策中提到了这点,见 Vali, *The Forgotten Years of Kurdish Nationalism in Iran*, p. 23. 原文为"The Kurdish question never acquired any political or discursive autonomy in Soviet strategy in post – war Iran"。

内,在伊朗人民党、伊拉克库尔德斯坦民主党等其他势力的话语中,或是在巴列维政权的镇压和否定中被他者叙述。因此,若要构建关于伊朗库尔德民族主义的叙事,就必须要先构建关于伊拉克库尔德民族主义、伊朗人民党和巴列维政权的叙事,甚至要建构与苏东集团有关的叙事,然后再在这些叙事的基础上,通过选取与伊朗库尔德人有关的史料,构建新的叙事。瓦利教授并不是没有意识到这一点,他在书中也提及了伊拉克库尔德民主党和伊朗左翼内部的发展历程及其对伊朗库尔德人的影响。但这又带来了新的问题:关于伊拉克库尔德人、伊朗人民党、苏东集团与中东关系的专题研究还不多,仍然有许多问题等待回答,甚至关于巴列维政权和 1979 年伊斯兰革命也有许多尚存争议的地方。① 在这种情况下,读者对这些问题并没有太多的了解,而作为作者的瓦利教授能直接引用的作为背景介绍资料的二手研究的数量也有限,于是瓦利教授被迫花费大量笔墨描写影响伊朗库尔德人的外部势力,特别是描写巴尔扎尼的伊拉克库尔德斯坦民主党,某种意义上算是喧宾夺主,影响了全书的结构。

　　笔者认为,考虑到伊朗库尔德问题的性质,以及目前学术界研究的现状,目前并没有对伊朗库尔德问题进行综合性研究的条件。学者们应该从某个更加具体的问题入手,例如,某个掌握阿拉伯语的学者可以从伊拉克中央政府与伊朗库尔德民族主义者的关系入手,尽力收集相关的阿拉伯语材料(伊拉克复兴党档案已经解禁)②,做出优秀的专题研究,其他学者可以各自发挥特长,研究苏东国家外交中的伊朗库尔德人、伊朗人民党的策略等问题。有条件的库尔德学者或许可以编辑出版原始资料集。③ 等到巴列维政权档案更加开放之

　　① 关于对巴列维伊朗和伊斯兰革命的研究,可参考 Cyrus Schayegh, "Seeing Like a State: An Essay on the Historiography of Modern Iran," *International Journal of Middle Eastern Studies*, vol. 42 (2010): 37 - 61 以及 Naghmeh Sohrabi, "The 'Problem Space' of the Historiography of the 1979 Iranian Revolution," *History Compass*, (November 2018):1 - 10.

　　② 有关复兴党档案的现状,参考 Arbella Bet - Shlimon, *City of Black Gold: Oil, Ethnicity, and the Making of Modern Kirkuk* (Stanford: Stanford University Press, 2019), 200 - 202.

　　③ 一些库尔德学者已经出版了关于其他问题的资料集,例如奥斯曼帝国晚期的一些库尔德语报纸已经结集出版,参考 M. Emin Bozarslan ed. *Jin* 1918—1919(Uppsala: Deng Yayınevi, 1987).

时,有条件的学者就能以政府档案和其他二手研究为基础,进行对伊朗库尔德问题的综合性研究。而在开拓新史料的同时,学者们也可以尝试在更大的历史框架下分析伊朗库尔德问题。瓦利教授已经提到了苏东集团对伊朗库尔德民族主义者的援助,事实上,冷战期间苏东集团对亚非拉多地的民族主义运动进行了各种各样的援助,如果学者能在冷战的背景下将伊朗库尔德人这个案例和其他案例进行一些比较,那么我们可能能对苏东集团与伊朗库尔德民族主义者之间的关系有更深刻的认识。另外,学者们可以从思想史的角度进一步分析左翼库尔德民族主义者的思想。瓦利教授提到了"阶级"和"民族"这两个概念在 KSZKI 话语中的张力。其实,伊朗库尔德民族主义者并不是第一批试图将"阶级"和"民族"概念统合在同一个话语体系中的人。早在 20 世纪初,一些俄国穆斯林共产主义者就做了类似的尝试,他们的思想被称为"民族共产主义"。在俄国革命中,这些民族共产主义者在中亚和高加索(阿塞拜疆)的局势中也扮演了重要的角色。学术界也有一些对俄国民族共产主义者的研究。[①]由于史料问题,瓦利教授对 KSZKI 话语的分析并不算很深入,我们无法知道 KSZKI 思想的具体框架(如果有具体框架的话),未来的学者可以从思想史的角度,在大量引用原始材料的基础上,详细分析 KSZKI 对阶级斗争和民族解放的看法,并将其与民族共产主义者等更早的穆斯林左翼分子的思想结合在一起,分析这些思想之间的异同,探索可能的思想史联系。如果有学者能做到这一点,那么其作品不仅将更新我们对伊朗库尔德民族主义的认识,更能梳理出一条被忽视的思想史线索,这将会是中东思想史或是国际共运史研究的一大突破。

　　不过,出生于 1949 年的阿巴斯·瓦利教授大概是等不到更优秀的作品诞生的那一天了。他在学术生涯中已经做出了伟大的学术贡献,他的作品大大丰富了我们对伊朗库尔德人的认知。然而,伊朗库尔德问题的性质决定了史料缺失是一个持续困扰研究者的问题,瓦利教授在《伊朗库尔德民族主义被遗

---

① 　如 Alexander Bennigsen, Chantal Lemercier – Quelquejay, *Sultan Galiev*: *le père de la révolution tiers – mondiste*(Paris: Fayard, 1986).

忘的年代》一书中做出了很大努力，但是很遗憾，他没有真正克服这个问题。本书的结构是不平衡的，本书的论点也是禁不起推敲的。尽管有优秀的社会学分析的包装，但是缺乏史料支撑的本书，只是一碰就倒的"纸牌屋"罢了。一位伟大的社会学学者在历史学最基础的问题上栽了跟头，这绝对不仅仅是阿巴斯·瓦利本人的问题，这也是伊朗库尔德人群体和中东研究学术界的悲哀。

作者简介：陈功，美国普林斯顿大学近东研究系博士候选人。

# 包容性的族群呼吁与民粹主义

## ——评《拉丁美洲族群政治的兴起》

潘欣源

身份政治是近代研究的热点。然而在 20 世纪中期的拉丁美洲,不仅没有重要的族群政党,而且占主导地位的非族群政党在竞选和纲领中也基本上避免了族群主题。同时,拉美公民一般不按种族投票。原住民经常将他们的选票分给不同的政党,或者以与其他人口无异的方式投票。

情况在过去的几十年里发生了改变,原住民活动和政党在拉丁美洲兴起,最成功的原住民政党是玻利维亚的争取社会主义运动(Movimiento al Socialismo,以下简称 MAS),它在 2005 年和 2009 年大选中赢得了多数选票,其领导人夺得总统职位。《拉丁美洲族群政治的兴起》①一书,围绕拉丁美洲成功的原住民政党的策略进行分析,提出了族群民粹主义(ethnopopulism)这种呼吁手段是其制胜宝剑——使用包容性的族群主义吸引土著,利用民粹主义融合各色人种。政党能够有效利用的呼吁类型因社会中族群认同和两极化的性质而有所不同。在族群两极分化严重、族群认同普遍而稳定的社会中,族群政党更有可能通过排他性的诉求获得成功。但在族群极化程度低、认同度低的地方,包容性的诉求更有可能取得成效。在拉丁美洲,因为长期以来存在着混血(民族或种族混合)现象。族群和民粹主义的诉求可以有效地结合起来,

① R. Madrid, *the Rise of Ethnic Politics in Latin America* (New York: Cambridge University, 2012).

以赢得边缘化民族群体成员的支持。

《拉丁美洲族群政治的兴起》一书首先提出族群民粹主义的概念界定,随后用玻利维亚的 MAS、厄瓜多尔的帕查库提卡(Pachakutik)和秘鲁的族群政党的各种状况作为正反例证。最后作者以最为成功的 MAS 的执政表现分析了族群民粹主义对于民主制度的影响。由此可见,玻利维亚的族群历史和MAS 的兴起是作者"族群民粹主义"概念最有力的佐证。

本书的作者劳尔·马德里是政治学出身,获得斯坦福大学政治学博士,现任得克萨斯大学奥斯汀分校政府管理学院教授。他的研究重点是拉丁美洲土著政党的兴起,拉丁美洲左翼政府的执政表现等。他与研究民粹主义的库尔特·韦兰德(Kurt Weyland)在同一学院工作,一起编辑过《拉丁美洲左翼政府的成功与不足》①一书。劳尔·马德里早在 2005 年就开始关注拉美族群问题与投票,在 2008 年首次提出"族群民粹主义"的概念,经过修订补充,在 2012年出版了本书。本书的写作风格也是偏向于政治学,首先,使用定性方法对个别政党进行个案研究,考察了政党的纲领、修辞、候选人名单和竞选策略;其次,使用大量定量方法来研究个人层面、市级层面和省级层面投票行为的决定因素。本书为研究拉丁美洲民粹主义和世界民族主义提供了富有新意的视角,但也需要读者对于案例国家的历史和族群情况有一定知识储备。

## 一、"混合"的族群特点与包容性呼吁策略

拉丁美洲成功的土著政党以本民族为基础,实行包容性的族群呼吁。为了努力吸引非土著选民,他们摒弃了排他性的言论;制定了广泛而包容的纲领;并招募了许多白人和混血儿候选人、领导人和组织加入他们的阵营。这种政策之所以能够成功,在很大程度上是因为该地区长期以来存在着混血(民族或种族混合)现象。玻利维亚的族群状况使得土著政党采取包容性的策略成

---

① K. Weyland, R. Madrid, & W. Hunter, (Eds.), *Leftist Governments in Latin America: Successes and Shortcomings*(Cambridge: Cambridge University Press, 2010).

为必要且可能。

首先,玻利维亚有相当大比例的人口来自土著背景,并且长期受到不公正的对待。玻利维亚是拉丁美洲土著人口占总人口比例最高的国家,高达 41%(2012)。[①] 玻利维亚土著人比非土著人更穷,受教育程度更低,获得公共卫生设施的机会更少。《玻利维亚史》的作者赫伯·S. 克莱恩在全书一开头就开宗明义地写出:"自 16 世纪西班牙征服以来,玻利维亚就是一个以西方资本家为统治阶级、印第安工人为被剥削阶级的社会。"[②]

西班牙人征服初期,采用委托监护制(encomienda)的方式管理当地印第安人,充分利用原有印加帝国的管理组织结构。大多数原住民居住在乡村,西班牙殖民统治者则组织了印第安人行政管区,授予印第安人传统领袖库拉(Kurakas)、伊拉卡塔(Hilakatas)和卡西克(Caciques)以组织土著居民劳动力的职权,并充当西班牙政权与印第安社区之间调解人的角色。在以波托西为代表的西部山区发现大量银矿,使得那里从只有几百人定居的地方发展到 17 世纪的 10 万人。临近的科恰班巴及其谷地成为为波托西生产玉米和小麦的粮仓。印第安人则在西班牙殖民者和克里奥尔人建立的庄园和矿山劳动。

1825 年,在解放者西蒙·玻利瓦尔的推动下,玻利维亚正式从西班牙独立。国际环境中上秘鲁的精英与阿根廷和秘鲁对抗;在国内,白人和混血儿实行考迪罗政治和寡头政治,将印第安人排除在外。直到 1952 年,说土著语言的印第安人依然没有投票权,且大部分生活在农村。

1952 年矿工联合新兴资产阶级发动玻利维亚国民革命,革命由玻利维亚工人联盟(Central Obrero Boliviano,COB)领导,它把锡矿矿工组织起来,其成员大多是印第安人。革命后确立了普选制度,取消了识字率限制,使得人数众多的不懂西班牙语的土著获得选举权。因此,原住民政党有相当大的原住民选民基础可以利用,他们可以利用选民对于政治经济结构的不满来动员他们。

其次,玻利维亚的土著人口分布高度分散。在 2009 年通过全民公决的新

---

① Raul L. Madrid, "Latin American Ethnicity Database." University of Texas at Austin. June 12, 2016. https://raulmadrid.org/, 2021 - 06 - 21.

② 〔美〕赫伯特·S. 克莱恩:《玻利维亚史》,董小川译,北京:商务印书馆,2013 年,第 2 页。

宪法中,承认了36个印第安民族,他们主要分布在三个地区:北部亚马孙低地,东部查科平原和西部安第斯山区。其中人数最多的是克丘亚人和艾马拉人,27.6％的人口讲克丘亚语,18.4％讲艾马拉语,1.2％的人口讲低地土著方言。此外,这些民族语言群体内部和之间也存在着相当大的差异。玻利维亚的各个原住民社区有不同的组织代表他们,他们往往有截然不同的利益和要求。为了赢得这些不同群体的支持,土著领导人和政党需要具有包容性。

　　农民和矿工作为土著人主要从事的职业,就带来了巨大的分化和差异。独立初期玻利维亚的基础设施凋零,出口经济受阻,印第安人的人头税成为国家重要的财政支柱。但在19世纪50年代,大量农业剩余资本流向矿业,推动了矿业经济的复苏。1864—1871年的总统马里亚诺·梅尔加雷霍(Mariano Melgarejo)通过1866年立法,授权国家可以没收印第安社群的土地。个人土地的耕作者必须在60天内登记该土地的所有权,并且一次性交付25～100比索,而许多印第安人无钱支付,被迫出卖原有土地,成为大庄园的雇佣工。从独立后到1930年,印第安社区自由控制的土地和人口减少了三分之二,印第安社区在矿业经济的发展下衰落。

　　作为高原矿业工人的印第安人命运有所不同。玻利维亚的矿产资源非常丰富,从殖民地时期起银的出口就独树一帜。20世纪初,随着国际银价下跌,同时工业革命在欧洲和北美升级,修建铁路的热潮使得锡的需求增加,锡矿跃升为玻利维亚的主要出口品。最先融入社会的正是高地的印第安矿工,其契机是1929年的大萧条。大萧条使得锡矿的价格从1927年的每吨917美元下降到1932年的每吨385美元,使得政府将目光投向其他矿产资源,随后与巴拉圭发生查科战争。玻利维亚与巴拉圭之间有争议的地区北查科在20年代初被发现有石油,玻利维亚军队于是招募高原印第安人,来到热带地区进行作战。虽然查科战争玻利维亚战败,但是高原的印第安人加快了传统社群到国民社会的转变,土著士兵不再被孤立,而是进入社会政治舞台。

　　农民和矿工印第安人的差异即使在1952年国民革命后也没有弥合。因为政府在努力淡化这一标签,围绕着他们的阶级身份而不是族群身份来组织土著人,并开始把印第安人几乎完全称为农民。甚至,在革命之后的独裁时期,高原矿工和谷地的农民隔阂日深。1974年,班塞尔宣布取消大选,禁止所有工会、政党和学生联合会活动,实行军事独裁统治。对于工农群众的抗议斗争,军政府采取严厉镇压政策。包括1972年拉巴斯工人的罢工、1974年科恰班巴地区的农民抗议、1976年高原地区的矿工为争取生存权而举行的罢工。印第安农民则被政府用来反对矿工:在1966—1977年的军事行动中,由军方支持的农民和矿工之间发生了暴力冲突。

此外,玻利维亚的混血儿人数很多,混合的族群特点为包容性提供可能。在玻利维亚,一般将自认为是混血儿的人群成为丘洛(cholo)。在15世纪西班牙殖民者来到南美洲安第斯山区,伊比利亚半岛的男性就开始与当地的妇女私通生子。但是印第安人、丘洛和白人的族群认定很快不再由生理和血缘决定,而是具有文化的和社会阶级的概念,由其所说的语言、服饰和食品消费特点决定。

比如银矿业衰败后,在波托西等银矿劳动的印第安人,放弃原来的农业社区,迁移到城市居住,成为城镇工人。他们既说西班牙语,也说自己的土著语言,但是放弃了传统的生活习惯,在穿衣和食物选择方面趋向于欧洲,成为丘洛人。

总而言之,玻利维亚占据多数的土著族裔为族群政党提供了存在的基础,族群政党采取包容性策略是为了适应分散分布、有着不同利益诉求的土著群体,高度的混血和混居的特点为该策略提供可行性。

## 二、经济变革与政党更迭——MAS的上台背景

在分析MAS的上台背景时,作者主要采用政治学的视角,通过观察原有党派的口号纲领以及支持率变化,来显示传统政党的衰落和新兴民粹主义政党的偏激。但是笔者认为,社会运动分析对于充分理解民族政党的形成是至关重要的,因为政党之前,总是有空前水平的政治组织和土著人民的社会运动的动员。最成功的政党是参加选举的社会运动组织,或与社会运动保持紧密联系的政党组织。MAS所代表的印第安土著,在社会中处于边缘地位,他们

被排除在一个国家常规政治过程之外,因此,有任何改变政治秩序的社会变化
对于他们来说都是政治机会——既包括社会发展过程中土著的相对剥夺感和
愤懑感,也包括政治上旧有的平衡被破坏、政治精英的分裂和社会上有势力的
团体形成了社会运动群体的同盟。

第一,原本被政体排除在外的社会群体,在70年代末军政府向民主过渡
期间,影响力增大,因为原有对社会运动的管控放松,导致各种政党涌现。早
期的不成熟的原住民政党的探索为争取社会主义运动提供了经验教训。

玻利维亚的原住民自20世纪50年代以来一直是选举政治中的一个重要
角色。在1952年玻利维亚革命之后,执政的民族主义革命运动(MNR)取消
了对选举权的识字限制,从而使该国大部分文盲的土著人口获得了选举权。
国民革命运动还实施了一项全面的土地改革计划,扩大了农村地区的教育和
社会服务,并建立了农民联盟,用它来控制农村人口和分配福利。由于这些举
措,农村原住民最初以压倒性优势投票给民族主义革命运动政党。

20世纪70年代末开始向民主过渡时,玻利维亚出现了一批本土政党。第
一波土著政党来自以艾马拉人为主的卡塔里斯塔运动,该运动还诞生了一个
独立的土著农民工会联合会,即玻利维亚农民工会联合会(CSUTCB)。卡塔
里斯塔党使用排他性的言辞,而且没有招募到许多非艾马拉人的候选人,也没
有与许多非艾马拉人的组织建立联系,这限制了这些政党在艾马拉人中心区
以外的吸引力。卡塔里斯塔党在以克丘亚语为主的地区表现不佳,在以西班
牙语为主的地区表现更差。此外,在制度上,规定要求没有获得至少4万张选
票的政党向国家选举法院偿还印制选票的费用,这导致卡塔里斯塔党失去了
党籍。这是因为卡塔里斯塔各党派之间缺乏团结、土著地区居民投票率低以
及传统政党和原住民依然维持强有力的庇护关系。

最初的土著政党诞生于原住民对于社会不公的愤懑与不满中,强调争取
自身经济和生存权利以及文化自豪感。但是这些政党的排他性风格使得它们
只有在本地居民聚居区受到支持,难以在全省乃至全国范围内的选举中获胜。
后来的政党在竞选策略上进行了不同方向的尝试,过于排他的策略已被证明
无益,过于包容的又容易流失核心支持者。

第二是社会经济结构的变化,80 年代以来进行新自由主义改革,一方面造成了大量失业和非正规就业,导致一部分人的相对剥夺感增强,又丧失工会等制度化的组织;另一方面,原住民大量向城市移居,聚居的空间使得城市印第安人的认同越发突出,这两点为争取社会主义运动形成了强大的选民基础。

在经历了 1964 年以来的军事独裁统治后,1982 年上台的民选左翼联合政府面临极大的经济危机:主要是巨额的债务和为了重新分配社会财富而采取的扩张性工资政策。1985 年,政府采取"新经济政策":采取严格紧缩的金融货币政策,压缩消费的措施,缩减总供给与总需求之间的缺口,以迅速遏制通货膨胀。政府关闭了大部分矿山,使工人人数从 1985 年的 3 万人减少到 1987年的 7000 人左右,从而摧毁了组织劳工运动的基础,以此解决带来亏损问题的国有矿业企业和激进的工会。大量印第安人前往城市打工:他们受教育程度低,没有经过专业培训,或者操土著语言而难以沟通。因此,男人们通常只能寻找非技术类的体力劳动,比如建筑施工、服务业、生产车间;妇女只能从事家政服务或做个体经营户。他们在空间上的分散妨碍了与工作场所有关的强烈集体特性的形成,因此其自身的组织能力较为薄弱,但又缺乏劳动和社会保障,生活困苦,相对剥夺感和怨恨感增强,因此容易被克里斯马式的政治领袖所动员,成为民粹主义的群众基础。

在印第安认同这方面,随着大众传媒的发展和丘洛化(choloization),对族群文化的保存和自豪感有所提升。大城市边缘的印第安人聚集区中,农民和失业矿工居住在一起,他们面临种族歧视、经济上的困难、文化上的隔离感,在新的城市环境中建立互助组织、社区组织,形成新的身份认同纽带。新的身份认同联合了农民和矿工,他们成为新的城市阶层,摈弃了原有的阶级斗争,而转向种族或民族抗争。1988 年,玻利维亚首都拉巴斯郊外的埃尔阿尔托(El Alto)与周边地区最后被合并为独立城市,其行政管理权归属于混血的科罗人,该地区绝大多数人都既讲西班牙语又讲印第安语言,在适应西班牙社会的同时又一定的经济实力和社会地位,得以保存原有的身份认同和文化传统。

第三是旧有的政治平衡被破坏,传统政党衰落,而其他民粹主义政党在政坛上昙花一现。

在 20 世纪 90 年代末和 21 世纪初,传统政党开始衰弱。在贫困地区,对传统政党的不满情绪尤其严重。市场导向政策逐渐削弱了他们的声望,因为这些政策未能产生稳定的经济增长,也没有明显地减少贫困和不平等。其中一些政策,如取消农业补贴和价格控制,减少对农产品进口的限制,以及削减社会开支等,在原住民地区引起了极大的不满,政府由美国赞助的古柯铲除计划也是如此。此外,传统党派没有接受原住民运动的许多要求,也没有推出知名的原住民候选人,这也削弱了他们在原住民地区的支持。

民粹主义政党,特别是爱国者联盟(CONDEPA)、团结联盟(UCS)和新共和力量(NFR),最初利用了传统政党衰落造成的政治真空。然而,这些民粹主义政党的成功是相对短暂的。原因在于对有魅力的领导人的依赖,而这些领导人没有建立起强有力的政党机构,在领导人意外去世后,他们的政党就失去了领导力和与选民的情感联系。同时,民粹主义政党也因其与传统政党的联系和这些政党实施的不受欢迎的政策而受到伤害。这三个政党都在 20 世纪 90 年代和 21 世纪初的某个时候加入了传统政党领导的政府,这削弱了他们的反体制形象。

第四是体制上的改变使得以 MAS 为代表的土著政党拥有更多席位和发言权。

范·考特研究①了 1994 年玻利维亚政治体制改革对较小的族群政党发展壮大提供的便利,她主要从三个选举变量分析:席位分配公式、席位分配临界值和选区大小。在席位方面,比例代表制的引入通过创建一个更按比例的席位计算和给选民更多的选择来消除进入政党体系的障碍。自 1979 年以来,玻利维亚法律设立了一个 3‰的门槛来维持政党登记,当时颁布了一项选举法,要求未获得 5 万张选票的政党分担印刷选票的费用。1994 年后,采用德国式混合制度,目的是通过使用 PR 层来抵消单一成员区的选举结果所造成的任何不相称性。在选区面积方面,如果选区过小,选民在心理上就不会选择把选票

---

① Donna Lee Van Cott, "Institutional Change and Ethnic Parties in South America." *Latin American Politics and Society*, vol. 45, no. 2, 2003, pp. 1-39. JSTOR, www. jstor. org/stable/ 3176978, 2021 - 06 - 23.

"浪费"在不大可能赢得席位的小党派上。玻利维亚此前的比例代表制和大面积的多区制,使得地理上集中的原住民运动很难在全国范围内赢得足够的选票来获得国家职位。1994 年的《民众参与法》在全国范围内设立了 311 个市镇,并要求在全国范围内举行市长和理事会成员的选举。一些学者认为,市政选举使 MAS 在地方一级获得了立足点,其成员将此作为担任国家职务的基础。

针对体制改革,本书的作者提出许多反对意见,认为体制的改变对于所有政党都是相同的,并不能解释 MAS 独特的成功。

总之,新自由主义改革以来的社会经济背景,以及民粹主义政党的垮台,为争取社会主义运动的崛起创造了极为有利的环境。到 21 世纪初,相当一部分选民,尤其是原住民选民,已经变得无所依托。这些选民中的许多人对政治机构感到失望,而且越来越有族群意识,他们对 MAS 的族群民粹主义诉求很有好感。

## 三、MAS 的上台策略——族群民粹主义

MAS 的前身是科恰班巴省查帕雷地区以克丘亚人为主的古柯种植者工会"维护人民主权政治机构"(IPSP)。"维护人民主权政治机构"是以古柯农、垦殖农和小农工会组织为主体的左翼政治力量,主要领导人有阿莱霍·贝利斯、埃沃·莫拉莱斯等。1997 年,"维护人民主权政治机构"与其他印第安农民组织组成左翼联盟参加大选,获得 4 个众议员席位。在 1999 年地方选举前,"维护人民主权政治机构"尚未完成参选登记,欲使用当时力量较弱的左翼政治组织"争取社会主义运动"的名称参选。"维护人民主权政治机构"和"争取社会主义运动"经协商达成一致并组成"争取社会主义运动——维护人民主权政治机构"(MAS—IPSP),简称"争取社会主义运动"。[①] MAS 一开始的吸引

---

① 袁东振:《玻利维亚"争取社会主义运动"重新执政:挑战与前景》,《当代世界》2021 年第 2 期,第 59—65 页。

力有限,只在科恰班巴农村讲克丘亚语、种植古柯的地区赢得支持。

　　然而,从 21 世纪初开始,该党开始向其他族群的成员抛出橄榄枝,招募白人和混血儿候选人,与许多城市和混血儿为主的组织结成联盟,并采用传统的民粹主义言辞。随后 MAS 在 2002 年的总统和立法选举中获得第二名,然后在 2005 年和 2009 年取得了胜利。

　　针对原住民,MAS 通过接受广泛的具体民族要求,吸引了土著选民。从一开始,MAS 就将保护古柯种植作为其纲领的核心部分,并试图将古柯叶与土著文化联系起来。古柯是生长于南美洲安第斯山区的植物,可以入药,主要成分为多种生物碱。安第斯山区的居民都是靠咀嚼古柯叶来缓解疲劳、克服高山缺氧。但古柯叶中的可卡因被大量提纯,其生物碱可用来制毒。20 世纪 70 年代末,由于美国对可卡因需求数量增加,玻利维亚的古柯生产由满足传统消费变为大规模生产,其产量一度占世界总产量 30%。从 80 年代中期开始,玻政府开始实行古柯种植替代计划。在实际利益方面,MAS 承诺开展双语教育,给予土著身份和语言合法地位,将土著权利纳入各种法律和新宪法等。在象征仪式方面,该党的候选人经常身着土著服装,参加土著仪式,引用土著谚语,并用土著语言发表演讲。

　　为了吸引更多的白人和混血儿选民,MAS 也扩大了其纲领。起初,MAS 的纲领和言论主要集中在土著问题上,特别是古柯种植问题。该党 2002 年的政府方案主要集中在原住民问题和主题上,而争取社会主义运动 2005 年和 2009 年的政府方案则涉及从基础设施建设到国家安全等更广泛的问题。

　　从 21 世纪初开始,MAS 还试图通过与城市混血儿为主的组织建立联系来提高其在非正规部门中白人和混血儿中的支持率。这些组织包括工厂工人、工匠、小商人、街头小贩、自营职业者、卡车司机、裁判员、教师和养老金领取者的协会以及许多城市社区协会。莫拉莱斯建立会议、活动、研讨会,并公开邀请这些部门加入。随着其选举表现的改善,越来越多的著名白人和混血儿加入了该党。

　　大量的混血儿选票,尤其是原住民混血儿的选票,对争取社会主义运动在 2005 年的胜利起到了关键作用。根据 2006 年范德堡大学"拉丁美洲民意调查项目"(LAPOP)的调查,自称是混血儿的人占 2005 年该党总票数的 62%,而自称是土著的人占 2005 年 MAS 总票数的 28%,自称是白人的人仅占 7%。这些白人和混血儿中的许多人(以及 MAS 的许多土著支持者)是被该党的民粹主义言论和纲领所吸引,但 MAS 的包容性做法有助于使他们对该党感到舒适。

对 MAS 的成功同样关键的是它对传统民粹主义选举策略的接受。本书的作者结合了不同学者强调的民粹主义的几个属性,将民粹主义定义为一种竞选和执政策略,在这种策略中,个人主义的领导人寻求动员大众来反对精英阶层。

MAS 使用了四种传统的民粹主义方法来吸引支持者。第一,它将其竞选活动个人化,主要依靠埃沃·莫拉莱斯的魅力来赢得支持。第二,它将竞选活动的重点放在城市和农村地区的下层阶级,采用大众化的风格和修辞。

第三,争取社会主义运动利用人们对传统政党和精英阶层的普遍不满,采取了反体制的形象。在 1985 年至 2003 年期间,玻利维亚保持了所谓的契约式民主制度,其中三个传统政党——民族主义革命运动(MNR)、民族主义民主运动(ADN)和革命运动(MIR)——轮流治理国家,通常是相互结盟,并与年轻政党结盟。这些政党进行了许多重要的改革,并在一段时间内吸引了大量的支持,但经济停滞不前,腐败丑闻不断,抗议活动越来越多,逐渐削弱了他们的支持。与传统政党不同,MAS 从未参加过 1985 年至 2003 年期间统治玻利维亚的各种联合政府。相反,争取社会主义运动一直在批评执政党及其政策,并参与了许多反对执政党的社会抗议活动,包括游行、示威和设置路障。

第四,MAS 支持再分配、民族主义和国家干预主义政策,利用对新自由主义政策和美国干预的日益不满来获取选民支持。2002 年玻利维亚政府达成向北美输送天然气的协议,这一协议引发人们的强烈不满,因为根据该协议,玻利维亚只能获得全部收益的 18%。另一方面,由于这一输气管道经过智利,激起了民众的强烈反对,因为 100 多年前,玻利维亚曾与智利发生过一场太平洋战争,使玻利维亚失去了唯一的出海口。由于莫拉莱斯在抗议活动中高举石油和天然气国有化的主张,他在民众中的声望大增,真正走向政治舞台中央。

据作者分析,民粹与族群政党的结合,不仅扩展了族群政党的支持基础,也加强了民粹主义政党的稳固性。传统民粹主义政党往往是不稳定的,他们严重依赖与选民的个人联系和绩效表现,而这种联系被证明是脆弱的,特别是在其领导人死亡或政治垮台的情况下。一些族群民粹主义政党扎根于强大的本土运动,为政党提供了坚实的基层基础。政党与选民建立的民族联系可能比民粹主义政党传统上与选民保持的个人主义、庇护主义和基于表现的联系更持久。

## 四、族群民粹主义对民主的两面影响

作者在最后考察了族群民粹主义政党上台执政对民主的影响,由于成功长期执政的只有玻利维亚的 MAS,作者主要以此为例进行分析。

他提出,这些党派的民族政策和诉求对民主有很大的积极影响。民族政策和呼吁有助于促进原住民的政治参与和对民主的支持,并有助于提高原住民的政治影响力和代表性。拉美地区民族身份的模糊性使得族群政党通常不会发出排他性的呼吁,而是向其他族群的成员抛出橄榄枝。莫拉莱斯政府出台了许多计划和政策,专门寻求促进土著文化,消除歧视,并改善土著人的社会经济地位。即使近年来,玻利维亚在莫拉莱斯政府的支持者和反对者之间变得越来越两极化,但这种两极化更多的是意识形态和区域性的,而不是种族性的。

相比之下,民粹主义言论和政策——特别是他们的个人至上主义、反建制和平民主义倾向——对民主产生了负面影响。其反民主行为与乌戈·查韦斯和拉斐尔·科雷亚等非土著民粹主义领导人的做法有更多相同之处。作者主要考察的是它对政治两极化的影响和对制衡制度的破坏。

在言论上,莫拉莱斯政府把自己说成是玻利维亚人民的捍卫者,把政治反对派、外国利益集团,甚至国内机构,如教会、媒体和司法机构,都描绘成进步和社会正义的精英主义敌人。截然对立的政治立场使得国内政治生态两极化、暴力化。

在政治上,争取社会主义运动破坏了横向问责和制约机构。它利用全民公投修改宪法、在地方自治问题上与东部省份反对派产生矛盾,破坏了民主程序,建立了大众动员式的政体。它创建的一党制政权,撤销法官,限制区域自治,在全国代表大会和制宪议会中排挤反对派,通过全民公决的方式绕过民主程序和横向制衡机制修改宪法。比如 2017 年 11 月 28 日,玻利维亚宪法法院裁定,取消对总统、副总统、省长、市长和议员等候选人连选连任的次数限制,从而使莫拉莱斯自动获得连选连任资格。最终导致 2019 年 10 月莫拉莱斯再次当选总统时,反对派借机发动大规模暴力示威。在军警"逼宫"压力下,莫拉莱斯于 2019 年 11 月辞职并流亡国外。

劳尔·马德里对于民主政治体制的分析十分专业且全面,但是民主的意涵不仅仅表现在政治制度和机构中,在政治稳定、经济增长和社会进步方面,争取社会主义运动的成果不凡。

凭借 2003 年以来世界经济形势良好,石油价格高涨的有利局势,在 2003 到 2010 年期间,玻利维亚的商品出口值增长了 150%,人均国内生产总值的年均增长率达到 2.9%,是新自由主义改革时期的三倍。贫困率从 2004 年的 63.9% 下降到 2011 年的 42.4%,收入不平等的基尼系数从 0.561 下降到 0.508。[①] 良好的执政业绩为 2020 年 10 月争取社会主义运动的候选人阿尔塞当选总统奠定了基础。

# 五、总结

本书按照政治学视角,结合历史学的叙述,以土著政党为切入点,分析了 20 世纪后半叶以来拉丁美洲族群民粹主义政党的兴起,为民粹主义的研究提供了左右翼区分外的另一条路径。本书不仅表明民族诉求和民粹主义诉求是

---

① 〔美〕霍华德·J·威亚尔达主编:《拉丁美洲的政治与发展》,刘捷、李宇娴译,上海:上海译文出版社,2017 年,第 317 页。

相容的,而且它们可以成为一种有效的竞选策略。因为每个国家的民族认同和民族间关系的性质决定了不同种类的民族诉求的有效性,而扎根于本土民族运动的民粹主义政党往往具有更强的生命力。

作者简介:潘欣源,北京大学历史学系硕士研究生。

# 英文提要

People-to-People Exchanges for Sound and Steady Development of China-Africa Cooperation

**Liu Hongwu& Lin Chen**

**Abstract:** People-to-people and cultural exchanges are the new impetus of China-Africa relations in the new period, which will help ensure a sound and steady development of China-Africa cooperation. Since cultural exchanges deepen mutual understanding and draw people much closer, they are fundamental to the development of China-Africa relations, and have strong influence on long-term China-Africa cooperation. President Xi Jinping attaches great importance to the significance of enhancing people-to-people connection and mutual learning between Chinese and African civilizations, and has given important and clear instructions on promoting China-Africa cultural cooperation. This paper aims at exploring the theoretical and strategic meanings of China-Africa people-to-people exchanges, revealing how Chinese scholars in African Studies practice in the related fields, and discussing the effectiveness and implications with a case study.

**Keywords:** China-Africa People-to-people Exchanges; Theoretical and Strategic Meanings; Effectiveness and Implications

## Three Dimensions for the Evaluations of Universities' ThinkTanksof Area Studies

Jin Ge

**Abstract**: China has emerged as the world's knowledge production center. The knowledge production is the driving force and result of China's global rising, and it also underlies the Chinese nation's rejuvenation process. Universities' think tanks of area studies have great potential to contribute. To better develop these think tanks, a proper evaluation system is essential, and there should be three key points for the evaluation system. First, the main job of think tanks is clearly to serve the government's decision-making. Secondly, the think tanks of area studies should show their specialties and depth to distinguish themselves from others, such as the studies of foreign languages, world history, international relations, and comparative political science. Last but not least, these think tanks should also dedicate to students' education and training, which is the main job of universities.
**Keywords**: Areas Studies; Think Tanks; University; Evaluation

## The Role of Academic Society on the Think-Tank Work in Area and Country Study in Colleges and Universities

Wang Shi-ming

**Abstract**: The academic societiesare demic organization examined and approved by the State Civil Affairs Department, its function is to drive the academic development of the relevant fields and to provide intellectual support for national development and social progress. The institutions of area and country studies, with different attributes and kinds, are largely subordinary bodies of colleges and universities or scientific research institutions, one of their functions is to provide a think-tank business. The academic society's social function and its intellectual resources make its participation in the think-tank work in area and country studies in colleges and universities to be necessary, the relative insufficiency in intellectual resources for research institutions concerning area and country studies in colleges and universities will provide the academic society the opportunity and possibility to take part in think-tank work. Because their attachment to different managing mechanism, their cooperation will be necessarily based on in a certain condition, namely, the academic society must be open, while the research institutions concerning area and country studies need to get the observance of the problems of reality as a key issue. Finally, the participation of academic society into the think-tank work in area and country studies in colleges and universities should proceed from the reality, take flexible paths or ways, such as building effective contact mechanism, co-hosting academic workshops, conducting collaborative research, all of which will combine organically the intellectual resources of academic societies with the platform resources of the research institutions.

**Keywords**: academic society; area and country studies; think-tank; academic workshop

**Realism, Geopolitics and the Study of Grand Strategy**

**Wu Zhengyu**

**Abstract**: This paper, based on the distinction between Classical Approach and Scientific Approach, seeks to investigate and clarify the relevance and applicability of Classical Geopolitics to contemporary Grand Strategy Studies. Theoretically, Classical Approach and Scientific Approach are two different approaches to theorizing international relations. The distinction between them is mainly focused on the nature of International Theory and what kind of knowledge International Theory is supposed to present. For many years, Kenneth Waltz's Structural Realism, a theory constructed by the standards of Scientific Approach, has constituted the cornerstone of Grand Strategy Studies since the 1980s. In spite of a variety of inspirations and insights it presents , Structural Realism has simultaneously led to some hardly corrigible deficiencies inherent in contemporary Grand Strategy Studies. These deficiencies, to be specific, constitute the main obstacle for the sustainable development of Grand Strategy Studies. This paper contends that to break out of the straitjacket imposed by Structural Realism is to reconsider the relevance and applicability of Classical Geopolitics, a theory constructed by the standards of Classical Approach, to contemporary Grand Strategy Studies.

**Keywords**: approach; Scientific Approach; Realism; Geopolitics; Grand Strategy

**Between Idealism and Realism: The Eclecticism in the US Diplomatic Practice**

**Wang Wei**

**Abstract**: Bornin a corner of the Continent America, the United States presents a unique case of state formation. In this process, the United States formed systematic foreign policy thoughts and ideals. As circumstance changes, the policy practice constantly shakes traditional ideals and shapes the new ones. Policy thought and policy practicecollides with each other, enablingitsfollowers to understand and organize the world. Whereas the idealistic tradition of progressive internationalism endures, the realistic tradition of instrumentallymaximizing national interestcontinues to prevail. With respect to idealism as they may, the decision makers need to face the reality constraining the policy making. This makes policy practice an oxymoron, mixing the idealistic wants and the realistic needs together. To be specific, idealism has to compromise with political reality. Worse than that, idealism is often used as a source of instrument to serve certain policies.

**Keywords**: Idealism; Realism; Ideational Debate; Eclecticism

## Influence of Liberal Internationalism on the Post-Cold War American Foreign Policy: the Case of International Relations Theory

**Zhou Guiyin**

**Abstract**: As a political ideology, a project of international order, and a main school of international relations theory, liberal internationalism has been inflicting a great influence on American foreign policy during the post-Cold War era. For different periods or phases, variants or branches of liberal internationalism, and the moderate and radical faction within the school, brought their respective views and proposals into American foreign policy framework and agenda, creating different policy results from the Clinton to the Biden administration. In general, there has been always a kind of dualism in liberal internationalism, including its moderate and radical branches, along with their different emphasis on policies of enlargement and engagement.

**Keywords**: Liberal Internationalism; International Relations Theory; Post-Cold War Era; American Foreign Policy

# Experiencing Southeast Asian Studies in China: A reverse culture shock

## Xie Kankan

**Abstract:** Southeast Asian Studies (SEAS) in China has experienced significant changes in the past twenty years. China's rising political and economic power has stimulated growing demands for better understanding of the wider world, resulting in the rapid development of area studies in recent years. Although SEAS in China predated the relatively recent notion of 'area studies' by at least half a century, the boom in area studies has profoundly transformed the field, most notably by attracting a large number of scholars to conduct policy-relevant research. Not only does the 'policy turn' reflect shifts of research paradigms in the field of SEAS, but it is also consistent with some larger trends prevailing in China's higher education sector and rapidly changing society in general. This article shows that SEAS in China has grown even more imbalanced, as indicated by the rapid growth of language programmes, absolute domination of short-term policy research, and further marginalisation of humanistic subjects. To respond, Chinese universities have adopted new approaches to SEAS depending on their distinct disciplinary foundations, language coverage, faculty interests, and local governments' policy preferences.

**Keywords:** Area Studies; Southeast Asian Studies; Policy Turn; Knowledge Production

# From the Focus Point of Conflicts to Being Marginalized—A Brief Analysis of the Historical Evolution of the Israeli-Palestinian Issue

## Zan Tao

**Abstract**：In May 2021, there was a serious conflict between Palestine and Israel, which is not only a continuation of the long-standing unresolved Israeli-Palestinian issue in history, but also has internal political factors of the electoral politics of both parties. Historically, the importance of the Israeli-Palestinian issue in the Middle East has been declining. Egyptian President Sadat opened up the road that Arab countries began to seek reconciliation with Israel. After the "Arab Spring", the Israeli-Palestinian issue has been marginalized in the political structure of the Middle East. In 2020, under the mediation of the United States, the UAE and Bahrain signed the "Abraham Accords" with Israel.

**Keywords**：Palestine-Israel Issue；Middle East；Arab States；Israel